신문 글의 구성과 단락 전개에 관한 연구

-4대 일간지 사설·칼럼 단락 구성 분석-

신향식 저

어문학사

머리말

"글을 쓰거나,

　글쓰기를 가르치거나,

　글을 읽는 분들에게 도움이 되길 기원합니다."

　『신문 글의 구성과 단락 전개에 관한 연구』는 연세대학교 언론홍보대학원 석사학위 논문(우수논문상 수상작)을 손질하여 발간한 단행본입니다. 이 연구를 11쪽으로 압축한 요약본은 서울대학교 1학년 학생들이 필수과목으로 수강하는 『대학국어』(2009년 발간) 교재에 '모범 보고서 예문'으로 실렸습니다. 이 연구에서는 단락 전개 3대 원리(통일성, 연결성, 강조성)에 맞춰 〈동아일보〉, 〈중앙일보〉, 〈조선일보〉, 〈한겨레〉에 실린 사설·칼럼 1,765편의 단락 구성 방식을 분석했습니다. 그 연구 결과 우리나라 신문 사설·칼럼들이 좀 더 논리적으로 체계 있는 글이 되기 위해서는 단락 전개 원리에 따라 작성할 필요가 있음이 밝혀졌습니다. 이 책은 글을 쓰는 언론인과 작가, 학문을 연구하는 교수, 글쓰기를 지도하는 교사, 그리고 글을 읽는 일반인과 학생들에게 지침이 될 수 있습니다. 또 '내용분석' 방법을 활용하여 연구논문을 쓰는 분들에게도 도움이 되기를 바랍니다.

　인터넷 디지털, 지식 정보화 시대에 접어들면서 의사소통 능력은 더욱 중요해지고 있습니다. 일(비즈니스)을 하든, 학문을 하든, 자신의 생각을 조리 있게 말과 글로 표현하는 능력은 모든 사람에게 필요합니다. 그런데 그중에서도 글쓰기를 활용한 의사소통은 말하기를 통한 것보다도 훨씬 더 위력이 있다고 생각합니다. 글쓰기 능력은 빈틈없이 정확한 업무 처리와 깊이 있는 학문 연구의 밑거름이라고 보기 때문입니다. 그리고 글쓰기를 활용하여 글길이 활짝 열린다면 사회 갈등을 해소하고 사회 통합을 하는 데에도 도움이

머 리 말

될 것입니다. 그러므로 글쓰기로 의사소통을 잘할 수 있도록 교육하는 것은 생산적인 일이라고 봅니다.

그런데 저는 사설·칼럼을 분석하면서 글 좀 쓴다는 분들의 글도 모범적인 글과는 상당히 거리가 먼 것을 확인하였습니다. 훌륭한 내용이지만 여러 번 읽은 뒤에야 겨우 이해할 수 있는, 정돈하지 않은 칼럼도 많았습니다. 도대체 무슨 말을 하려는 것인지 알 수가 없고, 오히려 머리를 복잡하게 만드는 글도 적지 않았습니다. 타당한 근거도 없이 주장만 일방적으로 내세운, 설득력 없는 글도 부지기수였습니다. 아무리 좋은 정보와 주장을 담은 글이라고 하더라도 문장 표현과 글의 구성, 논리적인 근거가 허술해 전달 과정에 문제가 생긴다면 정말로 안타까운 일이겠지요.

그래서 저는 평생교육원 형태로 서울 강남에 〈글쓰기본부(Writing Center)〉란 글쓰기 교육기관을 설립하는 꿈을 품게 되었습니다. '신문 글의 구성과 단락 전개에 관한 연구'를 하면서 〈글쓰기본부〉를 설립하려는 아이디어를 얻은 것입니다. 〈글쓰기본부〉에서는 논리적 글쓰기든, 학술적 글쓰기든, 업무용(비즈니스) 글쓰기든, 문학적 글쓰기든, 과학 글쓰기든 글을 활용한 의사소통 방식을 제대로 지도할 것입니다. 〈글쓰기본부〉 창립에 참고하기 위해 이미 2007년 가을에 미국 하버드대와 MIT대, UMASS대의 Writing Center와 〈글쓰기 프로그램〉을 취재했습니다.

이 연구를 이끌어 주시고, 〈글쓰기본부〉 창립을 구상할 수 있도록 힘을 주신 연세대학교 언론홍보대학원 윤영철, 김경모 교수님께 진심으로 감사드립니다. 200쪽이 넘는 긴 논문을 꼼꼼하게 봐 주는 일은 무척 힘겨운 일입니다. 하지만 두 교수님께서는 제 연구의 기획 단계부터 연구문제와 연구방법, 이론적 배경, 분석 결과와 논의에 관한 집필에 이르기까지 섬세하게 지도해 주셨습니다. 조금이라도 더 완성도 높은 연구가 되도록 독려해 주신 데 깊이 감사드립니다. 아울러 저널리즘이란 학문의 깊이를 맛보게 해 주신 서정우, 김영석 교수님께도 감사드립니다.

신문 글의 구성과 단락 전개에 관한 연구

이 연구를 하기까지 직간접으로 도움을 주신 분들에게도 깊이 감사드립니다. 대표적인 분은, 지금은 고인이 되신, 문장론 대가인 서정수 교수님입니다. 제가 기자 초년병이었을 때 기자와 취재원 관계로 만난 서 교수님께서는 제 글쓰기 인생에 정확한 길을 안내해 주셨습니다. 서구 단락이론을 가장 먼저 국내에 소개하고 이론적으로 정립한 서 교수님은 제가 이 논문을 쓰도록 아이디어를 주신 분이기도 합니다. 먼발치에서 항상 격려해 주신 민경희 선생님께도 이 논문을 드리고 싶습니다. 신문기자가 꿈이라던 저에게 날마다 사설 두 편씩을 원고지에 옮겨 적게 하면서 글쓰기 토대를 닦게 해 주신 은혜를 잊지 않고 있습니다. 제 연구의 문장과 단락 전개에 오류가 없도록 검토해 주신 정달영 교수님께도 감사드립니다.

언론계 선후배들도 제가 이 연구를 하는 데 큰 힘이 되어 주셨습니다. 사설·칼럼 1,765개를 하나하나 분석하고 자료를 찾는 데 힘을 보태 주신 송주연, 이상주, 유병철, 이현화, 하성봉, 박근애 선생님이 바로 그 분들입니다. 아울러 신문 글을 분석하고, 자료를 찾고, 도표를 만들고, 교열을 보는 데 도움을 주신 백승주, 정민호, 선우선, 선형주, 김현준, 최수근, 우희철, 이태형, 양유찬 님, 그리고 연세대 통계연구소 관계자에게도 감사드립니다. 그야말로 방대한 분량의 사설·칼럼을 분석하면서 때로는 앞이 보이지도 않았고, 한편으로는 이 연구를 완성할 수 있을까 하는 걱정도 들었습니다. 하지만 이 분들께서 발 벗고 도와주시는 바람에 부족하나마 이 연구를 완성할 수 있었습니다.

제 평생 후견인이신 부모님과 늘 격려를 해 주시는 집안 어른들께도 감사드립니다. 존재해 주시는 것만으로도 큰 힘이 되는 이 분들에게 부족한 제 연구를 올립니다. 바쁘다는 이유로, 가족과 함께 하지 못하는 데에도 불평하지 않는 아내와, 건강하고 슬기롭게 자라는 은서와 재원이에게도 고마워하는 마음을 전합니다. 마지막으로, 이 책 출간을 결정해 주신 어문학사 윤석전 사장님께도 감사드립니다.

2009년 7월 1일
신향식 올림

머 리 말

차 례

머리말 3

신문 글의 구성과 단락 전개에 관한 연구

1부
서 론

요 약

　　　　신문 사설과 칼럼은 그 어떤 글보다도 문장론 원칙에 맞춰 정석대로 작성할 필요가 있다. 사설·칼럼을 싣는 신문에는 일점일획도 불필요하거나, 비문법적인 문장 진술이 나타나서는 안 된다. 그 이유는 사설·칼럼 문장이 그 매체의 신뢰와 권위를 가져다주는 토대가 되기 때문이다. 또 여론을 이끌기 위해서는 독자들에게 주장을 논리적으로 전달해야 하기 때문에 사설·칼럼은 설득력 있게 작성해야 한다.

　사설과 칼럼이 글의 작은 단위인 단락을 레토릭의 3대 원리에 맞춰 구성했는지 여부를 분석 연구한다. 곧 국내 신문의 사설과 칼럼이 '한 단락은 한 가지 소주제와 그것을 떠받드는 뒷받침 문장들이 모여 같은 주제로 통일성을 유지해야 한다'는 단락 전개 원리에 얼마나 일치하는지 살펴보려는 것이다. 필자의 주장을 좀 더 뚜렷하게 독자들에게 전달하기 위해서는 글의 주제가 선명하게 드러나야 한다. 따라서 사설이나 칼럼을 쓰는 과정에서 꼭 필요한 단락을 어떻게 처리했는지 분석 점검하고자 한다.

　이 책의 목적은 국내 저널리즘 문장 진술의 수준을 한 단계 높여보려는 데 있다. 사설·칼럼의 필자들이 주제가 선명하게 드러나는 글을 쓰도록 유도하여, 그들의 주장이 독자에게 효과적으로 전달되도록 하려는 것이다. 지금까지 신문 문장 연구는 문장 오류나 내용(담론) 분석에 치우쳤다. 따라서 전체 글의 구성을 점검하는 기준으로 사설과 칼럼의 단락 구조와 단락 전개 원리 등을 분석할 필요가 절실히 요구된다.

1. 연구 목적과 필요성

　　　　신문 사설·칼럼이 글의 작은 단위인 단락을 레토릭의 3대 원리에 맞춰 구성했는지 분석 연구한다. 곧 국내 신문 사설·칼럼이 '한 단락은 한 가지 소주제와 그것을 떠받드는 뒷받침 문장들이 모여 같은 주제로 통일성을 유지해야 한다'는 단락 전개 원리에 얼마나 일치하는지 살펴보려는 것이다. 필자의 주장을 좀 더 뚜렷하게 독자들에게 전달하기 위해서는 글의 주제가 선명하게 드러나야 한다. 따라서 이 책에서는 사설이나 칼럼을 쓰는 과정에서 꼭 필요한 단락을 어떻게 처리했는지 분석 점검하고자 한다.

　이 책의 목적은 국내 저널리즘 문장 진술의 수준을 한 단계 높여보려는 데 있다. 사설·칼럼의 필자들이 주제가 선명하게 드러나는 글을 쓰도록 유도하여, 그들의 주장을 독자들에게 효과적으로 전달하도록 하려는 것이다. 곧 체계적이고 논리적인 글을 쓰도록 장려하여 독자들이 더욱 쉽고 빠르게 글의 요지를 파악할 수 있게 하겠다는 이야기다. 구체적으로 말하면, 신문 사설·칼럼의 논리성을 한층 더 높이는 데 기여하고, 언론인들의 논술문 쓰기 재교육이 획기적으로 발전하는 데 중요한 구실을 하려는 것이다. 사설·칼럼은 여론을 이끄는 데도 중요한 영향력을 발휘하지만, 각종 논술이 필요한 수험생들은 물론 일반인들이 논리적 글쓰기 공부를 하는 데 모범적인 기준이 된다. 따라서 이 연구 결과를 제대로 활용한다면 저널리즘 문장 진술 방법의 발전은 물론 국민들의 논리적인 문장 표현 능력을 키우는 데에도 이바지할 수 있을 것으로 본다.

신문 사설·칼럼은 그 어떤 글보다도 문장론 원칙에 맞춰 정석대로 작성할 필요성과 책무성이 있다. 그 이유는 사설이나 칼럼이 일반 독자뿐만 아니라 논술 공부를 하는 학생들에게는 초미의 관심으로 떠오르기 때문이다. 그리고 사설·칼럼이 실리는 신문 지면에는 일점일획도 필요 없거나, 문법에 맞지 않는 문장 진술을 용납해서는 안 된다. 그 이유는 사설·칼럼 문장이 그 매체의 신뢰와 권위를 주는 토대가 되기 때문이다. 아울러 국민에게 논리적 글쓰기의 모범을 제시하는 글이어야 하기 때문에 그 내용이 옹골차고 주장이 뚜렷이 빛나야 한다. 특히 바람직한 방향으로 여론을 이끌기 위해서는 필자 주장을 논리적으로 전개하여 설득력을 갖춘 글을 써야 한다.

교육계와 언론계에서 초·중·고교생들을 대상으로 한 논술 교육에 신문 활용 수업[1]을 하도록 권장하고 있다. 이는 이들이 신문 사설·칼럼을 모범 논술문으로 인식하고 있기 때문이라고 생각한다. 그런데 정작 사설·칼럼 상당수는 임의적으로 단락을 나누는 바람에 비논리적인 글이 되는 경우가 많다. 초·중·고교 국어·작문 교과서에서 단락 전개 이론을 소개하고, 정규 교과 시간에도 이것을 배운다. 대학입학 수학능력시험 언어영역 문제에서도 단락 전개 원리를 응용한 문항을 수시로 출제할 정도로 단락 이론은 이제 보편적으로 적용하는 이

---

1 신문활용수업은 NIE(Newspaper In Education)를 말한다.

론이다. 그러나 신문 사설·칼럼은 단락 전개 원리에 맞게 쓴 글이 드물어 교육 현장에 혼란을 안겨 주는 실정이다.

　일부에서는 이 연구가 저널리즘 연구 분야라기보다는 국어국문학의 문장론 연구 분야라고 지적할 수 있다. 하지만 저널리즘 연구 범위는 언론 매체가 싣고 있는 내용뿐만 아니라, 언론 정보의 내용을 효과적으로 전달하는 문장 진술 방법에 따른 단락 전개 원리와 단락 구성에 관한 이론과 실제를 포함한다고 생각한다. 이것은 인간의 의사소통을 탐구하는 '커뮤니케이션학'의 본래 연구 영역에 속한 내용이다. 그런데 오늘날은 논리적 글쓰기 능력이 중요한 지식 정보화 시대지만 신문 사설·칼럼의 단락 전개 원리와 그 구조적인 분석 연구를 본격적으로 시도하지 못했다. 지금까지 신문 문장 연구는 한낱 문장 오류나 내용(담론) 분석에 치우쳤다. 따라서 전체 글의 구성을 점검하는 기준으로 사설·칼럼의 단락 구조와 단락 전개 원리 등을 반드시 분석해야 한다.

2. 연구 방법

　　글을 쓰는 목적은 우리의 생각과 주장과 정보를 남에게 효과적으로 전달하는 데 있다. 글이란 말을 할 때와 마찬가지로 남들에게 전하고자 하는 필자 생각을 정리하여 문장으로 표현하는 것이다. 그렇다면 어떻게 쓴 글이 잘 쓴 글인가? 우리가 글을 쓰는 목적이 위와 같다면, 필자가 생각하는 바의 주장과 정보를 독자에게 뚜렷이 전달하는 글일수록 좋은 글이라고 할 수 있다. 제 아무리 좋은 내용이고 미사여구로 꾸민다고 하더라도 글쓴이 생각을 효과적으로 드러내지 못해 필자가 표현하는 내용을 독자들이 잘 이해하지 못한다면 그 글은 아무런 소용이 없기 때문이다.

　그러면 우리의 생각을 제대로 표현하는 글은 어떤 글일까? 그것은 무엇보다도 주제, 곧 글쓴이의 중심생각이 아주 뚜렷하게 드러나도록 쓴 글이다. 필자가 전하려는 골자가 무엇인지 분명하게 드러나야 우리의 생각을 표현하려는 목적을 제대로 달성할 수 있기 때문이다. 바꿔 말하면, 우리의 주장인 중심생각을 가장 효과적으로 전달할 수 있는 글은 그 요지가 선명해야 한다는 것이다. 일반적으로 글의 요지는 글에서 글쓴이가 최종으로 드러내고자 하는 핵심 내용으로, '주제'라고 부른다. 따라서 글쓰기 원리에 맞춰 주제를 뚜렷이 나타내는 글을 구성할 수 있는 요령을 터득하는 것이 중요하다.

그런데 주제가 선명히 드러나도록 글을 쓰는 데 있어서 우리는 단락(paragraph) 전개 원리를 잘 지켜야 한다. 단락은 전체 글의 주제 중 일부 하위 개념을 집중적으로 펼치는 일련의 문장들로 엮은 조직체로, 그 형식이 명확히 구획된 글 속의 글이라 할 수 있다. 단어가 모여 문장이 되고, 문장이 모여 단락이 되고, 단락이 모여 한 편의 글이 된다. 때문에 글 전체의 주제가 선명히 드러나게 하기 위해서는 각 단락의 소주제가 뚜렷해야 한다. 단락마다 요지가 분명하지 않고 이런 생각, 저런 생각이 산만하게 담겨 있다면 글 전체의 주제도 명확하지 않을 수밖에 없다. 단락을 나누는 것 자체가 중요한 게 아니라 필자 주장을 체계적이고 논리적으로 펼치기 위해서 단락 전개 원리를 지켜야 하는 것이다.

정달영(1992)에 따르면, 단락 개념의 정립 문제와 관련하여 우선 우리가 짚고 넘어가야 할 사실은 이러한 개념들이 서구 문장론에서 도입한 것이라는 점이다. 곧 단락 이론은 우리가 처음부터 창안해서 발전한 것이 아니라, 서구의 레토릭이나 문장 이론에서 약 200년 동안에 걸쳐 발전한 것을 활용했던 것이다. 이것을 우리나라에 본격적으로 도입한 것은 40여 년밖에 안 된다. 단락 형식으로 널리 쓰이는 들여쓰기(원고 쓰기에서 시작점을 한두 칸 안으로 밀어 넣는 것)는 1910년대 전후에 도입하여 쓰기 시작하였으나, 당시에 그것은 단락 개념을 소개하지 않은 채 거의 임의로 써 왔다.

주제가 선명하게 드러나는 글을 쓰는 데 있어서 단락 전개 원리를 지키는 게 효율적이라면 신문 사설·칼럼을 쓰는 데에도 이것을 그대로 적용하는 게 타당하다. 신문사들은 사설·칼럼으로 어느 특정한 개인이나 집단의 잘못된 문제점을 비판하고, 대중을 설득하며, 바람직한 방향으로 다양한 여론을 형성한다. 그래서 사설·칼럼 쓰기도 역시 글쓰기에 해당하기 때문에 단락 이론을 통하여 주제가 선명히 드러나도록 해야 좋은 글로 평가받을 수 있다. 단락을 제대로 구성하여 표현한 사설·칼럼은 필자 주장대로 독자들을 쉽고도 편안하게 이끌어갈 수 있는 글이 된다. 필자 주장을 체계적이고 논리적으로 펼쳐야 독자들의 공감을 얻고 객관적으로 균형 잡힌 여론을 형성할 수 있다. 그런데 국내 신문 사설·칼럼 대부분이 형식적으로는 단락을 구성하고 있지만, 내용적으로는 단락 전개 원리에 맞지 않아 글의 주제를 선명하게 드러내지 못한다. 대개 신문 사설·칼럼은 권위 있는 언론인과 명사들이 쓴 글이고, 번듯하게 편집이 되어 있다 보니 얼핏 모범 글로 보일 수도 있다. 하지만 그것들을 단락 이론에 근거하여 하나하나 분석해 보면 적잖은 오류가 보인다.

사설·칼럼을 단락 이론에 맞게 쓰면 독자들이 글의 주제를 좀 더 빠르고 정확하게 이해할 수 있다는 장점도 있다. 필자가 단락을 전개하는 원리를 완전히 이해하고 이에 맞춰 글을 쓰면, 독자들이 독해하기도 쉽고, 논리적인 사고의 전개 방법을 자연스럽게 익힐 수 있다. 우리는 사설·칼럼을 읽으면서 글 내용뿐만 아니라, 부지불식중에 전체 글의 구성을 파악하게 된다. 바꿔 말하면 사설·칼럼 읽기는 글 내용뿐 아니라, 필자가 그 글을 구성한 생각의 틀을 읽어내는 논리적 사고 활동이라 할 수 있다. 그러므로 이왕 사설·칼럼을 쓸 바에는 독자들이 힘들이지 않고 독해할 수 있도록 단락 전개 원리를 지키는 게 마땅하다.

좋은 사설·칼럼을 쓰기 위해서는 우선 좋은 글을 많이 읽어야 한다.

이때 글의 문체나 줄거리 파악에만 그치지 말고, 글의 구조를 분석해 보려는 의도적인 노력이 필요하다. 사설·칼럼 텍스트의 단락 전개 방식과 그 구성을 꼼꼼하게 분석함으로써 좀 더 바람직한 사설·칼럼을 쓸 수 있는 실마리를 찾을 수 있다. 이런 맥락에서 이 글은 단락 이론을 토대로 하여 신문 사설·칼럼의 단락 전개 원리를 살펴보고 단락 구조 유형과 전체 글의 구성을 분석하고자 한다. 이 같은 연구가 쌓여 국내 신문 사설·칼럼의 문장론 측면에서는 물론 언론 정보 전달의 방법 면에서도 한 단계 발전할 수 있는 밑거름이 될 것으로 기대한다.

그런데 이 글에서 이런저런 지적을 받은 사설·칼럼이 무조건 나쁜 글이라고 할 수는 없다. 단락 처리 방식이 일부 잘못되었다고 지적하는 것이지, 글 전체 내용이나 수사적인 표현 전체가 모두 잘못되었다는 것은 아니기 때문이다. 그리고 이 글은 특정 신문과 일부 필자에게 악의를 품고 집필한 것이 전혀 아니다. 다만 좀 더 발전한 신문 사설·칼럼 쓰기를 위하여 단락 이론을 적용하는 것이 매우 중요하다는 것을 밝히는 과정에서 다양한 필진의 글을 분석했을 뿐이다. 이 책에서 지적한 사항에 관한 반론은 언론인 심층 인터뷰에서 일부 소개해 놓았다.

3. 연구문제

　　　　　이상에서 신문 사설·칼럼은 단락 전개 원리에 맞춰 작성할 필요가 있음을 밝혔다. 이와 같은 연구 배경을 바탕으로 이 책에서는 다음과 같은 연구문제 세 가지를 제기한다.

연구문제 1	국내 신문 사설·칼럼은 레토릭 3대 원리인 통일성(The principle of unity), 연결성(The principle of coherence), 강조성(The principle of emphasis)을 지켜가며 작성했는가?
연구문제 2	국내 신문 사설·칼럼의 필자들은 단락을 어떤 방식으로 나누는가?
연구문제 3	국내 신문 사설·칼럼의 단락 처리는 글의 종류별로, 필자별로, 주제별로 어떠한 차이가 있는가?

　　연구문제1은 신문 사설·칼럼을 단락 전개 원리에 맞춰 작성하는지 살펴보려는 의도로 설정했다. 곧 한 단락이 한 가지 주제로 통일성을 지키는지, 한 단락 안에서 문장과 문장들을 논리적으로 연결하는지, 한 단락에서 전하려는 중심생각에 관해 충분히 논리적인 근거를 제시했는지 점검하려는 것이다. 이렇게 함으로써 국내 신문 사설·칼럼이 글쓴이 생각을 독자들에게 제대로 전달하는지 파악할 수 있다.

연구문제2는 국내 신문 사설·칼럼의 필자들이 완성된 글 한 편에서 사용하는 단락의 현황을 분석하려는 것이다. 곧 글 한 편에서 단락을 몇 개 사용하는지, 그 중 도입단락과 종결단락, 일반단락은 몇 개씩 만드는지 살펴봄으로써 단락을 나누는 전반적인 상황을 조사하려는 것이다. 이 같은 조사는 신문 사설·칼럼에 알맞은 단락의 길이를 정하는 데 참고 자료로 쓰일 수 있다.

연구문제3에서는 국내 신문 사설·칼럼의 단락 처리 현황에 관해서 글의 종류별로, 필자별로, 주제별로 어떠한 차이가 있는지 분석하고자 한다. 사설·칼럼의 경우 어느 쪽이 문장론 원칙에 더 충실하게 작성했는지도 살펴보려고 한다. 마찬가지로 언론인과 비언론인 등 필자별로 단락 처리에 어떠한 차이가 있는지, 글의 주제별로는 어떤 특징이 있는지 점검하려는 것이다.

4. 연구 구성

　　　이 내용은 다섯 개의 장으로 구성했다. 1부 서론은 연구 주제와 문제 제기, 연구 배경, 그리고 기대 효과와 연구문제를 중심으로 구성하였다. 지금까지 신문 문장 연구는 문장 자체의 개별적인 오류를 지적하거나 내용(담론)을 분석하는 데 그쳤지만, 이 연구는 단락을 중심으로 한 글 구성의 문제점을 찾는 데 초점을 두었다.

　2부는 이 연구의 이론적 배경으로 신문 글의 구성과 단락 개념, 그리고 단락 전개 방식과 레토릭 3대 원리 등 제 이론을 살펴보았다. 아울러 국내 신문사의 취재보도 체계와 기자들의 문장 교육 현황에 관한 선행 연구를 점검한 뒤 한국 신문 단락 구성의 변천 과정도 조사했다.

　3부는 신문 글의 구성과 단락 전개 현황을 알아보기 위한 내용 분석 대상과 분석 기간, 분석 방법을 자세히 기술했다. 조사 대상은 〈동아일보〉, 〈조선일보〉, 〈중앙일보〉, 〈한겨레〉로 사설·칼럼 1,765개를 분석 대상에 포함했다. 내용 분석은 전직 언론사 기자와 PD 등 10명이 5개월간 진행했으며, 정확성을 기하기 위해 1차, 2차로 나누어 분석한 뒤, 사후검증을 실시했다. 통계처리는 SPSS 프로그램을 통해 일원변량분석(one-way ANOVA test)과 t-검증(t-test), 이원변량분석(two-way ANOVA test), 교차분석으로 실시하였다.

　4부는 구체적 연구 결과로 신문 사설·칼럼의 분석 결과를 자세히 기술했다. 분석 결과는 기초 데이터 분석, 레토릭 3대 원리 준수 여부 분석, 단락을 나누는 방식 분석, 글의 종류별·필자별·주제별 단락 처리의 차이점으로 나누어 정리했다.

　마지막 5부 결론에서는 사설·칼럼의 분석 결과에서 도출한 이 연구의 핵심 내용을 총정리했다. 또 이 연구의 한계점을 밝힌 뒤 후속 연구를 위한 제언을 학계와 언론계로 나누어 제시했다.

2부
이론적 배경

　　　　한 편의 완성된 글이 좋은 평가를 받기 위해서는 무엇보다도 글의 주제가 선명하게 드러나야 한다. 자신의 생각과 주장과 정보를 남에게 전달하고 설득하기 위해 글을 쓰는 것이므로, 필자의 중심생각이 온전히 전달되지 않는 글은 아무런 의미가 없는 것이다. 그런데 이를 위해서는 글을 이루고 있는 단락을 하나하나 체계적으로 작성해야 한다. 글의 하위 요소인 단락의 소주제가 명확하지 않은 상태에서 글 전체의 주제가 독자에게 제대로 전달될 수는 없기 때문이다. 따라서 사설과 칼럼 역시 단락 이론을 적용하여 필자가 전하려는 바를 독자들이 정확하게 이해할 수 있도록 써야 한다. 그렇다면 단락을 능률적으로 구성하여 전개하기 위해 지켜야 할 요소는 무엇인가?

　일반적으로 단락을 전개하는 원리는 통일성 원리(The principle of unity), 연결성 원리(The principle of coherence), 강조성 원리(The principle of emphasis) 등 세 가지가 있다. 통일성 원리는 한 단락에서 소주제와 그 뒷받침 서술이 하나의 내용으로 일관성을 유지해야 한다는 원리다. 연결성 원리는 뒷받침 문장들을 매끄럽게 순리적으로 배열해야 한다는 원리다. 강조성 원리는 단락의 소주제를 뒷받침할 수 있는, 설득력 있는 논거들을 알맞게 제시해야 한다는 원리다.

　전통적으로 레토릭의 3대 원리로 부르는 이 원리는 모든 글을 짓는 데 일반적으로 적용된다. 단락의 경우에도 마찬가지다. 글을 전개한다는 것은 사실상 각 단락을 펼치는 것이기 때문이다. 이 세 가지 원리는 서구 문장론서에서 예외 없이 공통적으로 강조하고 있다. 그 용어와 개념도 완전히 일치한다.

신문 글의 구성과 단락 전개에 관한 연구

1. 신문 글의 구성

(1) 신문 글의 이론 정립을 위한 전제 조건

신문 글은 말 그대로 신문에 실리는 글이다. 신문은 새로운 사실과 주장을 담은 글을 대중에게 신속히 전달하는 상품이다. 따라서 신문 글은 뉴스나 주장 등을 문장으로 표현한 결과물이라 할 수 있다. 신문 글은 기본적으로 뉴스와 주장의 성질에 따라, 그리고 수용자(독자)에게 어떤 방식으로 전달할 것인가에 따라 그 형식이 다르다.

이러한 신문 글은 보편적으로 다음과 같은 특징이 있다. 첫째, 기자가 직접 사건 현장에서 취재하거나 간접 취재로 얻은 정보를 정리하고 재구성하여 보도한 사실이다. 둘째, 그 시대 정치, 경제, 문화 등 각 분야에서 일어나는 사건이나 사실을 생생하게 전달하고 기록함으로써 역사 연구의 소재로서 가치가 있다. 셋째, 그 주제를 특정한 분야에 한정하지 않고, 상식적인 내용에서부터 전문 분야에 이르기까지 모든 주제를 폭넓고 다양하게 다룬다. 넷째, 단편적인 일과성 사실 보도에 그치는 것보다는 속보성을 지니는 경우가 많다. 다섯째, 일정한 간격을 두고 반복해서 다루는 주제의 기사가 많고, 깊이 있는 전문성보다는 독자들이 원하는 정보를 좇는 경향이 강하다. 여섯째, 현재의 가치를 중요하게 생각하는 경우가 많다(전병용 2002).

그런데 이 같은 신문 글 연구는 그동안 문장의 오류와 내용(주제) 분석 등 두 가지 종류에 치우쳤다. 첫째는 신문 글 자체에 관한 분석으로 기사나 사설·칼럼 문장의 비문, 맞춤법, 띄어쓰기, 오·탈자, 무분별한 외래어·한자어 사용을 연구한 논문들이다. 둘째는 신문 글 자체에 관한 연구는 아니지만, 다양한 쟁점에 관한 신문 보도와 논설의 논조를 분석한 일반적인 연구 논문들이 있다. 하지만 신문 사설·칼럼이 어떤 식으로 단락 구성을 하여 전개했는지 연구하는 데는 별다른 관심이 없었다. 주장과 의견을 종이 매체에 담아 판매하는 게 바로 신문인데도 이것을 어떤 식으로 포장하여 독자들에게 전달하고 있는지 특별히 밝혀진 바가 없다는 말이다.

이 연구에서 '신문 글의 구성과 단락 전개에 관한 연구'를 하기 위해서는 우선 연구 대상인 신문 글의 특징과 구성, 종류를 살펴보아야 할 것이다. 그리고 사설·칼럼은 여러 단락으로 구성한 한 편의 완성된 글이기 때문에 문장론 차원의 수사학적 개념도 정리해야 한다. 특히 글의 중심생각을 독자들에게 확실하게 전달할 수 있게 하는 문장론적 표현 기법과 단락 전개 방법도 확인해야 한다. 사설·칼럼은 필자 주장과 의견을 독자들에게 전달하는 글이므로 글의 요지가 선명하게 드러나도록 써야 하기 때문이다.

(2) 신문 글의 특성과 종류

  신문 글, 그 중에서도 스트레이트 기사의 특성은 두괄식, 곧 역삼각형(inverted pyramid) 구조로 문장들을 전개한다는 점이다. 이는 삼각형을 거꾸로 세운 것처럼 기사 앞부분(리드)에 전체 내용을 한눈에 파악할 수 있는 요약문을 배치하고, 뒤로 갈수록(삼각형 폭이 좁아질수록) 덜 중요한 내용을 배치하는 방식이다. 이 방식은 미국 AP 통신사가 최초로 개발하여 오늘날 전 세계에서 뉴스 기사 작성의 표준으로 애용한다(연합통신사 1991).

  이 같은 역삼각형 구조는 기사 하나를 '소주제문＋뒷받침 문장들'로 구성한, 곧 문장론에서 말하는 두괄식 단락 구성과 흡사하다. 두괄식 단락은 소주제문을 맨 앞에 배치하고, 이것을 자세히 설명하는 뒷받침 문장들을 뒤에 두는 구조다. 이 방법은 독자들에게 필자 생각을 빠르고 정확하게 전달할 수 있는 장점이 있다. 독자들이 필자가 전하려는 내용이 무엇인지를 독해하는 데 별다른 수고를 하지 않아도 되기 때문이다. 이 같은 이유로 두괄식 단락 구조는 사설·칼럼을 쓰는 데에도 요긴하게 활용할 수 있다. 현대 사회를 바삐 살아가는 독자들에게 빠르고 쉽게 필자 주장과 정보를 전달해야 하기 때문에 이 방법이 효과적인 것이다.

  신문 글은 일반적으로 그 형태에 따라 뉴스성 기사와 해설성 기사로 나눌 수 있다(이상우, 류창하 1992). 뉴스성 기사는 어떤 현상을 사실적, 객관적으로 기술한 기사로 스트레이트(straight) 기사로 부른다. 신문 사회면의 각종 사건·사고와 관련한 기사가 대표적인 예다. 스트레이트를 보강·보충하는 해설성 기사는 인물이나 사건과 관련한 배경을 설명함으로써 독자의 흥미를 불러일으키는 피쳐(feature) 기사와, 논설(사설), 칼럼과 같이 쟁점 사안을 평가함으로써 독자들의 판단에 길잡이 기능을 하는 에디토리얼(editorial) 기사로 나눌 수 있다(조용철, 김진홍, 송정민 2003). 스트레이트 기사는 편집 과정에서 분량이 넘치면 뒷부분부터 삭제해야 하기 때문에 한 문장을 한 단락으로 처리하되 중요한 내용을 앞에 두는 방식으로 작성한다. 해설기사나 칼럼·논설은 한 편의 완성된 글이 통째로 실리기 때문에 굳이 편집 과정의 편의를 이유로 한 문장을 한 단락으로 처리할 필요는 없다.

(3) 신문 글의 종류에 따른 구성

스트레이트 기사는 원칙적으로 어떤 현상의 개요를 즉시 파악할 수 있는 기술형식, 곧 5W1H(육하원칙)에 따라 만든다. 보통 중요한 순서대로 쓰기 때문에 역삼각형 구조를 취한다. 뉴스 핵심을 맨 처음에 요약 제시하고, 그 다음에 중요도에 따라 보충 사실과 흥미 있는 세부 내용을 차례로 열거한 본문으로 구성한다. 전자를 요약문(lead)이라 하고, 후자를 본문(body)이라 한다. 리드가 결론, 바디가 세부적 사실을 담는다고 표현하기도 한다(강병길, 2005년). 리드는 문장론의 두괄식 구성에서 소주제문과 같은 기능을 하고, 바디는 뒷받침 문장이라고 할 수 있다. 두괄식 구성에 소주제문이 중요하듯 신문 글의 역삼각형 구조에서 리드의 중요성은 무척 크다.

실제 신문 제작 현장에서 기사 작성자(취재기자)나 게이트 키핑[2]을

---

2 gate keeping은 편집자와 같은 뉴스 결정권자가 뉴스를 취사선택하는 일 또는 그 과정

하는 데스크 모두 기사 전체에서 리드를 가장 중요한 것으로 인식한다. 리드에 6하 원칙을 모두 담으면 이해하기가 쉽지 않고, 글 모양새도 예쁘지 않다. 또 독자들이 흥미를 잃는다. 현실적으로 가장 중요하다고 생각하는 것을 리드에서 강조하고, 덜 중요한 것은 과감하게 뺀 뒤 본문에서 다루는 것이 일반적이다(이상우, 류창하 1992).

이 같은 역삼각형 구조는 신문 지면상의 제약에 따라 기사 양을 줄여야 할 때나, 시간 여유가 없는 긴박한 상황에서 신문 제작에 큰 효과를 발휘한다. 독자들도 전체 기사를 읽지 않더라도 요약 부분만 읽고도 기사 내용을 충분히 파악할 수 있다는 장점을 지닌다. 반면 기사 작성이 어렵고, 독자들에게 획일적이고 진부한 느낌을 주는 단점이 있다.

스트레이트 기사는 시간적·공간적 제약으로 생생한 현장감 등 충분한 정보를 전달하지 못하는 경우가 많다. 이에 피처 기사(feature story)는 어떤 현상에 관련한 인물이나 뒷이야기, 혹은 주변 이야기로 심층 정보를 전달해 독자의 흥미와 깊은 이해를 일으키는 것이 목적이다. 이렇다 보니 어떤 사건(혹은 인물)에 관해 도입 부분을 거쳐 점점 흥미나 긴장감을 높이고, 마지막에 가서 클라이맥스를 제시해 감동이나 긴 여운을 남기는 글의 구조를 택하는 경우가 많다. 이를 역삼각형 구조의 정반대라 하여 '피라미드형 구조', 혹은 '문학적·연대기적 구조'라고 한다(연합통신사 1991).

피처 기사와 같은 해설성 기사에는 피라미드 구조가 아닌 역삼각형과 피라미드 구조를 혼합한 '혼합형(수정한 역피라미드형)'도 적지 않

을 말한다. (출처 : 네이버 국어사전)

다. '절정(클라이맥스) 요약'으로 부르는 요약문이 맨 앞에 오고, 이후 사실들을 연대기적으로 서술한 본문이 오는 형태다. 사설, 칼럼, 시론 등이 대표적인 사례인 에디토리얼은 그 형식이 다양하다. 주제에 관한 결론을 먼저 내세우고 그 다음 논증을 전개하거나, 먼저 논증을 전개한 뒤 결론을 이끌어내는 경우와 의문 형태로 문제를 제기하고 그것에 관해서 해답을 주어 가며 결론을 얻는 것도 있다. 일반적으로 서론·본론·결론의 3단계로 구성한다(이상우, 류창하 1992).

(4) 신문 글과 문장에 관한 선행 연구

앞서 밝힌 바와 같이, 그동안 신문 글에 관한 선행 연구는 문장 하나하나에 관한 오류 여부를 점검하는 데 그쳤다. 완성한 신문 글 한 편이 구조적으로 어떤 특징이 있고, 어떤 문제점이 있는지는 논의된 바가 거의 없다.

최진우(1983)는 신문 문장을 연구하는 신문학에서 '매스 커뮤니케이션'의 효과적인 전달을 위하여 다음 몇 가지에 관한 연구에 주력하여야 한다고 제안하였다. 자세하고 정확한 문장 표현, 독자를 의식한 알기 쉽고 읽기 쉬운 문장 표현, '스피드'감과 '리듬'감 있는 문장 표현, 언어(용어)와 감각의 신선한 문장 표현, 국어순화를 위한 대중 문장의 5가지 목표를 제안하였다. 이러한 신문 문장이 되었을 때 독자가 매력을 느끼고 흥미 있게 신문 문장을 가까이 할 것이라고 보았다.

한미선(1996)은 한국 신문 문장을 기사 종류와 기사 내용의 영역적 분류의 범주에 따라 각 조건에 따른 문장의 특징을 서술하였다. 보도 기사는 과거 시제와 동태적 모티프, 직접 인용 비율이 높은 건조체 형식인 기존의 신문 기사 문체를 그대로 유지한다. 해설기사는 신문 산업이 해설기사를 경쟁상품으로 내놓으면서 해설기사의 문체가 이해하기 쉬운 이야기 문체로 바뀌고 있었다. 따라서 시제에서 미래와 현재 시제의 비율이 높은 것으로 나타났으며, 모티프에서 지정사 비율이 증가한 것으로 볼 수 있었다고 서술한다.

김세중(2003)은 사설, 칼럼 문장의 특징을 분석하여 다음과 같은 특징적 오류가 있음을 보여준다. 이것을 정리해 보자.

① '나'와 '국민'을 혼동한다.
② 주어를 드러내지 않는다.
③ 지시 대상을 드러내지 않는다.
④ 논리적 비약이 있다.
⑤ 의미가 모호하다.
⑥ 문법을 가볍게 생각한다.
⑦ 생략이 보편적이다.
⑧ 하라체가 사라진다.
⑨ 외국어를 쓴다.

이에 따라 김세중은 신문 문장이 객관적이어야 하고, 문법을 생각해야 한다고 주장한다.

김지연(2006)은 2005년 12월 14일부터 1월 21일까지 기사문 일주일 분량을 중심으로 분석하여 띄어쓰기 실태를 보여주었다. 그 결과, 제대로 띄어쓰기를 하지 못한 개수가 〈조선일보〉 1,375개, 〈중앙일

보〉768개, 〈대전일보〉2,077개, 〈충청투데이〉1,451개'로 집계됐
다.

김영삼은 중앙 종합일간지 4개사(조선, 중앙, 한겨레, 문화)의 보도기
사를 바탕으로 문제점을 조사하였다. 문제점으로 외래어 남용, 어려
운 말, 일본식 용어, 문장의 수동형, 과장한 표현, 약어나 조어, 부정
확한 표현, 부정확한 문장 등을 분석했다. 특히, 서양에서 들어온 외
래어 남용 현상과 일본식 한자말과 일본식 영어 남용 현상, 신문 보도
속의 외래어 표현방식과 문장구조에 초점을 맞추어, 영어나 일본어의
문장구조와 표현방식을 그대로 직역하여 쓰는 신문사 관행의 문제점
도 논의하였다. 아울러 언어능력 부족으로 인한 잘못된 용어 선택, 틀
린 표현, 문법에 맞지 않는 문장 등을 연구 분석하였다(김영삼 2002).

이주행(1995)은 우리나라 신문 기사가 단어를 오용하거나, 일부 독
자가 이해하기 어려운 단어—한자어, 외래어, 약어略語—를 사용하거
나, 권위주의적이고 극단적인 단어를 사용하거나, 속어와 유행어를
사용하여 작성한 것이 있다고 지적했다. 그리고 신문 기사문 중에는
문법에 어긋나거나 영문 번역투인 문장이 있다. 그리고 생략해서는
안 될 문장성분을 생략해서 의미가 모호한 문장이 된 것도 있다. 그리
고 속된 느낌이나 과장한 느낌을 주는 기사문도 있다.

류영남(1998)은 신문 문장의 특성에 따라 신문 문장의 오류 유형으
로 어휘적 오류와 문장 성분의 오류, 문장 연결의 오류, 문체적 오류
가 있다고 보았다. 어휘적 오류는 어휘 선택의 오류와 언어 관계의 오
류, 어휘 중복의 오류로 나눌 수 있다. 문장 성분의 오류는 성분 간의
호응 오류와 어순 오류, 성분 생략의 오류, 토씨 사용의 오류 등으로
나누어 볼 수 있다. 문장 연결의 오류로는 접속문의 논리성이 잘못되

었거나 이음씨끝을 잘못 사용한 오류가 있다. 마지막으로 문체적 오류는 모호하거나 부정적이며 과장한 표현, 고상한 표현, 지나친 비유 등의 어휘 선택의 오류와 복수 표현, 입음 표현, 그리고 토씨나 씨끝을 선택하여 사용하는 데서 오는 통사적 요소 선택의 오류로 나누어 볼 수 있다.

송정민(1985)은 신문 문장을 분석하여 다음과 같은 문제점들을 지적했다.

① 독자들에 따라서 10가지 이상의 해석이 가능할 정도로 모호한 어휘들을 남용한다는 것,
② 기사 내용과는 다른 표제를 제 마음대로 붙여 독자들을 많이 오도할 수 있다는 것,
③ 사회적 기구의 초권적 내용을 당연한 것으로 받아들이게 하는 문장과 표제를 사용한다는 것,
④ 주관적 판단과 편견을 담은 어휘나 문장을 끊임없이 사용한다는 것,
⑤ 주어와 술어 관계가 적합하지 못한 문장을 그대로 사용한다는 것,
⑥ 신문마다 띄어쓰기를 전혀 고려하지 않고, 어떠한 기준조차도 없다는 것이다.

이와 같이 선행연구를 살펴본 결과, 신문 글의 단락 구성에 관한 연구는 전혀 없다. 잘못 쓴 신문 문장을 하나하나 연구 분석하거나 신문 글에 주로 쓰는 어휘 자체를 연구했을 뿐이다. 한 편의 완성한 글은 어떤 식으로 구성되었고, 이것이 필자의 중심생각을 능률적으로 전달할 수 있는지에 관한 연구는 찾아볼 수가 없다. 다만, 일부 논문은 한

국 신문에서 어느 시기에 단락이 등장했는지 소개했으나 이것은 다른 주제의 논문을 쓰는 과정에서 부분적으로 언급한 수준에 불과하다. 그리하여 이 연구에서는 좀 더 거시적인 차원에서 신문 글의 단락 구성을 분석해야 한다.

2. 단락 개념과 구성

(1) 단락 개념

　완성한 글 한 편은 단락 여러 개로 구성하며, 단락 하나는 문장 여러 개로 형성한다. 그리고 문장 하나는 단어 여러 개로 구성한다. 이를테면 단어들이 문법에 맞게 모여서 문장이 되고, 문장들이 유기적으로 모여서 단락이 되고, 단락들이 전체 글의 주제를 중심으로 모여서 글 한 편이 되는 것이다. 그러므로 글 한 편을 제대로 구성하기 위해서는 문장들을 순조롭게 연결하여 단락들을 구성해야 하고, 동시에 이것들을 체계적으로 펼쳐야 한다. 여기서 전제 조건은 단락마다 소주제가 선명하게 드러나야 한다는 점이다. 그래야만 소주제 중심의 단락들이 모였을 때 글 전체의 대주제를 독자들에게 확실하게 전달할 수 있는 것이다.

　그렇다면 글의 구성 요소 중에서 가장 핵심이라고 할 수 있는 단락은 어떤 과정을 거쳐 사람들이 쓰게 되었을까. 동서양을 막론하고 고대의 글에서는 단어와 단어, 문장과 문장을 끊지 않고 잇달아 썼다. 그런데 생각이 깊어지고 복잡해짐에 따라 문장과 문장을 끊고, 다시 문장보다 좀 더 큰 단위의 구분이 필요해졌다. 이를 위해 들여쓰기를 하여 생각을 구분했는데 이것이 바로 단락(paragraph)이다.

단락은 '문장 여러 개가 모여서 하나의 통일된 생각을 나타내는 글의 단위'라 정의할 수 있다. 자세히 설명하면 '주제의 일부 하위 개념을 집중적으로 펼치는 일련의 문장들로 엮은 조직체로 그 형식을 명확히 구획한 글 속의 글'이라 할 수 있다(정달영 1992). 토마스 코웰스키와 미샤 슈바르츠만은 2002년 국내에 소개한 저서 '단락, 어떻게 읽고 쓸 것인가?'에서 단락을 '하나의 주제나 그 주제의 일부분을 전개해 나가는 일련의 문장들'이라고 정의했다. Oshima와 Hogue(1991)는 단락이란 하나의 주된 생각을 개진하면서 서로 관련 있는 문장들을 조직한 결합체라고 했다. 결국 단락은 들여쓰기를 하여 형식적으로 구분한 공통 주제에 관한 여러 문장이라고 할 수 있다.

정달영(1992)은 오늘날 우리가 보는 단락 나누기는 서양 글에서 비롯한 것인데 확실히는 알 수 없으나 약 200년 전부터 쓰이기 시작한 것으로 짐작한다고 하였다. 그는 Edqar Allan Poe(1842), Hawthorn's "Twice-Told Tales," Graham's Lady's and Gentleman's Magazine, 20(1842)에서 오늘날과 같은 단락 구분이 정연하게 쓰이고 있었음을 알 수 있다고 하였다. 정달영은 영어의 단락 구분은 Poe 글에서 정착했다고 한다. 그런데 Poe는 1809~1849년 사이에 살았던 사람이므로 단락 나누기는 적어도 19세기 중반 이전에 시작한 것으로 보인다. 19세기 후기에 우리나라에 들어왔던 영국인 선교사 J.Ross가 쓴 'THE COREAN LANGUAGE'(1878)와 같은 글에도 단락 구분이 나타나 있다. 정달영(1992)은 한국이 훈민정음을 반포한 이후 개화기 이전의 글에서는 현재와 같은 단락 구분이 전혀 없다고 하였다.

(2) 단락 구성

일반적으로 단락은 소주제문과 뒷받침 문장들로 구성한다. 맨 앞에 중심내용을 담은 소주제문이나 화제문이 나오고, 이것을 상세하게 설명하거나 논증하는 뒷받침 문장들이 그 뒤에 오는 단락이 일반적이다. 다음 예문을 살펴보자.

① **시립대학은 완전히 초만원이다.(소주제문)** ② 공간이 부족하다는 것은 캠퍼스의 어느 곳에서나 쉽게 발견할 수 있다. ③ 강의실은 꽉 차서 학생들은 통조림 속의 생선 모양 같다. ④ 그들 중의 일부는 마룻바닥에 앉아서 강의를 들어야 한다. ⑤ 많은 학생들이 복도와 층계에 서서 공부를 할 정도로 도서관과 연구실은 빽빽하게 들어차 있다. ⑥ 학생들이 배가 고프거나 입맛을 잃었을 때 찾곤 하는 구내식당은 흡사 배불뚝이의 배처럼 금방 미어터질 정도로 붐빈다. ⑦ 캠퍼스는 어느 곳이나 초만원이어서 학문 탐구의 전당이라기보다는 싸구려 시장 같다. **(②∼⑦은 뒷받침 문장들)**

Kathleen E. Sullivan 2000

① **사람은 꿈이 있어야 한다.(소주제문)** ② 왜냐하면 큰 꿈이 있어야 현재의 행동에 의미를 부여할 수 있기 때문이다. ③ 다시 말하면 꿈은 인생에서 이루고자 하는 목표다. ④ 곧 단계별로 작은 목표를 세워 차근차근 달성해 큰 꿈에 가까이 가는 것이다. ⑤ 이 과정에서 인간은 성취감을 맛보며, 이 성취감이 곧 그 다음 목표를 향한 에너지로 작용한다. ⑥ 그래서 인생의 목표가 확실한 사람은 불분명한 사람에 비해 성공할 가능성이 훨씬 높다. **(②∼⑥은 뒷받침 문장들)**

신향식 2007

2부 이론적 배경

위의 두 단락에서 첫 번째 문장은 각각 중심생각을 나타낸 소주제문이다. 두 번째부터 마지막 문장은 소주제문을 부연 설명하는 뒷받침 문장들이다. 모름지기 한 단락은 이처럼 소주제문과 뒷받침 문장들로 구성하는 것이다. 맨 앞에 중심내용을 담은 소주제문이나 화제문[3]이 나오고, 이것을 상세하게 설명하거나 논증하는 뒷받침 문장들이 그 뒤에 오는 것이다. 소주제문 위치에 따라 두괄식, 중괄식, 미괄식, 양괄식, 무괄식으로 바뀌기도 한다.

정상으로 구성하는 단락에는 반드시 중심생각을 한 가지 담아야 한다. 곧 그 단락에서 전하려는 메시지가 뚜렷해야 하는 것이다. 만약 무슨 말을 하려는 것인지 알 수가 없다면 그것은 정상 단락이 아니다.

> **(가) 여름 과일 하면 누가 뭐래도 수박이다.** 커다란 수박을 뚝 잘라 시원하게 한 입 베어 물면 더위가 싹 달아난다. 상큼하고도 달짝지근한 맛은 그 어떤 과일 주스도 감히 흉내 낼 수 없다. 일일이 씨를 뱉어야 하는 번거로움이 있기는 하지만, 수박의 시원한 맛을 생각하면 그 정도는 얼마든지 감수할 수 있다. 수박 때문에 여름이 기다려지기까지 하니 말이다.
> 신향식 2007
>
> (가-1) 포도가 여름 과일로는 단연 으뜸이다. 잘 익은 포도 알을 하나 떼어 입 안에 넣으면 그 새콤달콤함에 마냥 행복해진다. 포도는 특히 농약이 많이 묻어 있는 과일이어서 씻을 때 주의해야 한다. 작년에 아버지와 포도밭에 놀러간 적이 있는데 참 즐거웠다. 요즘엔 또 포도로 만든 와인이 인기라고 한다. 나도 빨리 자라서 와인의 맛을 음미할 수 있었으면 좋겠다.
> 신향식 2007

---

3 글은 반드시 무엇을 설명하거나 묘사한다. 글의 중심내용을 찾으려면 먼저 "이 글은 무엇에 관한 글이다"라고 할 때의 '무엇'을 찾으면 된다. 여기서 이 무엇에 해당하는 것을 화제話題라고 부른다.

(나) **아버지의 얼굴은 거칠다.** 살결은 가죽 같고 주름살이 많다. 코와 뺨 주
위에는 커다란 땀구멍들이 있다. 아버지는 젊은 시절에 코를 두 번이나
다친 적이 있어서, 아버지의 얼굴은 경기에서 많이 진 권투 선수처럼
보인다. 아버지가 웃지 않을 때는 입이 굳어져서 약간 위협적으로 보인
다. 턱은 단단하고 모가 나 있다. 면도를 하거나 말거나 아버지의 얼굴
은 험상궂게 보인다.

Kathleen E. Sullivan 2000

(나-1) 나의 아버지에 관해 말하자면, 그는 자녀에게 엄격한데 특히 나에게
더욱 그러하다. 내가 숙제를 다 끝내지 않으면 외출을 못하게 한다. 아
버지는 키가 크고 다소 마른 편이다. 어떤 이들은 아버지가 인상이 좋
다고 한다. 아버지의 머리는 멋진 회색의 곱슬머리이다. 아버지는 생을
즐기는 낙천가이다. 나의 아버지는 재미있는 분이다.

Kathleen E. Sullivan 2000

여기서 예문 (가)와 (나)는 소주제가 선명하게 드러난다. 뒷받침하
는 문장들이 첫 문장인 소주제를 자연스럽게 떠받들기 때문이다. 하
지만 예문 (가-1)과 (나-1)은 무슨 말을 하려는 것인지 도무지 이해하
기가 어렵다. (가-1)과 (나-1)은 첫째 문장인 소주제문을 제대로 떠
받들지 못하고 있다. 소주제의 초점에서 벗어난 문장들을 그냥 나열
하고 있을 뿐이다. 단락은 예문 (가)와 (나)처럼 소주제가 분명히 드
러나게 구성해야 한다. 그리고 이왕이면 소주제가 문장으로 드러나는
게 좋다. 이처럼 소주제가 담겨 있는 문장이 소주제문이다.

아래 예문 (다)는 소주제문이 없고, 무엇을 강조하려는 것인지 확실
하지가 않다. 하지만 예문 (라)는 소주제문이 겉으로 드러난 단락으
로 중심내용이 명확하게 드러난다.

43

(다) 나는 내가 생각해도 궁금한 게 참 많다. 호기심이 생기면 참지 못하는 성격이다. 그래서 장래희망을 써 낼 때마다 나는 항상 '기자'라고 쓴다. 궁금한 게 많은 것과 기자와 무슨 관계가 있는지는 모르겠지만 그냥 그렇게 써 낸다. 내 친구 철수는 장래희망이 컴퓨터 프로그래머다. 누나는 선생님이 되고 싶다고 한다. 나도 한때 선생님이 꿈이었다. 교단에서 아이들을 가르치는 일은 얼마나 즐거울까. 궁금한 걸 가르쳐 주니 선생님도 좋은 직업 같다.

신향식 2007

(라) 나는 기자가 되는 게 꿈이다. 어려서부터 어떤 일을 접하면 항상 궁금증이 따랐다. '저 사람은 왜 저런 행동을 했을까?' '그 일은 어떻게 일어났을까?' 이런 생각을 하다 보니 문득 기자라는 직업이 내 적성에 맞을 것 같다는 생각이 들었다. 기자는 어떤 일에든 의문을 갖고 접근하는 게 중요하다. 하지만 이에 못지않게 사건에 대해 발빠르게 취재하고 어느 쪽의 말이 옳은지 정확한 판단을 하는 것도 중요하다고 생각한다. 그래서 나는 앞으로 많은 책과 신문 기사를 통해 건강한 문제의식을 갖고 옳은 판단을 내리는 훈련을 할 것이다.

신향식 2007

아래 두 글도 비교해 보자. 예문 (마)보다는 (바)처럼 소주제문이 겉으로 드러난 글이 훨씬 더 내용을 파악하기가 수월하다. 소주제문을 맨 앞에 내건 (바)는 소주제문이 아예 없는 (마)에 비해서 독해하기가 더 쉽다. 독자들을 위해서는 (마)보다 (바)처럼 쓰는 게 좋다.

신문 글의 구성과 단락 전개에 관한 연구

(마) **(소주제문 없음)** 얼마 전의 일이다. 철수가 내게 오더니 급한 일이 생겼다면서 빠른 시일 내에 갚을 테니 만 원만 빌려달라고 하였다. 나는 철수가 어떤 어려움에 빠졌을까 걱정이 되어 얼른 돈을 빌려 주었다. 그러나 일주일이 지나고 한 달이 지나도록 철수는 돈을 갚기는커녕 그에 대한 언급조차 하지 않았다. 나는 참다못해 철수에게 돈을 갚으라고 했더니 자기는 내게서 돈을 꾼 적이 없다며 오히려 화를 내었다. **(뒷받침 문장들)**
                                                                              서정수 1991

(바) **철수는 약속을 지키지 않는 친구다. (소주제문)** 얼마 전의 일이다. 철수가 내게 오더니 급한 일이 생겼다면서 빠른 시일 내에 갚을 테니 만 원만 빌려달라고 하였다. 나는 철수가 어떤 어려움에 빠졌을까 걱정이 되어 얼른 돈을 빌려 주었다. 그러나 일주일이 지나고 한 달이 지나도록 철수는 돈을 갚기는커녕 그에 대한 언급조차 하지 않았다. 나는 참다못해 철수에게 돈을 갚으라고 했더니 자기는 내게서 돈을 꾼 적이 없다며 오히려 화를 내었다. **(뒷받침 문장들)**
                                                                              서정수 1991

(3) 단락 종류

단락은 그 형태, 곧 소주제문 위치에 따라 두괄식 단락, 양괄식 단락, 미괄식 단락, 중괄식 단락, 무괄식 단락으로 나눈다. 독해에 필요한 거시구조의 형성과 관련하여 그 주된 기능 관계에 따라 기능단락과 설명단락으로 나눌 수 있다(서혁 2003). 전체 글(composition) 속의 기능에 따라 일반단락과 특수단락으로 구분하기도 한다(서정수 1995).

서론 (INTRODUCTION) —— 도입단락

본론❶ (DISCUSSION) —— 일반단락
본론❷ (DISCUSSION) —— 일반단락
본론❸ (DISCUSSION) —— 일반단락
본론❹ (DISCUSSION) —— 일반단락

결론 (CONCLUSION) —— 종결단락

　서정수(1995)에 따르면, 일반단락은 '글 내용을 본격적으로 전개하는 단락'을 말한다. 일반단락은 주로 본론에서 핵심 과제인 소주제를 제시하여 발전시키는 노릇을 한다. 아래 예문에서 단락〈2〉, 〈3〉, 〈4〉가 일반단락에 해당한다. 특수단락은 도입단락, 전환단락, 종결단락, 주단락과 종속단락으로 나뉜다. 도입단락(opening paragraph)은 흔히 글의 첫머리, 들머리, 서두 등으로 표현하는 부분에 위치하는 단락으로, 글의 문을 여는 구실을 한다. 도입단락이 없는 글도 있지만, 글 대부분은 본격적인 전개에 들어가기 전에 그 예비적인 서술을 한다. 무엇보다도 독자의 관심과 흥미를 불러일으켜서 그 글을 읽도록 만드는 기능을 하는 것이다. 종결단락(concluding paragraph)은 글을 끝맺는 구실을 한다. 일반단락처럼 내용전개나 뒷받침 과정은 필요 없다. 대신 본문 내용을 간추려 주제를 다지거나, 주제만을 상기시키고 전망을 하거나, 글의 주제와 관련한 어구 등으로 여운을 남기거나, 본문 내용을 마무리하면서 전망하는 등 다양한 방식을 사용한다. 아래 예문에서 단락〈1〉은 도입단락이고, 단락〈5〉는 종결단락에 속한다.

신문 글의 구성과 단락 전개에 관한 연구

〈1〉 나는 요즈음 책이 우리에게 주는 참된 가치에 대하여 내 나름대로 깨닫게 되었다. 독서의 가치나 보람에 대해서는 많은 이들이 언급해 왔지만, 나 자신이 독서를 많이 안 해보았을 때는 그것을 실감하지 못하였다. 그런데 나는 최근에 독서에 취미가 붙어 틈만 있으면 책을 읽다 보니 독서가 우리에게 주는 의미를 알아차리게 된 것이다. 나는 독서를 통하여 새로운 세계를 발견하고, 나의 알고자 하는 욕망을 채울 수 있었다. 또 독서는 나의 안목을 넓혀 주었다. 이렇게 독서는 나로 하여금 정신적인 면에서 큰 성장을 가져다주었다. 〈도입단락〉

〈2〉 **나는 책을 통해서 늘 새로운 세계를 발견하고 있다. (소주제문)** 책의 저자들은 각자가 살고 느끼고 생각한 세계를 보여준다. 옛 책을 읽으면 옛날의 사람들이 살았던 세상을 보게 되고, 딴 나라 사람들의 책에서는 그 세상의 모습을 엿볼 수가 있다. 문학 작품에서는 작가가 그리는 미지의 세계가 나에게 펼쳐진다. 특히 근래에 다시 읽어 본 파브르의 곤충기에서 보여 주는 벌레들의 세계는 우리가 상상키 어려운 세계이기도 하였다. 이렇게 나는 책을 읽음으로써 나 자신이 경험할 수 없는 새로운 세계로의 흥미진진한 여행을 한다. 〈일반단락〉

〈3〉 **책은 알고자 하는 욕구를 채워 준다. (소주제문)** 나는 어렸을 때부터 호기심이 많고 세상 돌아가는 사정이나 이치에 대해서 알아보고 싶은 욕망이 남달랐다고 생각된다. 그래서 선생님께 질문을 자주 하다가 다른 아이들의 미움을 산 적도 많았다. 그런데 요즈음은 많은 경우에 책을 통하여 나의 알고자 하는 욕구가 채워지고 있다. 책은 누구보다도 친절하고 자상한 선생이 되고 있다. 수업 시간에 미처 알지 못하였던 것도 책을 통해서 알고 정리할 수가 있다. 그래서 나는 방과 후에는 물론이고 공부 시간에도 읽던 책을 몰래 펴보지 않고는 견디기 어려운 때도 있다. 이처럼 책을 열심히 읽게 되는 것은 오랫동안 마음에 남아 있었던 의문이 책을 통해서 풀리기 때문이다. 〈일반단락〉

〈4〉 **책이 나에게 가져다주는 또 한 가지 선물은 나의 안목을 넓혀 준 점이다. (소주제문)** 책을 처음 읽을 때는 미처 못 느꼈지만 책을 여러 권 읽고난 다음부터는 사물을 보고 판단하는 능력이 나도 모르게 향상되고 있음을 깨닫게 되었다. 이를테면 사회, 정치 문제나 국제 정세 같은 것을 좀 더 잘 이해하고 그 문제점도 발견할 수가 있게 되었으며, 어른들과 대화를 곧잘 할 수 있게 되었다. 어떤 문제에 부딪쳤을 때, 그 해결책을 마련하는 데도 책에서 읽은 견식이 활용되기도 한다. 신문이나 시청각 기구를 통해서도 물론 세상 돌아가는 형편은 웬만큼 알게 되지만, 책 읽는 것에 비하면 그것은 수박 겉핥기에 지나지 않는다. 사건이나 정세의 심층에 깔린 값진 사연들은 책에서만이 파악할 수가 있다. 따라서 책은 나의 색다른 시국관이나 세계관 같은 것을 이루어 주고 있는 것이다. **〈일반단락〉**

〈5〉 이상에서 보듯이 나는 독서를 통해서 늘 새로운 세계를 발견하여 견문을 넓히고, 알고자 하는 나의 호기심과 욕망을 채울 수가 있게 되었으며, 또한 나의 세상을 보는 안목이 향상되었다. 나는 독서를 함으로써 무엇보다도 정신적인 면에서 뚜렷한 성장을 하고 있다고 자부한다. **〈종결단락〉**

서정수 1991

전환단락(transitional paragraph)은 글의 특정한 지점까지 서술한 내용을 간추리면서 향후 서술 방향을 제시하는 구실을 한다. 짧은 글에서는 독자가 글의 방향을 잘 알고 있어 전환단락이 필요 없을 수도 있다. 하지만 긴 글에서는 글의 이정표 구실을 할 전환단락을 별도로 두어 글 흐름을 자연스럽게 전환해야 하는 것이다(서정수 1995). 아래 예문 (사)와 (아)가 전환단락에 해당한다.

신문 글의 구성과 단락 전개에 관한 연구

(사) 이제까지 우리는 이 회담의 목적이 무엇이라는 점에 대해서 논의했
고 또 그 필요성을 강조해 왔다. 그러면 그 목적 달성을 위하여 우
리는 어떻게 해야 할 것인가? 이제 이 점을 바로 중심 과제로 삼고
자 한다.   서정수 1991

(아) 지금까지 우리는 건강의 중요성과 그것이 정신 작용에 미치는 영향
에 관해서 살폈다. 그러면 건강을 유지하는 구체적인 방법은 무엇인
가? 이제 이 점에 대해서 알아보는 단계에 이르렀다.   서정수 1991

주단락과 종속단락은 서로 짝을 지어 쓰인다. 주단락은 일반적으로
소주제를 개괄하여 보이고, 종속단락은 주단락의 소주제를 자세히 뒷
받침하는 구실을 한다. 곧, 일반단락에서 소주제문과 뒷받침 문장들
을 별도 단락으로 분리했다고 할 수 있다. 주단락과 종속단락의 분할
은 소주제가 아주 중요해서 더 많은 분량을 할애해 더 깊이 다루어야
할 경우에 볼 수 있다(서정수 1995). 아래 예문 (자)와 (차)가 주단락과
종속단락에 해당한다.

(자)
〈1〉 해외 봉사활동의 목적은 두 가지로 볼 수 있다. 하나는 상대 국가에
대한 봉사를 통한 우호의 증진을 꾀하는 일이다. 다른 하나는 우리
젊은이로 하여금 외국 문화권에 대한 접촉을 하도록 하는 일이다. 이
두 가지는 세계에 대한 지도력을 유지하고 발전시키려는 우리 정부
가 노리고 있는 일거양득의 목표다. **〈주단락〉**

〈2〉 '봉사를 통한 우호의 증진'은 우리나라의 평화적이고 문화적인 원조 계획의 하나다. **(소주제문)** 2차대전 뒤로 우리나라는 세계의 여러 나라에 경제적으로나 군사적으로 원조를 해 왔다. 전쟁으로 해를 입은 유럽 여러 나라, 아시아의 이른바 개발도상국들에게 우리는 막대한 경제 원조를 했으며, 공산 세력과 맞서도록 군사 원조도 숱하게 했다. 그런데 1960년대에 접어들면서 그러한 경제, 군사의 원조가 점차 줄거나 끊기면서 나타난 것이 해외 봉사활동단이다. 우방 여러 나라와 우호를 계속해서 높이고 상부상조가 필요했기 때문이었다.

〈종속단락〉

〈3〉 '외국 문화권에 대한 접촉'은 우리 젊은이로 하여금 경험과 시야를 넓혀서 미래 지도자의 자질을 갖추게 하는 계획의 하나다. **(소주제문)** 사람이란 자신을 바로 알고 또 바른 인생관이나 세계관을 세우려면 남을 알고 세계를 두루 경험해야 한다. 그릇은 넓고 깊을수록 가치가 있듯이, 앞으로 우리나라를 짊어지고 세계를 주름잡을 수 있는 인재는 젊어서부터 세계의 문화를 이해하고 체험하는 것은 필수적이라 할 것이다. 이런 점에서 우리 정부는 주는 데 그쳤던 경제와 군사 원조 대신에 우리 젊은이들의 '봉사 활동'을 선물로 보내면서 그들의 산 경험에서 얻은 과실을 반대급부로 삼고자 한 것이다.

〈종속단락〉

서정수 1991

(차)

〈1〉 불우이웃돕기는 적어도 두 가지 면에서 우리를 흐뭇하게 만든다. 하나는 이웃을 기쁘게 하는 일이고, 다른 하나는 자신을 즐겁게 하는 것이다. 여기서 이웃이란 우리의 형제자매, 가까이 사는 사람, 아는 사람, 나아가서 우리와 공동 운명체를 이루는 모든 이들을 말한다.

〈주단락〉

〈2〉 "이웃을 기쁘게 하는 일"이란 불우하게 사는 우리 이웃 사람들을 기쁘게 해 준다는 뜻이다. **(소주제문)** 우리는 이웃에게 관심을 가지고 조그마한 사랑이라도 보여줌으로써 그들을 상상할 수 없을 정도로 즐겁게 해 주는 일이 많다. 가령, 아무도 돌보지 않고 있는 불우한 사람, 외로이 사는 노인들, 부모를 잃은 아이들에게는 우리의 조그마한 성의만으로도 커다란 기쁨의 선물을 안겨 주게 된다.

〈종속단락〉

〈3〉 "자기 자신을 즐겁게 하는 것"이란 이웃을 사랑함으로써 자신에게도 기쁨의 보상이 따른다는 것이다. **(소주제문)** 우리는 좋은 일을 한다든지 남을 사랑하면 사랑 받는 것 못지않게 흐뭇한 느낌을 지니게 된다. 사랑이란 받는 것보다 주는 것이 더 우리를 행복하게 만든다고 하는 말은 바로 이런 것을 의미한다. 또한 이웃 사랑은 상대방으로 하여금 나를 사랑하게 만들어서 사랑의 수로가 열리는 결과도 낳는다.

〈종속단락〉

서정수 1991

(4) 한국 신문 단락 구성의 역사적 변천

한국 신문의 단락 표기는 개화기 무렵에서야 시작했다. 개화기 때 줄바꾸기 형태로 시도한 단락 표기는 1920년대 민간신문들의 사설에서 본격 등장했다. 그리고 1945년 해방 이후 일반 기사문에도 단락 나누기가 정착했다.

개화기까지 우리글에서 단락 표기는 거의 없었던 것으로 여겨진다.

정달영(1992)은 훈민정음 반포 이후 15세기에서 개화기까지의 옛글에는 대문나누기 구분을 전혀 안 하거나, 간혹 표나 들여쓰기, 줄바꾸기 등이 나타나고 있더라도, 이들은 한문과 우리글의 구별, 주석달기, 장이나 대문의 바뀜 등을 표시하는 것이었다고 한다. 곧 오늘날과 같은 단락 형식과 관련한 구분은 없었다고 볼 수 있다.

신문에서 줄바꾸기가 등장하는 것은 갑오개혁(1984년) 이후다. 〈독립신문〉은 창간호(1896년 4월 7일)부터 줄바꾸기를 쓰고 있으며, 1897년 7월 9일자부터는 ○가 나타나기도 한다. 하지만 이때의 줄바꾸기는 "대군쥬…", "님군을…" 등에서 행을 바꾸어 군주를 높이는 뜻을 드러내기도 하는 등 단락 구분과는 별 상관이 없는 것으로 보인다. 또 1896년 창간한 〈협성회 회보〉는 1898년 4월 8일 폐간 시까지 줄바꾸기를 했으며, 〈매일신문〉으로 개칭한 1898년 4월 9일 이후에는 각 기사문의 시작에 ○를 삽입하기도 했다. 이것은 글의 시작부터 끝까지 문장을 계속 이어 쓰던 옛글과 비교하면 상당한 차이를 보여 주는 것이다. 그러나 이런 형식 나누기는 서구 글에 나타난 단락 구분과 비교해 보면 그 원칙과 방법 면에서 큰 차이를 보인다(정달영 1992).

오늘날 의미에 가까운 단락이 등장하는 것은 20세기 초반에 이르러서다. 1905년 〈대한매일신보〉 논설은 한 문장이 아닌, 문장을 몇 개로 나눠서 행을 바꾸어 작성했다. 최진우(1983)는 이런 방식이 읽고 이해하는 데 큰 도움을 준다며 이것을 문장 구문의 변화로 새로운 단락을 보여준 것이라 했다.

한편, 〈소년〉(1908)지는 우리나라 최초로 들여쓰기를 사용했다. 〈소년〉지에 실린 글 대부분에 들여쓰기가 보이는 것이다. 정달영(1992)은 이런 방식은 그 형식이 서구 글에 쓰이는 단락의 들여쓰기와 일치한다며, 〈소년〉지를 통해 우리나라에 서구의 글에 일반적이던 들여쓰기를 도입한 것이라 보았다. 우리나라 최초 월간지로 새로운 서양 문물과 신학문을 소개했던 〈소년〉지는 당시 일본에서 수학한 육당 최남선이 제작했으므로, 육당이 일본글을 통해 우리나라에 들여쓰기를 도입한 것으로 짐작할 수 있다. 신문에서 들여쓰기가 처음 등장하는 것은 1914년 7월 16일자 〈신한민보〉다. 이때부터 〈신한민보〉는 신문 전면에 걸쳐 들여쓰기를 했다.

표1 • 뉴스 문장 변천

時代別 表現別	開化時代 (1883년~1910년)	民間紙時代 (1920년~1940년)	解放以後 (1945년~1960년)	現代 (1961년 이후)
	한 개의 센텐스 (長文) 記事題目사용	한 개의 센텐스 (長文) 多數行表題文사용	두 개의 센텐스 단락 있음 (점차 短文) 小數行表題	2, 3개의 센텐스 단락 많음 小行表題文 사용
使用 用語	국문(口語) (준言文一致) 국한문(文語)	口語, 漢文語, 순국문 (괄호 안에 人名, 地名 명칭 漢字 넣음) (言文一致文)	순국문 人名, 地名만 괄호 안에 漢字 (言文一致文)	국한문(人名, 地名은 漢字로 씀) (완전 言文一致)
用語 表記	地名, 人名에 記號表示(국문기사) 숫자(구어) 띄어쓰기(국문) 國漢文은 붙여 쓰기	數, 漢數字표기 (一 二 三 四) 띄어쓰기 보임	數, 漢數字표기로 본문에 내놓음	洋數字표기(1, 2, 3) 文場기호와 省略語씀
文章 終了語	…하였다더라 …하였더라 (兼用)	…하였더라 …하였다한다 (兼用)	…하였다한다 …하였다 (兼用)	…하였다 …했다(後에)

최진우. 1983. 한국 新聞文章의 變遷에 관한 研究. 박사학위논문. 충남대학교 대학원.

時代別 表現別	開化時代 (1883년~1910년)	民間紙時代 (1920년~1940년)	解放以後 (1945년~1960년)	現代 (1961년 이후)
構文	장문 (단락 있으나 無作定임)	2, 3개의 센텐스로 됨(章別) (段落있음)	段落 있는 文章	몇 개의 짧은 文章으로 段落도 많음
使用 用語	국문과 國漢文 (口語와 文語)	모두 國漢文 (文語)	國漢文쓰고 순국문도(口語)	國漢文에다 순국문 많음
用語 表記	국문(띄어 씀) 국한문(붙임)	國漢文 띄어 씀 外來語에 「」표 引用記號로 『』씀	띄어쓰기 전대부터 句讀點사용	완전 띄어쓰기 강조점, 고유어에 「」 기호 씀
文章 終了語	…하노라 …이로다 …하는도다 (兼用)	…이니라 …이다 …한 것이다 (점차 사용)	…것이다 …이다 (兼用)	…있다 …했다 (兼用)

최진우. 1983. 한국 新聞文章의 變遷에 관한 研究. 박사학위논문. 충남대학교 대학원.

이 같은 들여쓰기를 이용한 단락 구분은 1920년대에 이르러 창간한 민간신문들이 좀 더 활발하게 사용했다. 특히, 이 신문들의 사설은 단락 구분을 점차 보여준다. 1920년 3월 5일 창간한 〈조선일보〉와 그 해 4월 1일 창간한 〈동아일보〉, 그리고 3년 뒤에 창간한 〈시대일보〉는 이전 신문과는 다른 문장을 보여준다. 당시 이들 신문의 사설을 살펴보면, 주로 한 문장이던 개화기 시대 사설들과 달리, 구문이 몇 개로 나뉘어 있으며, 띄어쓰기도 점차 확대하고 있다(최진우 1983). 이들 신문은 들여쓰기 역시 점차 자주 사용했다. 〈조선일보〉는 소실된 1, 2호 외 3호 신문부터 들여쓰기를 하다가, 중간에 보이지 않는 경우도 있었지만, 1920년 6월 1일자부터는 들여쓰기를 정착한 듯하다. 〈동아일보〉는 창간호에는 들여쓰기가 보이지 않았지만, 1921년 5월 9일부터 들여쓰기가 나타난다. 이후 일정 규칙 없이 들여쓰기가 등장하다가, 1921년 6월 6일 이후 사설란에는 들여쓰기가 확실하게 나타나기 시작한다(정달영 1992).

민간신문들이 정착하기 시작한 단락 구분은 해방 이후 글들에서 본격적으로 나타난다. 최진우(1983)는 해방 이후 신문의 사설 문장은 1930년대의 그것과 전혀 다르게 새로운 구문과 단락으로 되어 있다며, 1장에 4~6개의 단락 문장으로 논술하기 때문에 내용을 이해하기 쉬운 것은 물론 문장 템포가 빨라서 설득력이 있는 것이라고 한다. 나아가 우리가 조국 광복과 더불어 우리 국어로 자유롭게 우리 사상과 의견을 펴낼 수 있는 데서 이러한 문장체가 나타난 것으로 보아야 한다고 했다.

1950년대에 이르러서는 신문에서 한글 비율이 높아졌다. 최진우(1983)에 따르면 〈조선일보〉는 1950년대부터 국문 문장만으로 사설을 쓰는 일이 잦았다. 〈동아일보〉도 국한문 비율로 보아 한글로 기술하는 문장이 늘었다. 그런데 〈동아일보〉는 1950년 10월 하순부터 사설을 적으면 3장, 많으면 5장까지 구분하여 모두 한 장으로 분량을 줄이고, 단락을 몇 개 두었다. 이에 반하여, 〈조선일보〉는 계속 종전과 같이 1, 2, 3, 4장을 두고 몇 개의 문장으로 쓴 채 단락을 두지 않은 것이 특징이다. 이처럼 해방 이후 논설문은 구어체를 완전히 탈피하지는 않았으나, 한 단락 속에 문장을 몇 개 묶은 것은 전 시대에서는 볼 수 없던 현상이다. 이 같은 문체 변화는 미국을 비롯한 선진국의 신문 문장체를 모방하거나 참고한 것으로 보인다(최진우 1983).

　　1960년대 이후 신문 문장은 간결성을 중시하며 뉴스 문장과 논설 문장 모두 단락 구분을 좀 더 세분화했다. 1960년대에 들어와서 신문 문체는 마침내 간결성을 강조하였으며 약어, 약자의 시대에 들어서기 시작하여 뉴스 문장은 몇 개의 단락으로 나누고, 문장 안의 표현은 완전하지 않게 생략했다(조동호 1987).

3. 레토릭 3대 원리(단락 전개 3대 원리)

　　　　글 한 편이 좋은 평가를 받기 위해서는 무엇보다도 글의 주제가 선명하게 드러나야 한다. 자기 생각과 주장과 정보를 남에게 전달하고 설득하기 위해 글을 쓰는 것이므로, 필자의 중심생각을 온전히 전달하지 못한 글은 아무런 의미가 없다. 그런데 이를 위해서는 글을 이루고 있는 단락을 하나하나 체계적으로 작성해야 한다. 그렇다면 단락을 능률적으로 구성하여 전개하기 위해 지켜야 할 요소는 무엇인가?

　정달영(1992)에 따르면 단락을 전개하는 원리는 일반적으로 통일성 원리(The principle of unity), 연결성 원리(The principle of coherence), 강조성 원리(The principle of emphasis) 세 가지가 있다. 이는 전통적으로 레토릭 3대 원리라고 지칭하던 것으로, 모든 글을 짓는 데 일반적으로 적용하는 것이다. 단락의 경우에도 이 세 가지 원리를 그대로 적용한다. 글을 전개한다는 것은 사실상 각 단락을 펼치는 것이기 때문이다.

　이 세 가지 원리는 서구 문장론서에서 예외 없이 공통으로 강조하고 있으며, 그 용어와 개념도 완전한 일치를 보이고 있다. Brooks와 Warren(1970 : 355)에서는 단락은 사상의 단위이기에 하나의 구조이며, 단락이 모여 이루는 긴 글과 마찬가지로 통일성, 연결성, 강조성 원리에 따라 쓰이게 마련이라고 한다. 그리고 Willis(1969), Sullivan (1980), Ostrom(1968) 등 모든 문장론서에서 이 원리를 기본 사항으로 다룬다. 전체 글에서부터 단락이나 문장 쓰기에 이르기까지 이 원리를 모든 글쓰기에서 근본 바탕으로 삼아야 한다고 강조한다(정달영 1992 재인용).

(1) 단락의 통일성 원리

단락의 통일성 원리(The principle of unity)는 소주제와 그 뒷받침 서술이 내용 면에서 하나가 되어야 한다는 것이다. 소주제와 뒷받침 문장의 통일성이 깨지면 소주제가 잘 드러나지 못한다. 문단은 여러 개의 조직, 곧 문장으로 이루어져 있지만, 그 조각들은 서로 묶여 통일된 한 덩어리여야 하는 것이다(Kathleen E. Sullivan 2000).

돼지는 후각이 빼어나게 발달되어 있다. 멧돼지는 몇 십 리 밖에 있는 포수의 화약 냄새를 맡고 일찌감치 도망해 버릴 정도로 후각이 발달되어 있다. 예를 들면, 제 새끼와 다른 새끼를 구별하는 데나, 주인과 남을 구별하는 데 주로 후각을 사용한다. 다른 동물이 침입했는지, 먹이가 들어왔는지를 알아차리는 데도 주로 후각을 이용한다. 발정 시기에 암·수퇘지가 서로 접근하는 것도 주로 냄새 맡는 기능에 의한다.

윤화중 1980

위 글에서는 소주제문인 첫 문장 내용과 어긋나는 문장들이 전혀 없다. 이처럼 모든 뒷받침 문장이 소주제문을 떠받드는 내용이어야 한다는 원리가 통일성 원리이다. 곧 한 단락에는 주제, 내용, 배경, 상황, 공간, 시간이 한 가지만 담겨야 하고, 한 단락이 수행하는 기능과 임무도 오직 한 가지여야 한다.

(2) 단락의 연결성 원리

단락의 연결성 원리(The principle of coherence)란 뒷받침 문장들을 순리적으로 배열해야 한다는 것이다. 소주제를 뒷받침하는 문장들이 자연스럽고 이치에 맞게 놓여 있어야만 좋은 글이다. 통일성 원리가 뒷받침 문장은 소주제와 내용적으로 일치해야 한다는 것이라면, 연결성 원리는 뒷받침 문장들 자체의 배열을 순조롭게 해야 한다는 것이다. 이 원리는 시간적 순서, 공간적 순서, 논리적 순서 세 가지 방법으로 적용하여 전개할 수 있다. 시간적 순서에 따른 배열은 주로 인물의 행동이나 사건을 기술할 때 사용한다. 공간적 순서는 주로 일정 공간에 고정해 있는 사물의 모습을 자세히 나타낼 때 쓰인다. 자연 풍경, 사물 겉모습, 얼굴 생김새 등을 있는 그대로 생생하게 글로 옮기기 위해서는 공간적 순서에 따라 배열하는 것이 가장 자연스럽다. 논리적 순서에 따른 배열은 앞서 언급한 시간적·공간적 순서에 따른 배열을 제외한 모든 경우를 말한다. 눈에 보이지 않는 추상적 생각을 나타내는 경우는 논리적 순서를 따라야 한다. 원인이나 결과를 밝힌다든지, 의견이나 주장을 나타낼 때 주로 사용한다(서정수 1995).

(3) 단락의 강조성 원리

　강조성 원리(The principle of emphasis)는 단락의 소주제를 두드러지게 해야 한다는 것이다. 곧 그 단락에서 전하려는 요지가 설득력이 있도록 논리적인 근거를 충분히 제시하거나 표현하려는 상황을 확실하게 뒷받침하여 묘사나 설명해야 한다는 말이다. 글이 아니라 말을 할 때도 중요한 내용은 어조를 높이거나, 반복함으로써 강조하듯이 단락도 강조의 서술이 필요하다. 강조는 독자가 단락의 핵심 내용, 곧 소주제를 인상 깊게 받아들이도록 만드는 기법이다. 통일성과 연결성을 잘 지켰어도 적절한 강조가 없으면 독자는 단락을 밋밋하게 받아들여 주제를 충분히 인지하지 못할 가능성이 많다(서정수 1995).

　아래 글은 단락 전개의 통일성, 연결성, 강조성 원리를 비교적 무난하게 지킨 칼럼이다. 단락 〈1〉은 필자 동년배들의 관심사, 단락 〈2〉는 우파 정치권의 과제, 단락 〈3〉은 지식인들이 주목하는 공화주의, 단락 〈4〉는 공화주의 주체로서의 시민, 단락 〈5〉는 지식인들이 관심 갖는 공동체주의, 단락 〈6〉은 우리 자세를 썼다. 곧 한 단락에 한 가지 중심생각을 담아 조직적으로 단락을 전개한 것이다. 문장들도 긴밀하게 연결했고, 각 단락의 소주제도 선명하게 드러나도록 강조한 편이다. 이런 단락 전개 방식은 글의 요지를 정확하게 전달할 수 있을 뿐만 아니라 독자들이 좀 더 칼럼을 쉽게 읽을 수 있도록 안내한다.

〈1〉 요즘 친구나 지인을 만나면 듣게 되는 이야기가 "어디 얼마나 잘하는지 두고 보겠다"는 것이다. 70년대 후반~80년대 초반 대학을 다닌 필자의 동년배同年輩들은 굳이 좌파가 아니라도 '고루 잘 사는 사회'에 대한 관심이 높다. 그러나 믿었던 좌파 정권들이 나라를 뒷걸음질하게 만드는 모습을 본 그들은 이제 우파 정권의 등장을 어쩔 수 없는 일로 받아들인다. 그러면서도 과연 우파가 우리 사회를 한 단계 더 끌어올릴 수 있는 역량을 갖고 있는지 질문을 던지는 것이다.

〈2〉 김칫국부터 마시는 것인지는 모르겠지만 이제 이런 질문을 곰곰이 생각해볼 때가 된 것 같다. 과연 우리의 우파는 스스로 다음 과제로 설정한 '선진화'를 이끌어 갈 준비가 돼 있는가. 날개 꺾인 성장 동력을 되살리는 한편 날로 심해지는 양극화를 완화시켜 사회의 통합과 발전을 이뤄내고, 급변하는 한반도 주변 정세 속에서 국가와 민족의 이익을 극대화할 수 있는가. 이는 우파가 집권한다면 곧 큰 과제로 다가올 것이다. 아니 아마 그 이전 대통령 선거 때부터 답변을 요구받을 것이다.

〈3〉 이런 점을 고민하는 지식인들이 요즘 주목하는 이념이 '공화주의共和主義'다. 공화주의란 자유롭고 평등한 사람들이 법치와 참여를 통해 조화와 화합 속에서 공동의 이익을 추구하는 것이다. 이는 계급과 계층, 세대, 지역, 젠더 등 각 세력이 각자의 이익을 경쟁적으로 추구하는 상황에서 부분보다 전체를 먼저 생각하고, 대립보다 대화를 앞세우는 것을 말한다. 건국과 압축적인 산업화·민주화를 거치면서 이쪽저쪽에 상처 입은 사람이 있고, 그것이 원한과 증오로 남아 있는 우리 사회의 재통합을 위해서는 공공선公共善을 지향하는 공화주의가 필요하다는 주장이다. 예를 들어 김성호 연세대 교수는 뉴라이트 그룹에 서구의 공화주의를 한국 상황에 맞게 변용할 것을 권한다.

〈4〉 그러나 공화주의를 실현하려면 무엇보다 그 주체가 되는 '시민市民'이 필요하다. 사회와 국가를 정말로 사랑하고, 사익私益보다 공익公益을 앞세우는 시민층이 두껍게 존재할 때 공화주의는 꽃필 수 있다. 이는 1인당 국민총생산이나 경제성장률 등 양적 지표만으로 만들어지지 않는다. 나눔과 봉사를 중시하는 성숙한 사회가 될 때 비로소 가능하다.

〈5〉 우리 사회에 과연 그런 시민적 미덕이 충분한가. 그렇지 못한 현실을 아는 지식인들은 또 '공동체주의共同體主義'에 관심을 기울인다. 공동체주의는 극단적인 개인주의와 전체주의를 모두 배격하고, 자신이 속한 공동체의 발전을 통해 개인의 이익도 확대된다는 주장이다. 공화주의가 지知에서 출발한다면, 공동체주의는 정情에 바탕을 둔다. 대표적 주창자인 박세일 서울대 교수는 동양이 서양보다 더 친親공동체적이란 점을 지적한다. 우리의 부족한 시민의식을 이웃에 대한 배려를 중시했던 고유의 공동체정신으로 보완할 수 있는 가능성은 소중하다.

〈6〉 지금 우리 앞에는 한·미 FTA 후속 조치나 3불 정책, 연금개혁처럼 온 국민의 이해관계가 부딪치는 전국적 이슈부터 서울시 공동재산세 도입 등 지역 문제에 이르기까지 함께 고민해야 할 과제들이 많다. 근대적 시민사회나 전통적 공동체 모두 이를 유지하고 발전시키는 것은 인적·물적 자원을 갖고 있는 지도층의 책임이었다. 한동안 그런 책임에서 자유로웠던 한국의 우파들은 이제 다시 사회를 이끌고 나갈 준비를 해야 한다. 그 출발점은 개별 이익을 뒤로 미루고, 공익을 앞세우는 공화주의와 공동체주의에 입각해서 현안들의 해법을 모색하는 것이다.

조선일보. 2007, "얼마나 잘하는지 두고 보자", 4월 16일.

신문 글의 구성과 단락 전개에 관한 연구

아래 글도 통일성, 연결성, 강조성 원리를 모두 잘 지킨 글이다. 필자는 단락 〈1〉에서 광복 61돌의 현 지표로 글을 열었으며, 단락 〈2〉에서 분단 극복 실패에 따른 과제를 제시했다. 그리고 단락 〈3〉에서 '평화 국가' 구상에 주목할 필요성을 제시하며, 자기주장을 분명히 했다. 단락 〈4〉, 〈5〉, 〈6〉, 〈7〉에서 주장에 관한 근거를 철저히 제시한다. 단락 〈8〉은 주장을 강조한 단락으로 볼 수 있다. 이 글의 단락들은 모두 유기적으로 연결해 있으며, 충분한 근거가 소주제를 뒷받침하고, 각 단락의 중심생각도 명확하다.

〈1〉 어제 우리는 광복 61돌을 맞았다. 그 61년 동안 우리는 많은 것을 성취했다. 아프리카 수단보다도 가난했던 빈곤국에서 세계 10위권의 경제대국으로 성장했고, 쓰레기통 속에서 장미를 피우는 것보다 더 어려우리라던 민주화도 이뤄냈다. 한류 신드롬을 낳을 정도로 문화 부문의 성장 역시 눈부시다.

〈2〉 그러나 한국이미지커뮤니케이션연구원의 지난 6일 조사 결과를 보면, 외국인들의 눈에 비친 한국의 이미지는 아직도 압도적으로 분단국가였다. 분단 극복의 실패가 지난 세월 이룬 값진 성과를 빛바래게 한 것이다. 그렇다면 분단국이라는 현실을 우리의 저력을 극대화할 힘으로 변환시킬 수는 없는 것인가?

〈3〉 최근 참여연대 평화군축센터 심포지엄에서 제기된 '평화국가' 구상은 그와 관련해 주목할 만하다. 참여연대는 "시민이 주체가 돼 평화적 방법으로 평화를 추구하는 새로운 정치 공동체"를 평화국가로 정의하고 이를 우리나라의 정체성으로 만들어갈 것을 제안했다. 참여연대는 이 제안이 '이상적이거나 추상적인 정언명령으로 이해될 가능성'을 우려하면서도, "평화정착의 길이 전혀 보이지 않는 듯한 주변 현실"이 근본적인 발상의 전환을 요구하기에 함께 고민해 볼 가치가 있다고 주장한다.

〈4〉 실제로 2006년 현재 우리의 주변 환경은 엄혹하기만 하다. 북한과 미국의 대립으로 한반도의 전쟁위기가 계속되고, 미·일은 중국과의 대결구도를 상정한 신냉전 질서를 구축해가고 있다. 그 결과 공포의 균형이나 절대적 억지력의 확보를 안보정책의 근간으로 삼는 냉전 패러다임이 여전히 이 지역을 지배하고 있다. "미국의 바짓가랑이를 잡아서라도" 한국의 전시 작전통제권 환수를 막아야 한다는 국내 보수 세력의 주장 역시 이런 냉전 패러다임의 산물이다.

〈5〉 그러나 국방부 군비통제관을 역임한 한 예비역 장성은 "미국 같은 유일 초강대국도 물리력을 늘리거나 동맹관계에 의존하는 절대적 안보만으로 안보를 달성할 수 없다"고 단언한다. 실제로 9·11테러 이후 미국은 테러와의 전쟁을 선포하고 물리적 억지력을 증강해 왔지만, 최근 영국에서 포착된 대규모 비행기 테러 계획처럼 미국인은 오히려 더 많은 테러 위협에 노출돼 있다. 조금 완화됐다고는 하나, 어린아이의 우유병조차 위험물로 간주돼 비행기에 들고 탈 수 없는 상황이 미국이 테러와의 전쟁을 통해 만들어낸 '더 안전한 사회'의 실상이다.

〈6〉 이렇듯 상대의 절멸을 통한 안보의 달성이 불가능하다면, 주변과 평화로운 공존을 모색하며 국가에 가해지는 다양한 위험을 줄여나가는 게 필요하고, 이것이 곧 군비통제와 인간안보를 포함하는 포괄적 안보전략이라고 이 예비역 장성은 설명한다. 평화국가론 역시 이런 주장에 맥이 닿아 있다. 평화국가의 첫 단계로 상정하는 '평화지향적 안보국가'의 목표는 남북 교류협력의 제도화와 군비통제 및 군축이다. 이 바탕 위에 한반도 평화체제를 구축하고 6자 회담의 틀을 동북아 다자안보협력 틀로 변환시키는 것이 평화국가 구상의 중기적인 목표다.

〈7〉 그럼에도 우리나라가 안보국가의 틀을 벗고 평화국가로 나아가면 북한은 물론 동북아 다른 나라들의 정체성 변화도 이끌어낼 수 있으리라는 주장은 얼핏 지나치게 낙관적으로 보이기도 한다. 주변국들의 경고에도 아랑곳없이 군국주의의 상징인 야스쿠니 신사를, 그것도 광

복절에, 참배한 고이즈미 준이치로 일본 총리의 태도에서 확인되듯이
도덕적 설복의 효과는 쉽게 나타나지 않는다. 더군다나 동북아에서
한반도는 중심이 아니라 아직도 주변이다.

〈8〉 그러나 외연을 동북아를 넘어 동아시아 전체로 넓혀보면 도덕적 힘의
우위를 추구하는 중급 국가를 지지할 우호세력은 폭넓게 존재한다.
몽골이 동몽골 개발계획에 한국의 참여를 요청한 것이나, 아세안＋3
나 아펙 등에서 한국에 대한 기대가 높아지고 있는 것은 한국 같은
중급 국가가 패권을 휘두를 위험이 있는 강대국과는 다른 소임을 할
수 있다고 믿기 때문이다.

〈9〉 광복 이후 다시 새로운 갑년을 시작하는 오늘 우리는 또 한 번 새 나
라를 세우는 심정으로 우리 겨레가 가야 할 바람직한 방향에 대한 성
찰을 시작해야 한다. 60년 이상 지속돼 온 분단국이라는 이미지를 벗
어버리고, 한국사회의 역동적인 변화를 이끌어 온 시민사회가 주체가
돼 동아시아, 나아가 세계의 평화와 번영에 적극적으로 기여하는 나
라라는 이미지를 만들어내기 위해 우리 모두 지혜와 힘을 모을 때다.
한겨레. 2006. "광복 61돌, 평화국가 발전을", 8월 16일.

아래 칼럼 역시 단락 전개의 통일성, 연결성, 강조성 원리에 맞게
쓴 글이다. 글쓴이는 단락 〈1〉에서 글쓰기 교육 과정을 운영하는 미
국 AT&T사를 소개하면서 글쓰기가 중요하다는 주제를 제시했다. 단
락 〈2〉에서는 캐논 USA사와 P&G, 시티그룹, 시스코, 딜로이트 컨설
팅 등 사내 글쓰기 강좌를 둔 기업들을 썼으며, 단락 〈3〉에서는 '이렇
게 써야 보스가 주목한다'는 신간 정보를 전달했다. 단락 〈4〉에서는
직장인에게 글쓰기 능력이 필요한 이유를 제시했고, 단락 〈5〉에서는
사업 경영(비즈니스) 글쓰기의 성공 비결을 소개하면서 글을 끝맺었
다. 한 단락에 한 가지 화제를 담아 조직적이고 체계적으로 글의 뼈대

를 구성하여 전개하였다. 이처럼 단락을 처리한 덕분에 독자들이 이
글의 내용을 파악하기가 한결 수월하다.

<1> 미국의 최대 통신회사 AT&T는 사원들을 위한 글쓰기 교육과정을 운영하고 있습니다. 문장력이 떨어지는 홍보담당 직원들은 '사내 홍보 대학'에 보내 중급, 고급 글쓰기 강의를 듣게 한답니다. 이 회사 임원들은 "좋은 글은 뛰어난 사고능력을 반영한다"고 입버릇처럼 말합니다.

<2> 스캐너, 프린터를 만드는 캐논 USA도 사내에 '성공적인 비즈니스 글쓰기' 강좌를 마련하고 있습니다. 영업직원들에게 가르치는 핵심 기술 중의 하나가 바로 말과 글을 통한 의사소통입니다. 고객과 말이나 글을 통해 효율적으로 의사소통을 할 수 없다면, 업무를 성공적으로 수행할 수 없다는 이유에서랍니다. 아이보리 비누로 유명한 P&G도 신입사원들에게 반드시 '메모 쓰기' 강좌를 듣게 해 적절한 비즈니스 글쓰기 방법을 가르치고 있습니다. 시티그룹, 시스코, 딜로이트 컨설팅, 매리어트 인터내셔널……. 모두 사내에 글쓰기 강좌를 둔 회사들입니다.

<3> 최근 개정판을 낸 '이렇게 써야 보스가 주목한다'(길벗)는 직원들의 글쓰기 능력을 높이는 데 몰두하는 세계적 기업들의 트렌드를 소개합니다. 학교만 졸업하면 글쓰기와는 영영 작별이라고 생각하는 직장인들에겐 날벼락 같은 소식일 수도 있겠네요. 글쓰기 기술이 다시 주목 받게 된 것은 인터넷과 이메일 덕분이라고 합니다. 제품 사용법을 알기 위해 회사에 전화를 걸기보다는 웹사이트에 가서 관련 정보를 찾기 마련이고, 업무상으로도 전화보다 이메일을 보내는 경우가 많으니까요.

<4> 기업인들은 부실한 보고서와 기안서가 회사의 시간과 돈을 낭비한다고 목소리를 높입니다. 글의 완성도가 떨어진다는 것은 아이디어가

신문 글의 구성과 단락 전개에 관한 연구

충분히 여물지 않았다는 뜻이고, 그 상태에서 제품과 서비스가 시장에 나가 실패한다면 회사에 막대한 손해를 끼칠 수밖에 없다는 거지요. 직장에서 살아남기 위해서라도 글쓰기를 외면할 수 없는 세상입니다.

〈5〉 비즈니스 글쓰기의 성공 비결은 뭘까요. 좋은 글을 많이 읽고, 많이 쓰는 것 말고는 왕도가 없습니다. 극작가 버나드 쇼의 아내가 어느 날 남편이 쓴 초고를 집어 들더니 일격을 날렸답니다. "여보, 이건 완전히 쓰레기감이에요." 그는 이렇게 대꾸했습니다. "맞아. 하지만 일곱 번째 수정원고가 나올 때까지 기다려보라고." 노벨문학상 작가도 이럴진대, 뭐, 처음부터 겁먹을 필요가 있나요.

조선일보. 2007. "글쓰기의 압박", 5월 12일.

아래 글은 소설 문장이지만 단락 전개의 통일성, 연결성, 강조성 원리를 무난하게 지킨 글이다. 단락 〈1〉은 안개 낀 새벽 상황만 묘사했고, 단락 〈2〉에서는 승용차에서 내린 여자를 설명했다. 단락 〈3〉은 이 톤 반짜리 짐차가 등장하면서 벌어진 상황을 썼고, 단락 〈4〉는 그 여자가 걷기 시작한 장면을 그렸다. 마지막으로 단락 〈5〉에서는 커다란 덤프트럭이 등장하면서 벌인 상황만 묘사했다. 다시 말하면, 이 소설은 한 단락에 한 가지 장면만 담아 시간 순서에 따라 단락을 전개하였다. 소설가 서정윤은 나름의 생각에 구획정리를 하여 단락을 펼친 것이다. 수필이나 소설은 논리적인 글과는 달리 단락을 대충 나누어도 된다고 생각할 수 있으나, 단락 전개 원리에 맞춰 작성하면 훨씬 더 짜임새 있는 글로 만들 수 있다.

〈1〉 새벽안개가 부옇다. 이른 시간이라 신호등에 불이 없다. 승용차 한 대가 네거리를 건너 길가에 멎었다. 차 문이 열리고 사람이 하나 내렸다. 문이 소리를 내고 닫혔다. 그리고 차가 떠났다.

〈2〉 내린 사람은 여자였다. 통이 넓은 주름 없는 긴치마가 펄럭거렸다. 그녀는 처음 내린 그 자리에 그대로 서서, 땅을 내려다보고 두 팔을 축 늘어뜨린 채 흔들거렸다. 이따금씩 무릎이 꺾였다. 그럴 때마다 그녀는 넘어지지 않고 출렁거렸다. 그럴 때마다 정신이 드는 모양이었다.

〈3〉 이 톤 반짜리 짐차가 빈차로 네거리를 전혀 주춤거림이 없이 가로질러 달렸다. 여자 앞을 지날 때 운전수가 놀랐는지 큰 소리로 욕을 했다. 여자가 아마 갑자기 무릎을 꺾고 앞으로 기우뚱 했던 모양이었다. 그녀는 소리 나는 쪽을 쳐다보지도 않고 손바닥을 펴서 흔들어 보였다. 미안하다는 뜻인지, 까불지 말라는 뜻인지, 귀찮다는 뜻인지, 잘 가라는 뜻인지, 또는 그 모두인지. 노인 하나가 혀를 차면서 그녀 뒤를 지나갔다.

〈4〉 그녀가 걷기 시작했다. 그녀는 길 한편으로 걷고 싶은 모양이었다. 길 한편 다음은 도랑이었다. 그리고 도랑 너머는 논이었다. 그녀는 논두렁 속으로 곤두박질치고 싶지는 않는 모양이었다. 그녀의 두 발이 번갈아 허공을 찼다.

〈5〉 그때 그녀의 등 뒤에서 커다란 덤프트럭이 네거리를 가로질러 달려왔다. 그 빨간색 팔 톤 트럭은 그녀와 같은 쪽으로 달리고 있었다. 그녀는 길을 비켜 주어야 했다. 그녀는 등 뒤까지 마음을 쓸 형편이 못 되는 것 같았다. 그녀는 고랑창에 빠지지 않도록 길 가로부터 안전하게 거리를 두고 흔들거렸다. 짐차는 그녀가 지나가자마자 왼쪽으로 꺾는 것처럼 보였다. 그리고 꺾는 것만으로 충분하지 못했던지 급제동을 걸었다.

서정윤, ‘달궁’ 중에서

신문 글의 구성과 단락 전개에 관한 연구

　아래 글은 공간 순서에 따라 작성한 글로 단락 전개의 통일성, 연결성, 강조성 원리를 잘 지킨 글이다. 단락 〈1〉은 와우산을 중심으로 한 야외 풍경을 묘사했고, 단락 〈2〉는 내 집 울타리 안을 그렸으며, 단락 〈3〉은 내 방 안 상황을 적었다. 공간 순서에 따라 원거리에서 근거리로 이동하면서 명확하게 공간 구분을 하여 단락을 펼쳤다. 이처럼 단락 전개 원리를 활용하면 훨씬 더 조직적이고 짜임새 있는 글이 될 수 있다.

〈1〉 와우산에 첫눈이 왔다. 하늘에는 달이 있고 엷은 구름이 있다. 촌설寸雪도 못 되는 적은 눈이나 눈이 몹시 부시다. 강 건너 사장沙場 위에도 눈이요, 멀리 희미하게 보이는 관악에도 눈이다. 하늘을 반이나 차지한 엷은 구름도 달빛을 받아 눈같이 희다. 온 하늘에 눈이 오고 온 땅에 눈이 왔다. 라라라 트랄라라라 트트랄라랄라……
　기다란, 흰 수염을 휘날리는 와우산 소나무를 올려다보고 달리는 달과 구름을 쳐다보고, 달이 숨으면 멀리 관악을 바라보고, 라라라 트랄라라라……. 나는 허둥허둥, 내 걸음은 바쁘고, 내 마음은 기쁨에 뛰논다.

〈2〉 초라한 내 집이 조금도 욕되지 아니하다. 산허리에 외롭게 서 있는 간두옥間斗屋. 아니 내 집도 이렇게 아담하고 아름다웠던가. 여기도 눈이 쌓이고 달빛이 찼다. 문은 으레이 굳게 닫혀 있고 나를 기다릴 개 한 마리 있을 리 없다. 그러나 이것도 오늘밤에는 조금도 나를 괴롭히지 않는다. 빈 뜰 숫눈 위에 첫 발자국을 내며 토방 위에 올라서서 쿵쿵 한번 발을 굴러 눈을 털고 열쇠를 꺼내 쥐니 오랫동안 비워 두었던 별장을 오래간만에 멀리 찾아온 듯 모든 것이 반갑고 신기스럽다. 지금 저기 한 가지로 흰 꽃을 피우고 있는 들장미와 무궁화, 그것은 내가 매일 바라보는 앙상하고 메마른 그 들장미 그 무

궁화가 아니다. 뜰 가에 꽃을 담뿍 달고 쪼르르 나란히 서 있는 조
그만 황양목들도 내가 오랫동안 잊어버렸던 귀염둥이들이다.

〈3〉 이 기쁨과 신기감은 문을 열고 방안에 들어서도 좀처럼 떨리지 아니
한다. 방은 확실히 내가 그제도 기거하고 어제도 기거하고 오늘도
아침 신문을 내던진 채 남겨두고 나간 방이다. 신문은 아직도 펼쳐
진 채 놓여 있고 다른 모든 것도 여전히 두서없이 쌓여 있고 벌어져
있다. 그러나 나는 아직도 여행을 하며 오래간만에 비워 두었던 별
자리를 찾아왔다는 착각에서 자유롭지 못하다. 첫째 내가 거닐 때마
다 쿵쿵 울리는 마루소리가 신기하다. 난로 안에서 탁탁 타는 장작
불 소리도 확실히 보통 때와는 다르다. 타는 나무 향기가 유난히 높
고, 불꽃이 한층 더 찬란하다. 가만히 귀를 기울이면 밖에서 때때로
가벼운 발자취 소리가 들려온다. 나뭇가지에서 눈이 떨어지는 소리
다. 앞 무궁화나무에서 떨어지는 소리리라. 기쁜 순간이다. 찻그릇을
올려놓자. 차 끓이는 소리가 들리기 시작하면 그로써 나의 오늘의
기쁨은 완전하리라.

서울대 출판부 '국어 작문' 중에서

신문 글의 구성과 단락 전개에 관한 연구

4. 단락 처리가 필요한 이유와
   한 문장 단락의 문제점

단락 구분은 주제가 잘 드러나게 글을 쓰거나 내용을 풍부하게 하는 데 매우 중요하다. 서정수(1995)에 따르면 우리가 글을 쓴다는 것은 '단락'이나 '문단'이라는 작은 글을 하나씩 지어서 엮어 가는 것이다. 단어를 선택·배열하여 문장을 만들고, 그것들을 한데 모아 단락을 이루며, 그런 단락들을 긴밀하게 이어서 엮어가는 것이 글짓기라는 것이다. 이것은 마치 집을 지을 때에 돌이나 모래, 나무 등의 재료를 가다듬어 엮어서 기초를 쌓고, 기둥이나 벽을 만들어 이어가는 것과 마찬가지다. 말하자면, 글을 짓는다는 것은 하부 조직체들을 차례로 만들어 체계적으로 쌓아 올려서 큰 조직체를 이루는 것이다. 글쓰기의 가장 핵심 작업 중 하나를 단락쓰기로 보는 것이다. 서정수(1995)는 또 단락이 무엇인지 모르고 쓴 글이 너무나 많다고 지적하며, 단락의 내용 측면을 강조했다. 단락이란 들여쓰기를 하고 줄을 바꾸기만 하면 되는 줄로 아는 이들이 허다하다. 그러나 그런 형식 요건만으로 글의 단위체를 형성할 수는 없다. 그렇게 생각하는 것은 마치 재료들을 아무렇게나 짝지어 놓기만 하면 집이 된다고 여기는 것과 다를 바 없다. 단락의 내용까지 본다면, 단락이 글 조직을 이루는 단위체가 된다는 것은 그런 임의적인 나열이 아니라, 어디까지나

일정한 의미 단위, 곧 글 전체 주제의 일부를 다루는 글 속의 글이 됨을 의미한다.

단락의 중요성은 동양보다 먼저 단락 구분이 정착한 서구에서 좀 더 일찍부터 강조해 왔다. 영국의 Read(1955, 재인용)는 "문장으로 말하고, 단락으로 생각한다"며 하나의 완성된 의미 단위로서 단락을 중시했다. Kathleen E. Sullivan(2000) 역시 문단은 비교적 짧으며, 작문 형식을 공부하는 데 필요한 기본 요소들을 많이 포함한다고 했다. 또 문단은 짧기 때문에 가르치는 사람이나 배우는 사람 모두 부담은 적으면서도, 작문의 기술과 규범을 익히기에 매우 적당하다며 문단쓰기의 중요성을 설명했다.

Kathleen E. Sullivan(2000)은 또 다음 예시를 들어 글쓰기에서 단락을 구성해야 하는 이유를 제시했다. 아래 두 그림을 비교해 보자. 그림 〈1〉은 점의 수를 헤아리는 데 다소 주의가 필요하다. 하지만 그림 〈2〉에서는 점들이 3개씩 4줄로 모두 12개라는 것을 금방 알아볼 수 있다. 곧 단락을 잘 구성하지 못한 글은 그림 〈1〉과 같이 낱말, 문장, 문단들이 쉽게 파악할 수 없는 형태로 모두 산만하게 흩어져 있다. 반면 단락을 잘 구성한 글은 그림 〈2〉와 같이 낱말, 문장, 문단들이 명확한 형태로 배열해 있다.

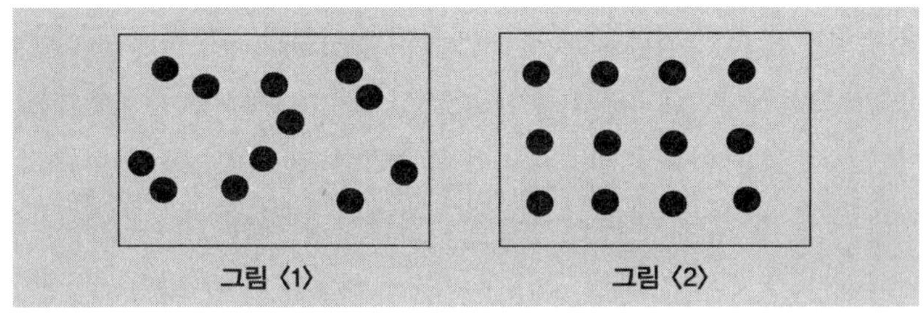

신문 글의 구성과 단락 전개에 관한 연구

여세주, 김일영, 임선애(2004)는 글의 단락은 말하기의 긴 휴지休止에 속한다고 했다. 긴 말을 하면서 적당한 곳에서 쉬지 않으면 무슨 말을 하는지 알아들을 수가 없고, 중요한 내용을 강조하지 못하여 잘못 전달할 수도 있다는 것이다. 대중가요도 적당한 길이로 노래를 하고 그 가사의 길이도 적당히 조절하듯이, 글의 단락도 바로 이러한 기능을 한다고 주장하였다. 한 덩이의 뜻을 적당한 길이의 문자에 실어서 표현했을 때에, 읽는 이들도 효과적으로 알아본다는 것이다.

김봉군(2005)은 단락 구분의 필요성을 다음 세 가지로 정리했다. 첫째, 전체를 부분으로 나누기 위해서다. 둘째, 작은 부분을 더 크게 묶기 위해서다. 셋째, 독자에게 간간이 숨 쉴 틈을 주기 위해서다. 이 같은 단락은 우선 글을 읽고 이해하는 데 중요한 기능을 담당한다. 서혁(1991)은 읽기에서 기능단락들이 거시구조 형성과 관련하여 매우 중요한 기능을 담당한다며 이를 인식하는 것이 효과적인 독해, 특히 독해에 처리 단위의 확장이라는 점에서 매우 중요하다고 했다. 이성영(1990 재인용)은 독해 방법의 효율성을 제고하는 유형으로 ① 처리 단위 확장, ② 특정 과정 자동화, ③ 특정 과정 생략, ④ 효과적인 전략 사용을 들고 있다. 서혁(1991)은 이 같은 처리 단위의 확장을 단락까지로 하여, 단락을 하나의 사고 단위로 보아야 한다고 하였다.

송무아(2005)는 단락을 명시적으로 구별하는 장점이 있을 뿐만 아니라, 기능성과 내용의 완결성을 갖춘 지극히 의도적인 구성단위라고 보았다. 특히, 단락이 읽기 교육에서 중요한 구실을 한다고 강조했다. 단락은 중학생들이 분석을 실행하기에 지나치게 미시적이지도 않고, 그렇다고 독해에 부담을 느낄 만큼 길지 않은 단위라며, 각 단락 속에 있는 필자 의도를 알아차리고, 이를 전체 텍스트로 확대하는 활동이 글의 구조 파악에 많은 도움을 준다는 것이다.

읽기에서뿐만 아니라 단락은 글쓰기 과정에서 생각을 전개하는 데 있어 매우 중요한 기능을 담당한다. 송무아(2005)는 단락 형성이 능숙한 필자는 한 단락 안에 하나의 중심생각을 적절히 전개하고, 새로운 단락을 창조할 수 있다고 했다. 반면, 단락의 중요성을 이해하지 못하는 필자는 자기 생각을 두서없이 서술하여 단락의 남발, 혹은 부재 현상을 초래한다고 하였다. 이어 학생들이 논술 텍스트를 읽거나 쓸 때, 단락 단위로 사고할 수 있도록 이끌어 주는 학습 활동이 필요하다고 주장하였다.

서정수, 심광숙, 임유종(1998)은 글의 주제와 그것을 하위분류한 개요에 따라 작은 핵심과제, 곧 소주제를 정하고 그것을 하나하나 펼쳐 나가는 것이 가장 중요하다며, 이렇게 하위 항목을 실제로 펼치는 중간 단위체를 단락 혹은 문단이라고 한다고 했다. 사실상 글의 내용과 형식을 온전하게 갖추는 일은 각 단락을 얼마만큼 짜임새 있고 충실하게 이루어서 연결하느냐에 달렸다고 할 수 있다. 따라서 우리는 단락을 자세히 알아보고, 그 펼치는 요령을 익히도록 해야 한다.

그렇다면 한 문장 단락은 어떨까? 정달영(1997)은 한 문장만을 들여쓰기해서 한 단락처럼 보이게 하는 한 문장 단락에 몇 가지 문제점이 있다고 지적한다.

첫째, 한 문장만을 정상 단락이라고 할 수는 없다. 단락은 글 전체 주제의 일부 내용을 충분히 다루는 글 속의 글이다. 이를 위해서는 소주제를 제시하는 문장 이외에 그것을 아무나 이해하고 납득할 만큼 설명하거나 논증하는 상당수의 뒷받침 문장들이 뒤따라야만 한다. 불완전한 한 문장 서술은 글 전체 주제의 발전에 별 도움을 주지 못한다.

둘째, 한 문장 단락은 소주제의 중요성에 비추어서도 문제가 있다. 한 단락의 소주제는 글 전체 주제의 일부로 충분히 전개해야 할 주요한 내용이어야 함은 말할 것도 없다. 따라서 그것을 제시만 하고 펼치지 않는 것은 문제다.

셋째, 이른바 강조단락이라는 것도 한 문장 단락의 성립을 정당화할 수 없다. 일부 문장론에서는 어떤 사항을 강조하기 위해서 한 문장으로 고립하는 강조 단락이라는 것을 인정한다고 주장한다. 그러나 이것도 여러 가지 점에서 불합리하다. 일반적으로 유도 과정과 결론은 한 데 연결해야 자연스럽게 이해할 수 있고 논리적인 파악이 손쉬워진다. 모든 것이 서로 밀접한 관계에 있는 것은 한데 어울려 놓아야만 한 묶음으로 파악하기 쉽다. 긴밀한 관련성이 있는 대상을 형식적으로 갈라놓으면 우선 그 양자의 관련성이 일단 시각적으로 깨지고, 따라서 순리적인 인식 작용이 일시적으로라도 장애를 받는다. 또 한 문장만 독립해 놓으면, 얼른 보아 앞의 단락과 관련한 것인지 뒤의 단락과 관련한 것인지 분간하기도 어려운 경우가 많다.

넷째, 한 문장 단락의 허용은 글의 짜임새를 산만하게 만드는 역효과가 있다. 곧 시각적인 강조라는 명목 등으로 고립해 나타나는 한 문장 단락들은 사실상 단락의 경계를 깨뜨리는 일이 많기 때문에 앞에서 말한 단락 구성을 흐트러뜨린다.

다섯째, 현실적으로 한 문장 단락이 존재한다는 사실도 그것을 정당화할 수는 없다. 우리나라 글에는 짜임새 있는 단락보다는 오히려 한 문장 단락 조각들이 더 많은 정도다. 그렇다고 그런 현실을 합리화하기 위해서 단락의 정상 개념을 바꿀 수는 없다.

5. 신문사 취재 체계(시스템)와 문장 교육 현황

　　　　　레토릭 3대 원리인 통일성, 연결성, 강조성을 지킨 글을 쓰기 위해서는 이 원리를 명확히 알고, 글을 쓸 때 활용해야 한다. 이를 위해서는 이 원리에 맞춰 꾸준하게 글쓰기 연습을 해야 하며 부족할 경우 효율적이고 체계적인 교육으로 보충해야 한다. 그런데 국내 신문사들의 일반 교육과 재교육 실태를 살펴보면 언론인 대부분이 문장 교육의 필요성을 절감하는 반면, 이렇다 할만 한 교육 체계(시스템)는 거의 갖지 않았다. 이런 현실에서 글쓰기 교육과 재교육을 제대로 할 리가 없다.

　한국언론재단에서 실시한 언론인 의식조사에서 재교육에 관한 국내 언론인의 경험과 인식을 살펴볼 수 있다. 언론인 731명을 대상으로 조사한 결과, 전체 응답자의 93%가 재교육이 필요하다고 했으며, 69%는 재교육이 매우 필요하다고 응답했다. 그러나 재교육 필요성에 관한 높은 욕구에도 최근 2년간 직무와 관련해 재교육을 받은 경험이 있는 언론인은 16.7%에 불과했다. 재교육 횟수는 2년 동안 평균 1.39회로, 특수방송사는 연수 경험이 한 번도 없었으며, 경제지 1.0회, 스포츠지 1.13회, 중앙방송사 1.14회로, 연수 기회가 상대적으로 적었다. 언론인들에게 재교육 요구 과목을 물어본 결과, 응답자의 62.6%

가 1순위로 분야별 전문지식을 꼽았고, 이어 외국어 교육이 15.8%, 탐사보도 기법, 취재보도와 기술, 기사 쓰기와 문장론 등 언론 실무 분야가 11.9%, 언론법과 언론 윤리가 4.3%, 언론경영과 인사(리더십) 가 3.5%, 언론이론이 1.7% 순으로 나타났다(김지혁 2003).

남재일(2006)은 기자 재교육 필요성 여부에서 94.9%의 응답자가 필요하다고 답해 기자 대부분이 재교육 필요성을 느끼는 것을 보여준 다고 했다. 교육 필요성을 느낀 시기는 71.3%가 입사 3~10년 사이로 대체로 입사 초기에 교육 필요성을 실감하는 것으로 나타났다. 기자 들이 재교육을 받고 싶은 영역에 관한 복수응답 결과는 전문기자가 되기 위한 출입 영역에 관한 교육이 86.5%로 가장 높았고, 그 다음이 새로운 전달 매체(뉴미디어) 등 최신 저널리즘 경향(58.4%), 해외특파 원이 되기 위한 어학교육(48.5%) 순이었다. 직무 숙련도를 높이기 위 한 '기능적 전문 영역'에서 교육받고 싶은 분야(복수응답)는 탐사보도 (77.8%), 피처 스토리(33.1%), 컴퓨터 활용 취재(31.5%), 칼럼 쓰기 (28.6%) 등이었다.

이러한 설문조사 결과는 다음과 같은 특징으로 요약하여 정리할 수 있다. 첫째, 기자 대부분은 재교육 필요성을 절감하고 열의도 있지만, 회사의 지원 부족과 체계적인 교육 부족으로 재교육 기회가 부족하 다. 둘째, 기자들이 교육받고 싶어 하는 분야는 자신의 담당 영역 공 부가 대부분이다. 셋째, 해외연수는 일부 기자에게 혜택이 돌아가고, 체계적인 언론인 재교육의 성격이 부족해서 기자 재교육 방법으로 그 리 효율적이지 않다. 넷째, 현재 국내 언론연수기관의 재교육 프로그 램은 기자들의 교육 수요를 충분히 반영하지 못하고, 강사 전문성이 부족하다(남재일 2006).

국내 신문사 교육과 재교육은 극히 적은 몇몇 신문사를 제외하면 사실상 없는 것이나 다름없다. 수습교육은 회사 조직이나 실태 설명에 그치는 정도로, 실제 기자로서 업무수행에 필요한 자질이나 태도, 방법은 선배들의 어깨 너머로 깨우쳐야 하는 도제식에 머물고 있다. 기자로서 초보적인 상식을 익힐 수 있는 기본 매뉴얼조차 제공하지 않는 곳이 많다. 일부 신문사는 재교육을 적극 권장, 자체로 국내외 연수 프로그램을 마련하고 있으나 신문사 대부분은 기자 개인의 노력에만 맡긴다. 결국 기자가 재충전을 하거나 전문화를 위한 재교육(연수)을 받기 위해서는 외부 언론재단의 지원을 받아야 하는 형편이다. 그러나 상황이 열악하더라도 전문성을 키워야 살 수 있다는 분위기가 고조함에 따라 최근에는 외부재단의 도움 없이 자비로라도 해외연수 길에 오르는 기자들이 늘고 있다. 우수인력 확보를 위해서는 선발도 중요하지만, 지속적인 교육이 절실한 만큼 취재와 기사작성을 모두 도제식 훈련에 의존하는 현재 방법을 하루속히 개선해 시대변화에 부응할 수 있는 구체적이고 체계적인 교육 프로그램을 모색해야 한다(박성희 2001).

김영삼(2002)은 현재 각 신문사에서 수습기자를 뽑아 간단한 오리엔테이션을 하고, 주로 한국언론재단과 같은 외부 기관에 위탁하여 2주 정도 단기 교육을 받게 한 뒤 곧바로 업무에 투입한다는 사실에 주목한다. 이러한 교육 방식은 효율적이지 못하고, 도제식 교육으로 잘못된 신문 보도 언어를 답습해 정확성과 공정성, 객관성을 침해한다는 점에서 큰 문제다. 올바른 신문 보도 언어를 위한 기자 교육의 개선안으로는 기자의 국어교육 강화, 관련학과 전공자의 기자 채용, 기사작성 시험의 강화 등을 이루어야 할 것이며, 전문기자의 필요성을 인정하고 전문성 제고와 인력관리 개선을 위해 노력해야 한다.

남재일(2006)은 현재 시행하는 기자 재교육의 두 축인 해외연수와 국내연수를 다음과 같이 수정해야 한다고 주장한다. 국내연수는 체계적인 교육과 강사의 전문성 부족이 가장 큰 문제다. 이러한 문제를 해결하기 위해서는 한국언론재단이 제한하는 인력으로 운영하는 연수기구를 별도의 언론인 재교육 전문기구로 확대하고 전문화하는 방안을 검토해야 한다. 미국이나 유럽은 전문 언론연수기관 이외에도 저널리즘 스쿨이 기자 지망생은 물론 기자들이 재교육 장으로 활용하면서 교육 체계(시스템) 문제를 해결한다. 이런 점에서 한국도 기자 지망생 교육뿐만 아니라, 기자 재교육과 연계해 저널리즘 스쿨 설립을 생각해 봐야 한다.

외국 언론사들의 교육 현황을 보면 채용부터 우리나라와는 전혀 다르다. 대학 시절부터 전문 언론인 양성을 목표로 한 체계적인 훈련 과정을 거치며, 언론사 채용 뒤에도 회사 차원에서 지속하여 재교육을 적극 권장, 제공한다. 기자들은 자유 시간이나 휴가를 이용해 관심 분야나 평소 원하던 분야를 좀 더 깊이 있게 연구할 수 있으며, 각 언론 관계 재단이나 외국 유명 재단의 보조를 받는다. 영국, 프랑스, 독일은 기자를 언론사 간부나 교수 등의 추천으로 임시 채용하며, 이 기간 동안 엄격한 심사를 거쳐 장차 기자로서 소질이 있는지 시험한다. 소질이 없으면 퇴사를 당한다. 임시 채용 기간은 대개 2~3년 정도고, 거의 지방사에 근무하며 기자로서 실무교육을 익힌다. 지방에서 다양한 경험을 쌓아 능력을 인정받으면 중앙지에서 발탁하는데 그러기까지 근 10년이 걸린다. 중앙사에 채용되더라도 2~3년간은 계약직으로 일한다. 이 같은 제도로 중앙지에서 일하는 기자들의 연령은 대부분 40

대 이상이다(이원달 1984).

독일 제도를 더 자세히 살펴보면, 언론인 재교육 체계(시스템)는 어떤 필요나 목적 때문에 단발적으로 실시하는 것이 아니라, 연중 각 교육 기관이 강좌를 개설, 평생 교육 차원에서 실시하는 것이 특징이다. 재교육은 새로운 사태나 문제가 발생했을 때 관심이 있거나 그 분야에 정통한 전문 언론인들이 모여 세미나나 그룹 미팅 형식으로 이끌어가는 것이 일반적이며, 새로운 매체 기법을 도입했을 때 이에 관한 강의식 교육도 병행한다. 재교육 수강료는 물론 무료고 자유 시간이나 휴가 기간을 이용한 자유로운 수강의 문호를 연다. 재교육 기관은 보통 기자협회나 발행인협회, 기독교 계통 언론연구소가 소유하거나 공동출자하고 있으며, 국내 각 언론관계 재단이나 외국 유명재단의 보조를 받는다(강광칠 1988).

미국도 유럽과 큰 차이가 없다. 미주리 주립대학교 신문대학은 상업 방송과 일간 상업신문을 대학에서 직접 운영한다. 편집국 기자들은 대부분 저널리즘 대학 학생이고, 교수들이 취재와 편집을 지도한다. 교수들은 학생들의 취재활동과 기사 작성 능력을 세밀히 점검해 학점에 반영한다. 상업방송 역시 뉴스 취재는 물론 뉴스 캐스터까지 대부분 학생들이 담당하는데, 유능한 학생은 대학 졸업 전에 방송국이나 신문사에서 채용하기도 한다. 이처럼 대학에서 철저히 교육을 받은 대학생들이 졸업 뒤 작은 신문사에서 일정 기간 경험을 쌓다가 큰 신문사로 발탁되는 것이 일반 추세다.

미국의 기자 재교육은 정형화되어 있지는 않으나, 대개 1년 정도 휴가를 얻거나 여름학교 기간을 이용해 대학에서 재교육을 받는다. 언론이나 컴퓨터, 경제, 도시, 공해, 범죄 등에 관한 문제를 전문 분야별로 집중 공부한다. 평소 기자 생활을 하며 부족했다고 느낀 분야나 관심 있던 문제를 연구하는 것이다(이원달 1984).

이처럼 국내 신문 기자들은 직무에 관련한 재교육을 받고 싶어 한다. 하지만 기자 재교육은 대부분 2주 정도 단기 교육에 그치고, 기사와 칼럼 작성법 등을 도제식 훈련에 의존한다. 외국은 대학 시절부터 전문 언론인 양성 교육을 받게 하고 채용 뒤에도 지속해서 재교육한다.

3부
연구 방법

🔖 요 약

　　이 글에서는 〈동아일보〉, 〈조선일보〉, 〈중앙일보〉, 〈한겨레〉에 실린 사설과 칼럼 1,765편의 단락 처리 상태를 분석 연구하였다. 분석 대상 기간은 2006년 1월 1일부터 그해 12월 31일까지다. 이 기간을 모집단으로 삼아 체계적 무작위 표집 방법을 사용했다. 이 과정을 거쳐 분석 대상에 오른 글은 1,765편으로 〈동아일보〉는 457편(25.9%), 〈조선일보〉는 474편(26.9%), 〈중앙일보〉는 443편(25.1%), 〈한겨레〉는 391편(22.2%)이다.

　　통계처리는 SPSS 12.0 프로그램을 활용했으며, 일원변량분석과 t-검정, 이원변량분석, 교차분석 등을 실시했다. 전직 언론사 기자와 PD들을 비롯하여 약 10명의 코더가 사설·칼럼 1,765편을 표집하여 정해 놓은 분석 유목에 따라 코딩한 뒤 코더 간 신뢰도를 측정하였다. 주요 분석 내용은 ① 단락 전개의 통일성, 연결성, 강조성의 원리 준수 여부, ② 한 문장 단락의 개수 분석, ③ 한 편의 글에 담긴 단락의 개수 분석, ④ 글의 종류별, 필자별, 주제별 단락 처리 방식 등이다. 나아가 이 분석 결과를 토대로 4개 신문사의 평기자, 데스크, 논설위원들을 대상으로 심층 인터뷰도 실시했다. 연구문제는 다음과 같다.

연구 문제 1	국내 신문 사설과 칼럼들은 레토릭의 3대 원리인 통일성(The principle of unity), 연결성(The principle of coherence), 강조성(The principle of emphasis)을 지켜가며 작성했는가?
연구 문제 2	국내 신문 사설과 칼럼의 필자들은 단락을 어떤 방식으로 나누고 있는가?
연구 문제 3	국내 신문 사설과 칼럼의 단락 처리는 글의 종류별로, 필자별로, 주제별로 어떠한 차이가 있는가?

1. 분석 대상과 자료 수집 방법

(1) 분석 대상

단락 전개 원리는, 이 글의 이론적 배경에서 살펴보았듯이, 글의 질적 수준을 파악하는 데 중요한 잣대다. 단어들이 모여 문장이 되고, 문장들이 모여 단락이 되고, 단락들이 모여 글 한 편이 완성되기 때문에 단락을 정확하게 처리하지 않고서는 훌륭한 글을 쓸 수 없다. 따라서 이 연구는 종래의 신문 사설·칼럼의 단락 구조가 큰 폭으로 변화 발전할 수 있는 이론적 근거를 마련한다는 데 큰 의의가 있다. 이것은 앞날의 신문 사설·칼럼의 신뢰도를 높여 주는 데 중요한 구실을 할 것으로 기대한다. 특히 문장 자체에 관한 미시적인 연구에 그쳤던 학계에 글의 전체 구조와 단락 구성을 살펴보는 거시적인 연구를 활성화하는 중요한 계기가 될 수 있다. 신문 사설·칼럼이 문장론 측면에서 볼 때에 모두 모범 글이라고 보는 일반 시각에 문제 제기를 하는 것이라고도 할 수 있다.

이 글은 〈동아일보〉, 〈조선일보〉, 〈중앙일보〉, 〈한겨레〉에 실린 사설·칼럼의 단락 전개와 그 구조에 관한 연구다. 이 신문들을 선택한 이유는 그 구독률과 열독률이 중앙일간지 중에서 상위권을 차지하고 있어 대표급 신문이라고 판단하기 때문이다. 표3.에서 〈한겨레〉의 경우, 독자 수는 〈동아일보〉, 〈조선일보〉, 〈중앙일보〉에 뒤지지만 이들과 다른 논조로 확실한 독자층을 확보해 분석 대상 신문에 포함했다.

표3 • 2006년 인쇄매체 열독률·구독률

구분	열독률
조선일보	17.5%
중앙일보	14.5%
동아일보	12.8%
스포츠조선	7.0%
스포츠서울	6.1%
매일경제	3.9%
일간스포츠	3.3%
경향신문	2.8%
부산일보	2.6%
한겨레	2.4%

구분	구독률
조선일보	13.5%
중앙일보	11.2%
동아일보	8%
경향신문	2.1%
매일경제	2.1%
국민일보	1.7%
한겨레	1.3%
한국일보	1.3%
서울신문	1%
스포츠조선	0.8%

※ 서울대 언론정보연구소가 2006년 8월 15일부터 9월 14일까지 한 달 동안 전국 18~69세의 1만 명의 국민을 대상으로 방문면접을 통해 실시한 조사 결과
〈출처: 한국광고주협회 2006년 조사〉

신문 글의 구성과 단락 전개에 관한 연구

표4 • 신문별 분석 대상 칼럼 명칭

신문	동아일보	조선일보	중앙일보	한겨레
신 문 글 의 명 칭	▲ 사설 ▲ 동아광장 ▲ 기자의 눈 ▲ 횡설수설 ▲ 오늘과 내일 ▲ 시론 ▲ 광화문에서 ▲ 캠퍼스 산책 ▲ 이규민 칼럼 ▲ 세계의 눈 ▲ 여론마당 ▲ 동아광장 ▲ 특파원 칼럼 ▲ 최정호 칼럼 ▲ 이재호 칼럼 ▲ 과학세상 ▲ 자연과 삶 ▲ 문화칼럼 ▲ 동아일보를 　 읽고 ▲ 황호택 칼럼 ▲ 긴급시론 ▲ 전진우 칼럼 ▲ 김순덕 칼럼	▲ 사설 ▲ 아침논단 ▲ 만물상 ▲ 조용헌 살롱 ▲ 경제초점 ▲ 차이나칼럼 ▲ 조선일보 지면 　 비평 ▲ 조선데스크 ▲ 유근일 칼럼 ▲ 이덕일 사랑 ▲ 시론 ▲ 태평로 ▲ 특파원 칼럼 ▲ 박두식 칼럼 ▲ 이규태 코너 ▲ 해외칼럼 ▲ 쟁점 ▲ 문화비전 ▲ 김대중 칼럼 ▲ 양상훈 칼럼 ▲ 동아시아 칼럼 ▲ 해외의 시각 ▲ 한삼희의 환경 　 칼럼 ▲ 김창균 칼럼 ▲ 전문기자 칼럼 ▲ 변용식 칼럼	▲ 사설 ▲ 중앙시평 ▲ 시론 ▲ 하영선 칼럼 ▲ 분수대 ▲ 중앙포럼 ▲ 내 생각은 ▲ 해외칼럼 ▲ 문창극 칼럼 ▲ 글로벌 아이 ▲ 삶과 문학 ▲ 이창규 칼럼 ▲ 노트북을 열며 ▲ 투데이 ▲ 옴부즈맨 칼럼 ▲ 오태광의 미생물 　 이야기 ▲ 김영희 칼럼 ▲ 이홍구 칼럼 ▲ JERI Report ▲ 과학 칼럼 ▲ 열린 마당 ▲ 전국프리즘 ▲ 발언대 ▲ 화학 이야기 ▲ 기명 칼럼 ▲ 정진홍의 소프트 　 파워 ▲ 박용기의 표준 　 이야기 ▲ 박석재의 천문학 　 이야기 ▲ 장영근의 　 우주항공 이야기	▲ 사설 ▲ 유레카 ▲ 세상읽기 ▲ 야! 한국사회 ▲ 박노자 칼럼 ▲ 도종환 칼럼 ▲ 발언대 ▲ 경제 전망대 ▲ 김효순 칼럼 ▲ 세계의 창 ▲ 아침햇발 ▲ 시민편집인 칼럼 ▲ 편집국에서 ▲ 독자칼럼 ▲ 김선주 칼럼 ▲ 조홍섭 칼럼 ▲ 독자 기자석 ▲ 한완상 칼럼 ▲ 객원논설위원 　 칼럼 ▲ 김지석 칼럼 ▲ 나라살림 가족 　 살림 ▲ 왜냐면 ▲ 조순 칼럼 ▲ 손석춘 칼럼 ▲ 선한용 칼럼

연구 대상 글로는 〈동아일보〉, 〈조선일보〉, 〈중앙일보〉, 〈한겨레〉
의 여론 면(오피니언 면)에 실은 칼럼과 사설을 선정하였다. 여론 면에
실은 칼럼 중 해당 신문사 소속 언론인이 쓰는 '논설위원 칼럼', '데스
크 칼럼', '기자 칼럼'과 외부 필진이 쓰는 '일반 칼럼'을 모두 포함했
다. 하지만 여론 면 외의 지면에 실은 '기자수첩' 형식의 짧은 칼럼과
한 편의 완성된 글로 보기 어려운 독자 투고문은 분석 대상에서 제외했
다.

분석 기간은 2006년 1월 1일부터 그해 12월 31일까지로 정했다.
위 기간을 모집단으로 삼아 체계적 무작위 표집 방법을 사용했다. 그
방법은 구체적으로, 2006년 1월 첫째 주는 월요일, 둘째 주는 화요일,
셋째 주는 수요일, 넷째 주는 목요일, 다섯째 주는 금요일과 같은 방
식으로 분석 대상 날짜[4]를 뽑았다. 이러한 표집 방법은 분석 대상 신
문들에 실리는 다양한 종류의 사설·칼럼을 골고루 분석할 수 있어 표

---

4 2006년

1월 2일, 10일, 18일, 26일

2월 3일, 11일, 13일, 21일

3월 1일, 9일, 17일, 25일, 27일

4월 4일, 12일, 20일, 28일

5월 6일, 8일, 16일, 24일

6월 1일, 9일, 17일, 19일, 27일

7월 5일, 13일, 21일, 29일, 31일

8월 8일, 16일, 24일

9월 1일, 9일, 11일, 19일, 27일

10월 5일, 13일, 21일, 23일, 31일

11월 8일, 16일, 24일,

12월 2일, 4일, 12일, 20일, 28일

본의 대표성을 높일 수 있다는 장점이 있다. 신문들은 요일별로 특화한 지면 구성을 하고 있어, 특정 요일의 사설·칼럼만 분석한다면 일부 종류의 글만 점검하는 문제가 발생할 수 있다. 그래서 분석 대상 날짜에 속한 지면에서 여론 면에 실은 모든 사설·칼럼을 분석하였다. 신문마다, 요일별로 차이는 있으나 보통 2~3면을 여론 면으로 편집했다. 이 과정을 거쳐 분석 대상에 오른 글은 1,765편으로 〈동아일보〉는 457편(25.9%), 〈조선일보〉는 474편(26.9%), 〈중앙일보〉는 443편(25.1%), 〈한겨레〉는 391편(22.2%)이다.

(2) 연구문제

<table>
<tr>
<td rowspan="4">연구
문제
1</td>
<td>국내 신문 사설·칼럼은 레토릭 3대 원리인 통일성(The principle of unity), 연결성(The principle of coherence), 강조성(The principle of emphasis)을 지키며 작성했는가?</td>
</tr>
<tr>
<td>1-1 국내 신문 사설·칼럼의 일반 단락들의 뒷받침 문장들은 소주제와 내용이 일치하고 연관 있는 것으로만 선택했는가? (단락의 통일성 원리: 한 단락에 한 가지 주제만 다룰 것)</td>
</tr>
<tr>
<td>1-2 국내 신문 사설·칼럼의 일반 단락들은 뒷받침 문장들을 순리적으로, 조리 있게 연결하여 소주제를 효과적으로 드러내는가? (단락의 연결성 원리: 한 단락에 담겨 있는 문장들을 긴밀하게 유기적으로 연결하여 전개할 것)</td>
</tr>
<tr>
<td>1-3 국내 신문 사설·칼럼의 일반 단락들은 독자들이 납득할 수 있도록 설명, 논증, 구체적 예시 등을 통하여 소주제를 충분히 뒷받침하여 강조하는가? (단락의 강조성 원리: 주장에 관해 설득력 있는 논거를 충분히 제시할 것)</td>
</tr>
<tr>
<td rowspan="2">연구
문제
2</td>
<td>국내 신문 사설·칼럼의 필자들은 단락을 어떤 방식으로 나누는가?</td>
</tr>
<tr>
<td>2-1 국내 신문 사설·칼럼의 필자들은 얼마나 자주 한 문장을 한 단락으</td>
</tr>
</table>

(3) 내용 분석

사설·칼럼 1,765편의 코딩은 전직 언론사 기자와 PD들을 비롯하여 약 10명이 참여하였다. 좀 더 객관으로 분석한 결과를 얻기 위해 코딩 지침서에 따라, 사설·칼럼 한 편당 최소한 2명 이상이 분석을 하였다. 분석자에 따라 혼선을 빚는 사례는 토론을 하여 정리하였다. 사설·칼럼 한 편을 서로 다른 분석자들이 각자 분석한 뒤에 합일점을 찾기도 하였다. 사설·칼럼의 분석 작업은 2006년 12월에 시작하여 2007년 4월에 마무리했다. 사설·칼럼을 분석하는 데 집중할 수 있는 시간에 한계가 있기 때문에 1인당 분석 시간을 하루 평균 3~5시간 정도로 제한하였다. 코더 10명이 사설·칼럼 1,765편을 표집하여 정한 분석 유목에 따라 코딩한 뒤 코더 간 신뢰도를 측정하였다.

표5 • 신문 종류별 분석 대상 글 편수

		빈도	퍼센트	유효 퍼센트	누적 퍼센트
유효	동아일보	457	25.9	25.9	52.7
	조선일보	474	26.9	26.9	26.9
	중앙일보	443	25.1	25.1	77.8
	한겨레	391	22.2	22.2	100.0
	합계	1765	100.0	100.1	

표6 • 분석 대상 글의 종류별 편수

		빈도	퍼센트	유효 퍼센트	누적 퍼센트
유효	칼럼	1,164	65.9	65.9	65.9
	사설	601	34.1	34.1	100.0
	합계	1765	100.0	100.0	

표7 • 분석 대상 필자의 종류별 편수

		빈도	퍼센트	유효 퍼센트	누적 퍼센트
유효	논설위원급	914	51.8	51.8	51.8
	교수·교사	266	15.1	15.1	66.9
	데스크급	226	12.8	12.8	79.7
	기타	219	12.4	12.4	92.1
	평기자	70	4.0	4.0	96.0
	외국인	50	2.8	2.8	98.9
	문인	20	1.1	1.1	100.0
	합계	1765	100.0	100.0	

3부 연구 방법

신문 사설·칼럼의 단락 전개 상황을 파악하기 위해 글 1,765편을 내용 분석한 뒤에 통계를 바탕으로 처리했다. 통계처리는 SPSS 12.0 프로그램을 활용하여 일원변량분석(one-way ANOVA test)과 t-검정, 이원변량분석(two-way ANOVA test), 교차분석을 실시하였다.

(4) 신뢰도 측정

이 연구는 국내 신문 사설·칼럼의 단락 전개 구조를 연구하기 위해 표5.에서 설명한 것 같이 〈동아일보〉, 〈조선일보〉, 〈중앙일보〉, 〈한겨레〉의 사설·칼럼 1,765편을 분석하였다. 표9.와 표10.에서 밝힌 대로 분석 대상 12개 문항에 신뢰성 분석을 수행하여 다음과 같은 연구 결과를 얻었다.

첫째, 12개 항목을 분석한 결과 신뢰도 계수(cronbach's alpha = 0.830)가 높게 나타났다(표9.참조). cronbach의 알파는 0에서 1 사이의 값을 나타내는데 1에 가까울수록 신뢰도가 높다고 할 수 있다. 따라서 cronbach 알파 0.830은 측정 대상인 내용을 이 연구에서 어느 정도 안정성을 가지고 일관성 있게 측정했음을 뜻한다.

둘째, 12개 항목 중 한 항목씩 삭제한 상태에서 신뢰성 검사를 한 결과에서도 신뢰도 계수가 높게 나타났다. 표10.에서 볼 수 있듯이 일부 항목을 제거했을 경우에 나머지 항목들의 cronbach 알파 값(최소 0.792~최대 0.842)은 전체 항목에 관한 cronbach 알파 값(0.830)에서 많이 벗어나지 않았다. 따라서 이 연구의 신뢰성은 안정성 있게 측정되었다고 볼 수 있다.

신문 사설·칼럼 1,765개를 분석한 뒤 그 정확도를 파악하기 위해 170개를 임의로 뽑아 재분석하였다. 이것에 항목별 대응표본 검증을 실시한 결과, 전체 단락 개수와 도입 단락 개수, 일반 단락 개수, 전환 단락 개수, 종결 단락 개수, 통일성 위배 개수, 연결성 위배 개수, 무괄식 단락 개수, 한 문장 단락 개수, 여러 단락을 합해야 하는 경우의 개수는 유의 확률이 모두 0.05보다 높게 나왔다. 따라서 두 가지 코딩 결과는 큰 차이가 없는 것으로 해석했다.

하지만 강조성 원리를 위배한 개수와 여러 단락으로 나눠야 정상 단락이 되는 경우의 개수는 유의 확률이 각각 0.01로 나왔다. 두 가지 모두 0.05보다 높게 나왔으므로 이 항목 결과를 해석할 때에 유의할 필요가 있다. 곧 ▲주장에 타당한 근거를 제시하면서 글을 썼는지와 ▲긴 한 덩어리 단락을 여러 단락으로 나눠야 정상 단락이 되는 경우는 사설·칼럼 분석자에 따라 차이가 날 수 있다는 말이다.

이 연구의 대상은 신문 사설·칼럼에 실린 내용 자체가 아니라 문장과 단락들의 효율적인 구성과 전개에 관한 것이다. 따라서 굳이 특정 주제만을 담은 사설·칼럼만 분석할 필요는 없었다. 오히려 이 기간에 실은 여러 가지 주제에 관한, 필자들의 다양한 사설·칼럼을 골고루 분석하는 게 신문 글의 단락 처리 현황을 파악하는 데 더 유리하다고 보았다.

코딩 번호	분석 내용	
1, 2	연도	
3, 4	월	
5, 6	일	
7	신문	1.한겨레 2.동아일보 3.중앙일보 4.조선일보
8	글 종류	1.사설 2.칼럼
9	필자의 종류	1.논설위원급(주필, 논설위원, 대기자, 국장) 2.데스크급(부국장, 차장, 차장대우, 팀장, 특파원) 3.평기자 4.교수·교사 5.문학인(소설가, 시인, 수필가 등) 6.외국인 7.기타(전문직 종사자, 일반인)
10	전체 단락 개수	
11	도입 단락(서론) 개수	
12	일반 단락 개수	
13	일반 단락 중 전환 단락에 해당하는 개수	
14	종결 단락(결론) 개수	
15	통일성 원리를 위배한 단락 개수	
16	연결성 원리를 위배한 단락 개수	
17	일반 단락 중 강조성 원리를 위배한 단락 개수	
18	일반 단락 중 그 단락의 소주제(화제)는 있으나 소주제문(화제문)을 드러내 놓지는 않은 경우의 개수(즉 무괄식 단락의 경우를 말함)	
19	전체 단락 중 한 문장을 한 단락으로 처리한 '한 문장 단락'의 개수	
20	여러 단락을 합할 경우에 정상 단락(통일성, 연결성, 강조성 원리를 지킨 단락)이 되는 경우의 개수	
21	한 단락에 이질적인 내용의 문장들이 담겨 있으나 두세 단락으로 나누면 정상 단락이 되는 경우의 개수	
22	주제	1.정치 2.외교·안보 3.경제 4.사회 5.교육 6.환경 7.보건복지 8.국제 9.문화 10.학술·종교 11. 의학·과학 10.인물

신문 글의 구성과 단락 전개에 관한 연구

표9 ● 신뢰성 분석 결과

Cronbach의 알파	항목 수
.830	12

표10 ● 일부 항목을 제거한 상태의 신뢰성 분석 결과

	항목을 삭제한 경우 척도 평균	항목을 삭제한 경우 척도 분산	수정한 항목—전체 상관관계	항목을 삭제한 경우 Cronbach 알파
전체 단락 개수	11.18	46.851	.822	.792
도입 단락 개수	16.28	75.128	.428	.824
일반 단락 개수	13.63	55.438	.708	.799
전환 단락 개수	17.63	81.409	.086	.837
종결 단락 개수	16.59	78.631	.343	.830
통일성 위배 단락 개수	16.56	67.439	.604	.808
연결성 위배 단락 개수	16.66	67.244	.641	.806
강조성 위배 단락 개수	16.34	67.533	.578	.810
무괄식 단락 개수	17.44	78.798	.201	.834
한 문장 단락 개수	17.28	66.183	.712	.800
여러 단락을 합해야 하는 경우	17.21	69.887	.723	.806
여러 단락으로 나눠야 하는 경우	17.46	82.260	-.088	.842

표11 ● 사후 코드 신뢰도 항목별 대응표본 검정

(A : 1차 분석치, B : 2차 분석치)

		대응 차						t	자유도	유의확률 (양쪽)
		평균	표준편차	평균의 표준오차	차이의 95% 신뢰구간					
					하한	상한				
대응 1	전체 단락 개수 A - 전체 단락 개수 B	.017	.225	.017	-.017	.050		1.000	176	.319
대응 2	도입 단락 개수 A - 도입 단락 개수 B	.011	.301	.023	-.033	.056		.499	176	.618
대응 3	일반 단락 개수 A - 일반 단락 개수 B	-.006	.446	.034	-.072	.060		-.169	176	.866
대응 4	전환 단락 개수 A - 전환 단락 개수 B	-.011	.106	.008	-.027	.004		-1.418	176	.158
대응 5	종결 단락 개수 A - 종결 단락 개수 B	.006	.311	.023	-.040	.052		.242	176	.809
대응 6	통일성 위배 개수 A - 통일성 위배 개수 B	.085	.859	.065	-.043	.212		1.313	176	.191
대응 7	연결성 위배 개수 A - 연결성 위배 개수 B	.040	.919	.069	-.097	.176		.572	176	.568
대응 8	강조성 위배 개수 A - 강조성 위배 개수 B	.215	.885	.067	.083	.346		3.227	176	.001
대응 9	무괄식 단락 개수 A - 무괄식 단락 개수 B	.051	.701	.053	-.053	.155		.965	176	.336
대응 10	한 문장 단락 개수 A - 한 문장 단락 개수 B	.011	.238	.018	-.024	.047		.631	176	.529
대응 11	여러 단락 합해야 하는 경우의 개수 A - 여러 단락 합해야 하는 경우의 개수 B	-.006	.458	.034	-.074	.062		-.164	176	.870
대응 12	여러 단락으로 나눠야 하는 경우의 개수 A - 여러 단락으로 나눠야 하는 경우의 개수 B	-.090	.342	.026	-.141	-.040		-3.519	176	.001

주) ***: p〈0.01, **: p〈0.05, *: p〈0.10

신문 글의 구성과 단락 전개에 관한 연구

2. 분석 방법

(1) 분석 항목

　단락의 사전적 정의는 '문장이 모여서 한 가지 통일된 주제를 나타내는, 작은 글의 덩어리'(훈민정음 국어사전, 2004, 금성출판사)다. 이 연구에서는 '단락'의 조작적 정의를 '줄을 바꾼 뒤 한 칸 들여쓰기를 하여 작성한 문장들'로 내렸다. 곧 한 문장이라도 줄을 바꾸어 들여쓰기를 했으면 새로운 단락으로 처리한 것으로 여기고 분석하였다.

　이 연구에서 사설·칼럼을 분석하는 주요 항목은 ① 단락을 구성할 때 레토릭 3대 원리인 통일성, 연결성, 강조성 원리를 지켰는지 ② 한 문장을 한 단락으로 처리한 '한 문장 단락'의 개수 ③ 여러 단락으로 나눠야 하는 것을 한 단락에 모아 놓은 경우의 개수 ④ 전체 단락, 도입 단락, 종결 단락, 전환 단락 개수로 하였다. 여기서 가장 중요한 분석 항목은 단락마다 '단락 전개 3대 원리인 통일성, 연결성, 강조성' 준수 여부다. 요지가 선명히 드러나는, 짜임새 있는 사설·칼럼이 되기 위해서는 각 단락마다 소주제가 뚜렷하게 드러나야 하기 때문에 이 원리를 지켰는지는 바람직한 글인지를 판단하는 중요한 잣대다.

이렇게 분석한 내용을 바탕으로 신문별로, 필자 종류별로, 글 주제별로 단락 전개 원리를 준수했는지 비교하고자 한다.

단락의 통일성 원리의 조작적 정의는 '일반 단락의 뒷받침 문장들이 소주제와 내용이 일치하고 연관이 있는 것으로만 선택한 경우'를 말한다. 통일성 원리는 본론에 해당하는 일반 단락만 분석대상으로 하였다. 연결성 원리의 조작적 정의는 '일반 단락의 뒷받침 문장들을 순리적으로, 조리 있게 연결하여 소주제가 효과적으로 드러나는 경우'를 일컫는다. 연결성 원리는 서론(도입 단락), 본론(일반 단락), 결론(종결 단락)을 모두 분석 대상으로 하였다. 강조성 원리의 조작적 정의는 '일반 단락의 소주제를 설명, 논증, 구체적 예시 등을 통하여 충분히 뒷받침하여 강조한 경우'를 지칭한다. 강조성 원리는 일반 단락만 분석대상으로 하였다.

1) 단락의 통일성, 연결성, 강조성 원리 준수 여부

각 단락마다 소주제가 선명하게 드러나도록 레토릭 3대 원리이자 단락 전개 3대 원리인 통일성, 연결성, 강조성 원리를 지켰는지 분석한다. 글 한 편이 잘 썼다는 평가를 받기 위해서는 글 전체의 주제가 뚜렷하게 드러나야 한다. 그런데 이를 위해서는 글을 구성하는 각 단락마다 소주제가 확실하게 있어야 한다. 이런 측면에서 사설·칼럼의 단락마다 소주제가 선명하게 드러나도록 단락의 통일성, 연결성, 강조성 원리를 지켰는지 살펴보려고 한다. 이 글에서 가장 중점적으로 분석하려는 것이 바로 이 부분이다. 이 항목에서는 단락 전개 3대 원

리에서 벗어난 단락이 글 한 편에 각각 몇 개씩 있는지 측정하고자 한
다.

2) 한 문장 단락의 개수 분석

한 단락은 소주제문과 뒷받침 문장들로 구성하여 소주제가 확실하
게 드러나게 작성해야 한다. 그런데 일부 필자들은 단락 개념을 이해
하지 못한 채 한 문장을 한 단락으로 처리한 경우가 있다. 이런 글은
단락의 중심생각을 깊이 있게 뒷받침할 수가 없고, 잦은 줄 바꿈 때문
에 산만할 수밖에 없다. 결국 이런 방식의 글쓰기는 필자 주장을 능률
적으로 전달하기 어렵다. 이처럼 문제가 있는 한 문장 단락을 얼마나
자주 쓰는지 살펴보려고 한다.

3) 단락의 종류 분석

단락에는 도입 단락(opening paragraph, 서론)과 종결 단락(conclu-
ding paragraph, 결론), 일반 단락(paragraph, 본론), 그리고 전환 단락
(transitional paragraph) 등이 있다. 도입 단락은 본론 내용을 안내하고
암시하는 서론에 해당한다. 종결 단락은 본론에서 논의한 쟁점을 마
무리하는 결론에 속한다. 일반 단락은 쟁점을 본격 논의하는 본론이
고, 전환 단락은 어느 지점까지 서술한 내용을 간추리면서 그 이후의
서술 방향을 제시하는 단락이다. 사설·칼럼 한 편을 놓고 볼 때 위의
단락들을 평균 몇 개씩 사용했는지 분석하려는 것이다.

4) 글 한 편에 담은 단락의 개수 분석

한 편의 사설·칼럼이 몇 개의 단락으로 구성되어 있는지 분석한다. 칼럼 종류가 다양하기 때문에 사설과 데스크 칼럼, 기자 칼럼, 외부 인사 칼럼마다 몇 개의 단락으로 처리했는지 살펴보려는 것이다. 단락 개수는 사설·칼럼의 구조 분석에도 기초 자료가 될 수 있다.

5) 글 종류별, 필자별, 주제별 단락 처리 방식 분석

글의 주제는, '정치', '외교·안보', '경제', '사회', '교육', '환경', '보건 복지', '국제', '문화', '학술·종교', '의학·과학', '인물'로 분류하여 단락 처리 방식을 분석했다. 이 같은 주제 구분은 주요 일간신문의 주제별 뉴스 구분에 따른 것이다. 〈동아일보〉와 〈조선일보〉, 〈중앙일보〉, 〈한겨레〉는 명칭에서 다소 차이가 있지만, 대부분 위와 같은 방식으로 뉴스를 구분하여 인터넷 홈페이지에 게재한다.

이처럼 사설·칼럼의 주제를 분류한 것은 아래와 같은 이유로도 합리적이다. 외교와 안보에 관한 사설·칼럼은 '정치' 영역에 속할 수 있으나 외교·안보 뉴스 비중이 커졌고 내용도 '정치'와 다르므로 별도 주제로 처리하는 게 좋다. '교육'과 '환경', '보건·복지'는 넓은 의미로 볼 때 '사회'에 속할 수 있으나 이들에 관한 전문 칼럼이 증가한 것을 고려하여 '사회'에서 분리하는 게 낫다. 순수한 문화 관련 기사와 학술·종교 기사도 내용이 구분되기 때문에 '문화'와 '학술·종교'로 나누는 게 바람직하다. '경제'와 '환경', '국제', '인물'은 각기 고유한 분야이기 때문에 별도 항목으로 각각 처리했다.

이와 같은 내용 분석 결과를 토대로 〈동아일보〉, 〈조선일보〉, 〈중앙일보〉, 〈한겨레〉 논설위원과 데스크, 차장, 평기자들을 대상으로 심층 인터뷰를 실시하였다. 심층 인터뷰는 2007년 5월 12일부터 5월 20일까지 개인별로 면담이나 전화, 서면(e-메일)으로 1~2회씩 나누어 진행했다. 인터뷰 대상자에게 이 연구의 목적을 먼저 설명하고, 질문을 한 뒤 답변을 받는 방식으로 실시했다. 답변에 의문이 있을 경우 다시 질문을 했으며, 의미가 분명하지 않은 것은 서로 정확한 뜻을 확인한 뒤 연구에 반영하도록 하였다.

심층 인터뷰 대상자들에게는 다음과 같은 질문을 했다.

① 언론인들은 사설·칼럼을 쓸 때에 평소 어떤 원칙에 따라, 어느 부분에서 단락을 나눈다고 생각하는가? 언론인들은 통상적으로 레토릭 3대 원리(단락 전개의 통일성·연결성·강조성 원리)를 지켜가면서 단락을 나누어 전개하는 편이라고 보는가? 아니면 임의로 단락을 처리하는 경우가 많다고 생각하는가?

② 언론인과 비언론인을 통틀어 적잖은 필자가 레토릭 3대 원리를 지키지 않는 것으로 나타났는데, 그 이유가 무엇이라고 보는가?

③ 독자들이 읽기 쉽고, 필자 주장에 좀 더 공감하게 하는 사설·칼럼을 싣기 위해서는 언론인들이 어떤 방식으로 단락을 나누어 글을 쓰는 게 좋다고 보는가? 그리고 어떤 방식으로 이들이 글쓰기 재교육을 받아야 한다고 보는가?

④ 현재 기자들의 글쓰기(기사·칼럼 작성법) 교육은 어떤 방식으로 진행

하고 있으며, 문제점은 무엇이라고 보는가? 아울러 개선책은 무엇인가?

표12 • 언론인 심층 인터뷰 대상자

번호	이름	연령	소속매체	직책	경력	성별
1	권순일	45	동아일보	스포츠부장	20년간 주로 체육 분야 취재	남
2	김형기	50	조선일보	부국장대우	24년간 사회부 기자를 거쳐 사회부장, 논설위원 등 역임	남
3	A논설위원	40대	한겨레	논설위원	17년간 정보통신, 경제, 노동 분야 취재	남
4	송희영	53	조선일보	논설실장	29년간 경제부 기자, 해외특파원 근무	남
5	신은진[5]	30	중앙일보	평기자	5년간 사회부, 국제부, 문화부, 정치부 기자로 근무	여
6	B논설위원	40대	한겨레	논설위원	18년간 정치부 기자. 사회부 차장 거쳐 논설위원으로 근무	남
7	황호택	51	동아일보	수석 논설위원	26년간 사회부, 경제부를 거쳐 논설위원으로 근무	남
8	C논설위원	40대	동아일보	논설위원	24년간 경제부, 국제부, 해외특파원을 거쳐 논설위원으로 근무	남

---

5 신은진은 이 연구의 심층 인터뷰를 할 당시에는 〈중앙일보〉 기자였으나 2007년 5월 퇴사하였다. 하지만 인터뷰 당시에 〈중앙일보〉 현직 기자였기 때문에 이 책에 그 내용을 그대로 실었다.

4부
분석 결과와 논의

🎵 요 약

　　　　　　신문 글의 구성과 단락 전개에 관한 연구를 한 결과, 국내 신문의 사설과 칼럼들은 단락 이론에 맞게 단락을 처리하지 않는 경우가 많은 것으로 분석됐다. 연구 결과, 일부 사설·칼럼의 경우 ① 소주제문과 뒷받침 문장들로 한 단락을 이루어야 한다는 단락 구성 원리를 지키지 않았다. ② 단락 전개 원리를 무시하고 임의로 단락을 나누어 산만한 글이 되었다. ③ 단락 내에 뚜렷한 주제(요지, 중심생각)가 없어 무슨 말을 전하려는 것인지 파악하기가 어렵다. ④ 글의 하위 단계인 단락 자체가 부실하다보니 글 전체의 주제도 선명하게 드러나지 않아 필자의 생각이 제대로 전달되지 않았다. ⑤ 논리적인 근거를 제시하지 않은 채 일방적으로 주장만 나열하여 설득력 없는 글이 되었다. ⑥ 문장과 문장은 물론 단락과 단락이 매끄럽게 연결되지 않았다. ⑦ 한 문장을 한 단락으로 처리하는 바람에 독자들이 일목요연하게 읽기 어려운 글을 썼다. 심지어 신문에 실린 게 신기할 정도로 문제투성이인 칼럼도 있었다. 아예 단락 전개의 원리 자체를 이해하지 못하고 글을 쓴 경우도 태반이었다. 해외 필자가 쓴 칼럼을 너무 성의 없이 요약 번역해 놓은 것으로 추정되는 경우도 많았다.

> **연구문제 1**　국내 신문 사설과 칼럼은 레토릭의 3대 원리인 통일성(The principle of unity), 연결성(The principle of coherence), 강조성(The principle of emphasis)을 지켜 가며 작성했는가?

신문 글의 구성과 단락 전개에 관한 연구

한 편의 글에서 평균 절반가량의 단락이 레토릭의 3대 원리를 지키지 않은 것으로 분석됐다. 사설·칼럼 한 편의 전체 단락은 한 편당 평균 6.48개로 구성되어 있고, 본론 단락의 경우는 한 편당 평균 4.03개로 이루어져 있다. 그런데 사설·칼럼 한 편당 평균 3.43개 단락이 단락 전개의 원리에서 벗어난 것으로 분석됐다. 전체 단락의 평균인 6.48개 단락 중 53%에 해당하는 3.43개 단락이 문장론 원리에 어긋난 것이다.

〈조선일보〉와 〈한겨레〉는 이 연구에서 단락 전개 원리를 가장 적게 위배한 제1 집단에 꼽혔다. 이 연구에서는 각 신문의 사설과 칼럼이 단락 전개의 통일성, 연결성, 강조성의 원리에 위배된 정도를 종합하여 분석한 뒤, 일원변량분석으로 4개 신문사 간의 차이가 유의미함을 입증했다. 그 다음 사후검증을 하였는데 〈조선일보〉와 〈한겨레〉가 단락을 가장 잘 처리한 제1 집단으로 분류된 것이다. 곧 〈조선일보〉와 〈한겨레〉는 다른 두 신문에 비해 단락의 통일성, 연결성, 강조성의 원리를 잘 지킨 편이라고 볼 수 있다. 하지만 두 신문의 글이 완벽하다고 결론 내릴 수는 없다. 나머지 두 신문에 비해 상대적으로 단락 처리를 잘했지만 여전히 단락 구성에 문제가 많기 때문이다.

제1 집단인 〈조선일보〉〈한겨레〉 다음으로 〈중앙일보〉가 제2 집단에 속했다. 〈중앙일보〉는 제3 집단에 속한 〈동아일보〉에 비해서는 단락을 효과적으로 처리했으나, 〈조선일보〉와 〈한겨레〉에 비해서는 문제가 많은 것으로 분석됐다. 외형적으로 볼 때에는 편집이 깔끔하고 단락도 잘 나눈 것처럼 보이지만, 하나하나 분석해 보면 단락 전개 원리에 어긋난 단락이 많다. 중앙일보는 사설·칼럼 내용에 있어서는 좋은 게 있을지 몰라도 문장론 차원에서 볼 때에는 모범적이지 않은 글도 많다고 할 수 있다.

〈동아일보〉는 나머지 신문들에 비해 단락 구성이 가장 치밀하지 못한 것으로 파악되어 제3 집단으로 분류됐다. 〈동아일보〉의 일부 외부 필자들의 칼럼은 "도대체 뭐가 어찌 되었고, 어떻게 하라는 말인가"라는 느낌이 들 정도로 글의 짜임새가 엉성하고 주제 전달력도 부족했다. 물론 평가자 관점에 따라서 〈동아일보〉가 다른 신문보다 우수할 수도 있다. 아울러 〈동아일보〉에는 단락 전개 3대 원리에 맞춰 글을 구성하는 필자도 많을 것이다. 실제로 논설위원들이 집필하는 사설만 놓고 네 신문을 비교할 때 〈동아일보〉는 항목별로 평균 2~3위를 차지하고 있어 다른 신문들에게 뒤진다고 단정 지을 수는 없다. 하지만 이 연구에서 신문사 내부와 외부 필진을 모두 놓고 평가한 결과 〈동아일보〉는 다른 신문들에 비해 상당수의 항목에서 가장 낮은 평가를 받고 말았다. 그 원인은 단락 이론에 어긋난 외부 필자들의 글이 〈동아일보〉에 상대적으로 많기 때문으로 분석된다. 이에 따라 〈동아일보〉는 비언론인들의 글을 좀 더 확실하게 관리할 필요가 있다고 할 수 있다. 그렇게 하지 않으면 이들의 정돈되지 않은 글이 〈동아일보〉 이름에 먹칠을 하는 셈이 될 것이다.

그림1 ● 신문별 '통일성 · 강조성 · 연결성 원리를 위배한 단락의 개수'를 합의 추정한 주변 평균

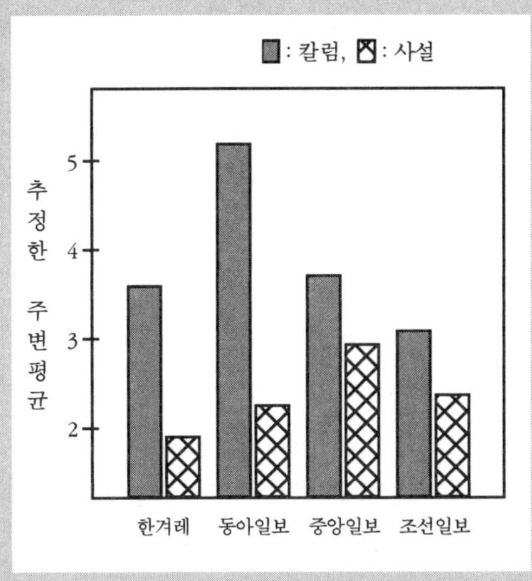

신문 글의 구성과 단락 전개에 관한 연구

연구문제 1의 결과를 놓고 볼 때 데스크들과 사설·칼럼의 필자들, 그리고 편집기자들은 글을 쓰거나 편집할 때에 어떤 식으로 단락 처리를 하는 게 효과적인지 전면적으로 검토할 필요가 있다. 레토릭의 3대 원리, 곧 ① 한 단락에 한 가지 내용으로 통일성을 유지해야 하고, ② 문장과 문장들을 매끄럽게 유기적으로 연결해야 하며, ③ 주장에 관한 타당한 논리적 근거를 제시해야 한다는 원리에 맞게 쓸 수 있도록 신경 쓰는 게 좋다. 각 신문사는 자체적으로 단락 처리 기준을 만든 뒤 데스크를 볼 때 이것을 반영하고, 외부 필자들에게도 단락 이론에 맞춰 글을 써 오도록 협조를 구해야 할 것이다. 한 문장을 한 단락으로 처리하는 게 필자 개인의 취향이라고 하더라도 문장 이론적으로 그것이 바람직하지 않은 만큼 단락 이론의 수용 여부를 따져 보아야 한다. 단락 이론의 선택 여부는 신문사나 필자들이 판단할 문제지만 이것을 적용할 필요가 있는지 연구해 볼 필요가 있다.

연구문제 1 1-1 국내 신문 사설과 칼럼의 일반 단락들에서 뒷받침 문장들은 소주제와 내용적으로 일치하고 연관한 것으로만 선택되었는가? (통일성 원리)

〈조선일보〉와 〈한겨레〉는 단락의 통일성 원리를 가장 잘 지키는 제1 집단에 속했다. 〈중앙일보〉와 〈동아일보〉는 동시에 제2 집단에 포함됐다. 곧 한 단락에 한 가지 중심내용을 담은 뒤 단락을 펼쳐야 글 내용을 일목요연하게 독해하게 할 수 있고, 글 전체 주제도 전달하기가 수월한데 〈조선일보〉와 〈한겨레〉가 〈중앙일보〉와 〈동아일보〉에 비해 이 원리를 잘 지키는 편이다. 위 신문들의 일부 글은 한 단락에 여러 가지 내용을 뒤섞어 담는 바람에 도대체 무엇을 독자들에게 전하려는 것인지 파악하기가 어려웠다. 엇비슷한 내용의 문장들을 단락 여러 개에 분산해 놓은 경우도 많았다. 한 단락에 한 가지 생각만 담아 그 단락에서 강조하려는 내용이 선명하게 드러나도록 처리해야 한다는 단락 전개의 통일성 원리를 이해하지 못하고 있는 것이다.

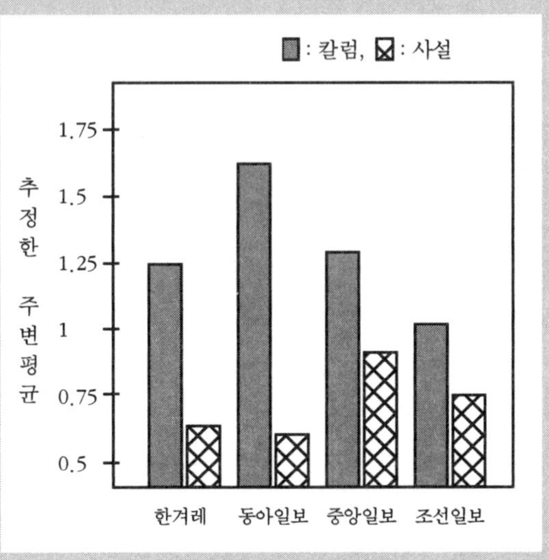

그림2 • 단락의 통일성 위배 개수를 추정한 주변 평균

<table>
<tr><td>연구
문제
1</td><td>1-2 국내 신문 사설과 칼럼의 일반 단락들은 뒷받침 문장들을 순리적으로, 조리 있게 연결하여 소주제를 효과적으로 드러내고 있는가? (연결성 원리)</td></tr>
</table>

단락 전개의 연결성 원리를 분석한 항목에서는 〈조선일보〉가 유일하게 제1 집단에 속해 문장들을 가장 순리적으로 연결한 것으로 나타났다. 그 다음 〈중앙일보〉와 〈한겨레〉가 제2 집단에 포함됐고, 〈동아일보〉는 맨 마지막 집단에 속해 연결성 원리를 가장 지키지 않는 것으로 분석됐다. 이 연구를 위해 사설과 칼럼을 분석한 분석자들은 한결같이 "〈조선일보〉 글이 가장 매끄럽고 단락 구성도 명쾌하다"고 입을 모으기도 했다. 〈조선일보〉는 내부

필진뿐만 아니라 외부 필진의 글에 있어서도 연결성 원리를 모범적으로 지키는 편이었다. 물론 내용과 논조는 완전히 배제한 채 단락 구성만을 놓고 본 평가이기 때문에 〈조선일보〉 사설과 칼럼이 모든 면에서 훌륭하다고 주장하는 것은 아니다.

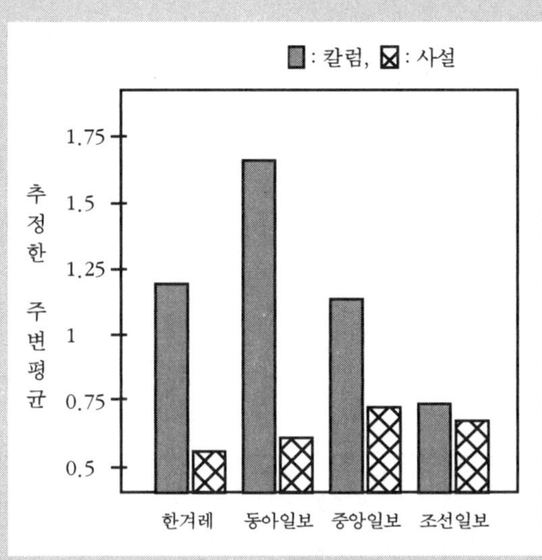

그림3 • 단락의 연결성 위배 개수를 추정한 주변 평균

　　사설과 칼럼 필자들은 문장과 문장을 좀 더 긴밀하게 연결하는 데에, 곧 연결성 원리를 잘 지킬 수 있도록 하는 데에 전념할 필요가 있다. 특히 내부 필진뿐만 아니라 외부 필진의 글도 데스킹과 편집 과정에서 좀 더 적극적으로 꼼꼼하게 손질하는 게 낫다. 독자들이 큰 힘을 들이지 않고 글을 잘 이해할 수 있도록 하기 위해서는 연결성 원리에 맞춰 글을 쓰고 데스킹해야 한다는 말이다. 때문에 필자의 근본 의도를 해치지 않는 범위에서 문장과 문장이 순리적으로 연결되도록 적극적으로 표현을 가다듬고 문장 순서를 조정하는 것도 고려해야 한다.

4부 분석 결과와 논의

1-3 국내 신문 사설과 칼럼의 일반 단락들은 독자들이 납득할 수 있도록 설명, 논증 또는 구체적 예시 등을 통하여 소주제를 충분히 뒷받침하여 강조하고 있는가? (강조성 원리)

단락 전개의 강조성 원리 항목에서는 단락별로 주장에 관한 타당한 근거를 얼마나 설득력 있게 제시했는지를 중심으로 평가하였다. 그 결과 〈한겨레〉가 강조성 원리를 가장 잘 지킨 제1 집단으로 분류됐다. 그 다음 〈조선일보〉가 제2 집단에 속했다. 〈중앙일보〉는 제3 집단, 〈동아일보〉는 제4 집단에 포함됐다. 곧 〈한겨레〉, 〈조선일보〉, 〈중앙일보〉, 〈동아일보〉 순으로 강조성 원리를 잘 지키는 것으로 볼 수 있다.

그림4 • 단락의 강조성 위배 개수를 추정한 주변 평균

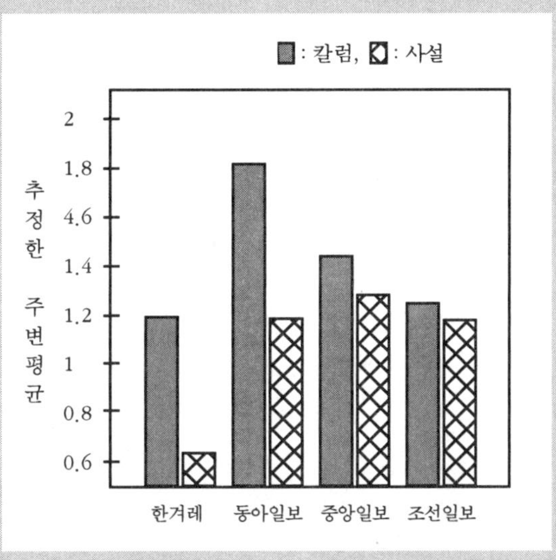

신문 글의 구성과 단락 전개에 관한 연구

　〈조선일보〉는 통일성 원리와 연결성 원리에서 다른 신문들에 비해 가장 우수한 결과가 나왔으나 강조성 원리에서 유일하게 〈한겨레〉에 뒤졌다. 다시 말해 〈조선일보〉는 독자들이 납득할 수 있도록 설명, 논증 혹은 구체적 예시 등을 통하여 주장을 충분히 강조할 수 있도록 노력하면 더 좋은 평가를 받을 수 있다. 주장에 관한 설득력 있는 논거를 제시하지 못하면 아무리 문장들이 매끄러워도 독자들의 공감을 얻기가 어렵기 때문이다. 이 부분을 집중적으로 개선한다면 〈조선일보〉 사설이나 칼럼은 좀 더 독자들의 공감을 받을 것으로 보인다.

**연구
문제
2** 국내 신문 사설과 칼럼의 필자들은 단락을 어떤 방식으로 나누고 있는가?
2-1 국내 신문 사설과 칼럼의 필자들은 한 문장을 한 단락으로 처리한 '한 문장 단락'을 얼마나 자주 쓰고 있는가?

　'한 문장 단락'은 〈동아일보〉가 가장 많이 사용하는 것으로 드러났다. 〈조선일보〉, 〈중앙일보〉, 〈한겨레〉는 같은 집단에 속했으나 〈동아일보〉만 유일하게 별도 집단으로 분류됐다. 〈동아일보〉는 '한 문장 단락'을 사용한 비율이 한 편당 평균 0.87개로 최다였다. 〈동아일보〉는 스트레이트 기사가 아닌 사설과 칼럼을 작성할 때에도 '한 문장 단락'을 즐겨 쓰는 게 바람직한지 점검해 볼 필요가 있다. '한 문장 단락'은 글 전체의 짜임새를 산만하게 하고, 독자들이 글의 주제를 이해하기도 어렵게 한다는 단점이 있다. 같은 내용(주제)의 문장들을 한 단락에 담지 않은 채, 한 문장을 쓰고 단락을 나누고, 또 한 문장을 쓰고 단락을 나누는 버릇은 개선하는 게 마땅하다. 너무 자주 단락을 나누어 쓰면 오히려 독자들의 글 읽는 호흡을 숨 가쁘게 할 수가 있다. 한 단락의 길이가 지나치게 길어도 안 되겠지만 한 단락의 길이가 달랑 한 문장으로만 구성된다면 지면도 낭비할 수 있어 비경제적이다.

2-2 국내 신문 사설과 칼럼의 필자들은 여러 단락으로 나누어야 할 부분을 한 단락으로 묶어 쓰고 있는가?

〈동아일보〉만 유일하게 '여러 단락으로 나누어야 할 부분을 한 단락으로 묶어 쓰는 경우'가 적은 집단으로 분류됐다. 나머지 세 신문은 별도의 집단에 함께 속했다. 〈동아일보〉는 '한 문장 단락'을 많이 쓰다보니 단락을 길게 쓴 경우가 적은 것으로 분석됐다. 〈동아일보〉를 제외한 나머지 세 신문의 경우, 일부 필자들이 한 단락의 분량을 지나치게 길게 하는 바람에 독자들이 읽기에 불편한 상황이다. 일부 신문의 외부 칼럼은 글 시작부터 끝까지를 완전히 한 단락으로 처리한 경우도 있다. 이런 글은 독자들의 신문 읽기에 고통을 안겨 줄 수 있다. 단락을 너무 자주 나누어도 좋지 않지만 한 단락의 분량을 지나치게 길게 해도 효율적이지 않다. 이에 따라 신문사들은 사설과 칼럼을 쓸 때에 한 단락에 몇 문장 정도를 담는 게 좋은지 연구할 필요성이 생긴다. 지면에 편집해 놓은 신문 사설과 칼럼은 가로 폭이 그리 넓지 않기 때문에 일반 단행본에 실리는 글에 비해 한 단락에 알맞은 문장의 수가 약간 적은 게 좋을 수도 있다.

국내 신문 사설과 칼럼의 단락 처리는 글의 종류별로, 필자별로, 주제별로 어떠한 차이가 있는가?
　　3-1 국내 신문의 사설과 칼럼은 단락 처리에 있어서 각각 어떠한 차이가 있는가?

사설이 칼럼보다는 단락 전개의 원리를 잘 지킨 것으로 분석되었다. 통일성 원리를 위배한 경우는 칼럼이 사설의 두 배나 많은 정도다. 칼럼은 상대적으로 글쓰기 훈련이 덜 된 비언론인들의 글이 포함되어 있기 때문에 이 같은 분석 결과가 나온 것으로 보인다. 물론 모든 칼럼이 사설보다 못한 것은 아니다. 단락 전개 원리에 맞춰 칼럼을 쓰는 필자도 있는 반면 그와 정반대인 경우도 많아 글쓴이에 따른 편차가 크다고 할 수 있다. 다만 이 연구에서는 통계적으로 볼 때 칼럼이 사설보다 레토릭의 3대 원리를 좀 더 많이 위배하고 있다는 결과가 나왔다.

연구문제 3 3-2 국내 신문의 사설과 칼럼의 단락 처리에 있어서 신문사 내부 인사(언론인)와 외부 인사(비언론인)는 어떠한 차이가 있는가?

언론인이 비언론인보다 단락 전개의 원리를 잘 지킨 것으로 분석되었다. 단락 전개의 3대 원리인 통일성 원리, 연결성 원리, 강조성 원리 등 거의 모든 항목에서 언론인 글이 더 우수한 것으로 드러났다. 언론인 중에서는 논설위원, 데스크급, 평기자 순으로 단락 전개 원리를 잘 지킨 것으로 평가됐다. 직업적으로 날마다 글쓰기를 하는 언론인의 글 솜씨가 비언론인에 비해 우수할 것이라는 가설이 그대로 맞아 떨어진 셈이다. 기자 경력이 많으면 많을수록 좀 더 단락 이론에 맞춰 글을 썼다는 결과도 이것을 뒷받침한다.

1. 레토릭의 3대 원리 준수 여부 분석

〈연구문제 1〉에서는 국내 신문 사설·칼럼이 레토릭 3대 원리인 통일성, 연결성, 강조성을 지켜가며 작성했는지를 연구·분석하였다. 그 결과 〈동아일보〉, 〈조선일보〉, 〈중앙일보〉, 〈한겨레〉의 사설·칼럼 필자들은 이 원리를 지키지 않은 경우가 빈번한 것으로 드러났다. 이에 따라 그들의 주장을 좀 더 능률적으로 독자들에게 전달하게 하기 위해서는 단락 전개 3대 원리인 통일성, 연결성, 강조성을 좀 더 정확하게 지켜야 한다는 결론이 나왔다. 그에 관한 자세한 내용은 다음과 같다.

첫째, 글 한 편에서 평균 절반가량의 단락이 레토릭 3대 원리를 지키지 않았다. 사설·칼럼 한 편의 전체 단락은 한 편당 평균 6.48개로 구성되어 있고, 본론 단락은 한 편당 단락이 평균 4.03개다. 그런데 연구 결과, 사설·칼럼 한 편당 평균 3.43개 단락이 단락 전개 원리에 어긋난 것으로 드러났다. 전체 단락의 평균인 6.48개 단락 중 53%에 해당하는 3.43개 단락을 문장론의 주요 원리에 어긋나게 작성하는 것이다. 이러한 사실은 신문 사설·칼럼의 단락 처리 방법에 문제가 있으므로 그 개선이 필요하다는 말을 의미한다.

신문 사설·칼럼 분석에서 드러난 문제점을 간략히 정리해 보자.

일반적으로 사설·칼럼은 ① 소주제문과 뒷받침 문장들이 한 단락을 구성한다는 단락 구성 원리를 지키지 않았다. ② 단락 전개 원리를 무시하고 임의로 단락을 나누었기 때문에 산만한 글이 되었다.

표13 • 신문별 통일성 또는 연결성 또는 강조성을 위배한 단락의 합과 차이

변수명		사례수	한 편당 평균 단락 개수	표준편차	F-통계량	유의도
· 통일성 또는 · 연결성 또는 · 강조성을 위배한 단락	동아일보	457	4.21	4.535	16.181 ***	.000
	조선일보	474	2.92	2.796		
	중앙일보	443	3.61	2.488		
	한겨레	391	2.94	2.615		
	합계	1765	3.43	3.281		

주) ***: p〈0.01, **: p〈0.05, *: p〈0.10

표14 • 신문별 '단락의 통일성·강조성·연결성의 원리 위배 개수' 등의 합과 차이

변수명		사례수	한 편당 평균 단락 개수	표준편차	F-통계량	유의도

· 통일성 또는
· 연결성 또는
· 강조성을 위배하거나 또는
· 무괄식 단락 또는
· 한 문장 단락 또는
· 여러 단락을 합해야
  하는 경우 또는
· 여러 단락으로
  나눠야 하는 경우
	동아일보	457	6.26	7.534	23.588
					***
						.000

	조선일보	474	4.09	3.872		
	중앙일보	443	4.53	3.257		
	한겨레	391	3.71	3.331		
	합계	1765	4.68	4.976		

4부 분석 결과와 논의

변수명		사례수	한 편당 평균 단락 개수	표준편차	F-통계량	유의도
·· 무괄식 단락 또는 ·· 한 문장 단락	동아일보	457	1.15	2.332		
	조선일보	474	.56	1.202		
	중앙일보	443	.35	.741	32.490 ***	.000
	한겨레	391	.29	.891		
	합계	1765	.60	1.491		

·· 여러 단락을 합해야
   하는 경우 또는
·· 여러 단락으로
   나눠야 하는 경우
	동아일보	457	.90	1.309		

	조선일보	474	.61	.848		
	중앙일보	443	.57	.825	15.267 ***	.000
	한겨레	391	.48	.819		
	합계	1765	.65	.990		

·· 무괄식 단락 또는
·· 한 문장 단락 또는
·· 여러 단락 합해야
   하는 경우 또는
·· 여러 단락으로
   나눠야 하는 경우
	동아일보	457	2.05	3.414		

	조선일보	474	1.17	1.718		
	중앙일보	443	.92	1.314	31.419 ***	.000
	한겨레	391	.76	1.335		
	합계	1765	1.25	2.209		
·· 통일성 또는 ·· 연결성을 위배한 단락	동아일보	457	2.59	3.247		
	조선일보	474	1.70	1.953		
	중앙일보	443	2.19	1.797	12.161 ***	.000
	한겨레	391	1.96	1.901		
	합계	1765	2.11	2.338		
·· 연결성 또는 ·· 강조성을 위배한 단락	동아일보	457	2.93	3.030		
	조선일보	474	1.96	1.964		
	중앙일보	443	2.44	1.748	19.924 ***	.000
	한겨레	391	1.95	1.786		
	합계	1765	2.33	2.246		

변수명		사례수	한 편당 평균 단락 개수	표준편차	F-통계량	유의도
·· 통일성 또는 ·· 연결성 또는 ·· 강조성을 위배한 단락	동아일보	457	2.91	3.023	14.848 ***	.000
	조선일보	474	2.19	2.029		
	중앙일보	443	2.60	1.820		
	한겨레	391	1.98	1.801		
	합계	1765	2.43	2.267		
·· 무괄식 단락 또는 ·· 한 문장 단락 또는 ·· 여러 단락을 합해야 　하는 경우	동아일보	457	1.94	3.428	39.074 ***	.000
	조선일보	474	.97	1.671		
	중앙일보	443	.67	1.254		
	한겨레	391	.53	1.254		
	합계	1765	1.05	2.198		
·· 한 문장 단락 또는 ·· 여러 단락을 합해야 　하는 경우 또는 ·· 여러 단락으로 　나눠야 하는 경우	동아일보	457	1.77	3.117	31.942 ***	.000
	조선일보	474	.86	1.419		
	중앙일보	443	.80	1.202		
	한겨레	391	.61	1.142		
	합계	1765	1.03	1.976		
·· 통일성 또는 ·· 연결성 또는 ·· 강조성을 위배하거나 또는 ·· 무괄식 단락 또는 ·· 한 문장 단락	동아일보	457	5.36	6.523	21.992 ***	.000
	조선일보	474	3.48	3.502		
	중앙일보	443	3.96	2.845		
	한겨레	391	3.23	2.970		
	합계	1765	4.03	4.353		

주) ***: p⟨0.01, **: p⟨0.05, *: p⟨0.10

③ 단락 안에 뚜렷한 주제(요지, 중심생각)가 없어 무슨 말을 전하려는 것인지 알 수 없다. ④ 아울러 글 전체 주제(요지, 중심생각)도 선명하게 드러나지 않아, 필자 생각을 제대로 전달하기 어렵다. ⑤ 논리적인

근거도 제시하지 않고, 일방 주장만 나열하여 글에 설득력이 없다. ⑥ 문장과 문장은 물론 단락과 단락을 순조롭게 연결하지 않았다. 특히 ⑦ 한 문장을 한 단락으로 처리하는 바람에 글이 산만하여 독자들이 글을 체계적으로 읽기가 어렵다.

표15 ● 신문별 '통일성·강조성·연결성 원리를 위배한 단락의 개수' 사후검증

신 문	사례수	유의수준 = .05에 대한 부집단		
		1	2	3
조선일보	474	2.92		
한겨레	391	2.94		
중앙일보	443		3.61	
동아일보	457			4.21
유의 확률		.921	1.000	1.000

그림1 ● 신문별 '통일성·강조성·연결성 원리를 위배한 단락의 개수'를 합의 추정한 주변 평균

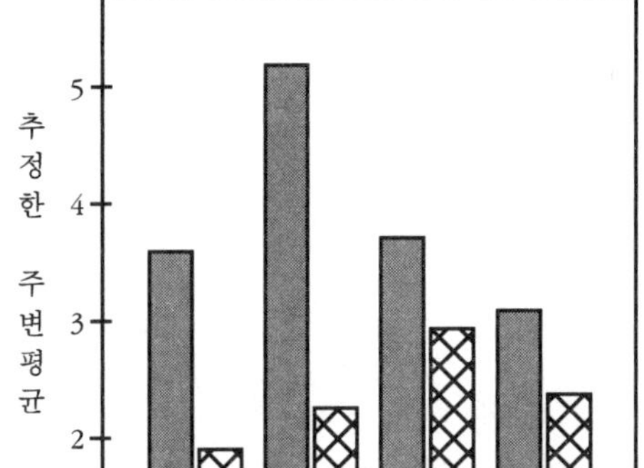

신문 글의 구성과 단락 전개에 관한 연구

둘째, 단락 전개의 통일성·연결성·강조성 원리를 위배한 경우를 합하여 분석해 보았더니, 〈조선일보〉(칼럼 한 편당 평균 2.92개 단락), 〈한겨레〉(2.94개 단락), 〈중앙일보〉(3.61개 단락), 〈동아일보〉(4.21개 단락) 순으로 단락 전개 원리를 위배한 경우가 적은 것으로 나타났다. 곧 통일성 원리나 연결성 원리를 위배하거나 강조성 원리를 위배한 수치를 비교한 결과 〈조선일보〉, 〈한겨레〉, 〈중앙일보〉, 〈동아일보〉 순으로 그 수가 적었다는 말이다. 이 연구에서는 신문사 간의 이 같은 차이가 유의미한지 알아보기 위해 표13.에서 밝혔듯이 일원변량분석(one-way ANOVA test)을 실시하였다. 그 결과 유의 확률이 모두 0.05보다 낮게 나왔으므로 네 신문의 차이는 의미 있다고 할 수 있다. 이 같은 분석이 정확한지 확인하기 위해 사후검증을 실시한 결과 표15.와 같은 결과가 나왔다.

표16 ● 신문별 '단락 전개의 원리 위배 개수'와 매체 간 차이

변수명		사례수	한 편당 평균	표준편차	F-통계량	유의도
통일성 위배 개수	동아일보	457	1.28	1.688	6.288 ***	.000
	조선일보	474	.96	1.156		
	중앙일보	443	1.17	1.041		
	한겨레	391	1.00	1.071		
	합계	1765	1.11	1.280		
연결성 위배 개수	동아일보	457	1.30	1.656	16.922 ***	.000
	조선일보	473	.74	1.031		
	중앙일보	443	1.02	1.008		
	한겨레	391	.96	1.031		
	합계	1,764	1.00	1.235		

변수명		사례수	한 편당 평균	표준편차	F-통계량	유의도
강조성 위배 개수	동아일보	457	1.62	1.646	19.060 ***	.000
	조선일보	474	1.22	1.254		
	중앙일보	443	1.43	1.144		
	한겨레	391	.98	1.000		
	합계	1765	1.32	1.313		
무괄식 단락 개수	동아일보	457	.28	.817	8.553 ***	.000
	조선일보	474	.31	.766		
	중앙일보	443	.12	.403		
	한겨레	391	.15	.664		
	합계	1765	.22	.689		
한 문장 단락 개수	동아일보	457	.87	2.014	36.083 ***	.000
	조선일보	474	.25	.834		
	중앙일보	443	.23	.592		
	한겨레	391	.14	.572		
	합계	1765	.38	1.217		
여러 단락을 합해야 하는 경우	동아일보	457	.79	1.288	32.268 ***	.000
	조선일보	474	.41	.742		
	중앙일보	443	.33	.704		
	한겨레	391	.24	.627		
	합계	1765	.45	.912		
한 단락을 여러 단락으로 나눠야 하는 경우	동아일보	456	.11	.398	7.220 ***	.000
	조선일보	474	.21	.464		
	중앙일보	443	.24	.507		
	한겨레	391	.24	.497		
	합계	1,764	.20	.469		

주) ***: p〈0.01, **: p〈0.05, *: p〈0.10

곧 〈조선일보〉와 〈한겨레〉는 유의수준이 각각 2.92, 2.94로 단락 전개의 통일성, 연결성, 강조성 원리를 가장 적게 위배한 제1 집단에 속했다. 그 다음 3.61인 〈중앙일보〉가 제2 집단에, 4.21인 〈동아일보〉가 제3 집단에 속했다. 〈조선일보〉와 〈한겨레〉는 다른 신문들에 비해 단락 전개 원리를 지킨다고 볼 수 있고, 〈동아일보〉는 상대적으로 이것을 지키지 않는다고 분석할 수 있다.

(1) 단락의 통일성 분석

〈연구문제 1-1〉에서는 단락의 통일성 원리, 곧 국내 신문 사설·칼럼의 일반 단락들의 뒷받침 문장들은 소주제와 내용이 일치하고 연관 있는 것으로만 선택했는지 연구·분석하였다. 그 결과 〈조선일보〉는, 단락의 통일성 원리를 제대로 지키지 않은 경우가 사설·칼럼 한 편당 평균 0.96개 단락, 〈한겨레〉는 1.00개 단락, 〈중앙일보〉는 1.17개 단락, 〈동아일보〉는 1.28개 단락으로 나타났다. 〈연구문제 1-1〉 결과를 검증하기 위해 일원변량분석(one-way ANOVA test)을 실시한 결과 유의확률(p〈0.05)보다 낮게 나왔으므로 이 차이는 의미가 있다고 할 수 있다.

표17. '통일성을 위배한 단락의 개수' 사후검증

신 문	사례수	유의수준 = .05에 대한 부집단	
		1	2
조선일보	474	.96	
한겨레	391	1.00	
중앙일보	457	.699	1.17
동아일보	457		1.28
유의 확률			.189

이 같은 분석이 정확한지 확인하기 위해 사후검증 중 Duncan 방법을 이용하여 살펴본 결과 표17.과 같은 결과가 나왔다. 곧 〈조선일보〉와 〈한겨레〉는 유의수준이 각각 0.96, 1.00으로 단락 전개의 통일성 원리를 가장 적게 위배한 제1 집단에 속하고, 〈중앙일보〉(1.17)와 〈동아일보〉(1.28)는 전자에 비해 상대적으로 통일성 원리를 많이 위배한 제2 집단에 속한다. 〈조선일보〉와 〈한겨레〉의 통일성 원리 위배 개수는 유의수준 0.05 아래에서 〈중앙일보〉, 〈동아일보〉와 차이가 있는 것으로 밝혀졌다. 〈조선일보〉와 〈한겨레〉는 서로 우열의 차이가 없고, 〈중앙일보〉와 〈동아일보〉 역시 서로 이 같은 차이는 없다. 이를테면 〈조선일보〉와 〈한겨레〉는 〈중앙일보〉와 〈동아일보〉에 비해 상대적으로 한 단락에 한 가지 중심생각을 담아 단락을 구성한다고 분석할 수 있다. 이 신문들의 필자들은 생각을 좀 더 구조적으로 조직하고 논리적으로 정리를 하여 글을 썼다는 이야기다.

그림2 • 단락의 통일성 위배 개수를 추정한 주변 평균

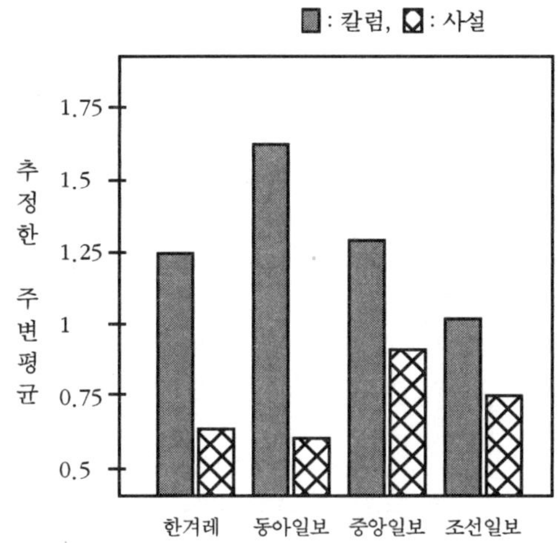

신문 글의 구성과 단락 전개에 관한 연구

다음은 통일성 원리를 지키지 못한 글이다.

<1> 되는 일이 없다고 한다. 경제부처 공무원들의 말이다. 되는 일을 찾으려는 노력이 한편으로는 반갑지만 참 딱하다. 왜 되는 일이 없을까? 이유는 간단하다. '민심民心'을 내건 온갖 그럴듯한 말들이 정파적 이해와 맞물려 정책을 휘두르고 망가뜨리기 때문이다.

<2> 부동산 정책에 대한 불만에는 열심히 벌어도 집값이 더 오르니 허탈하다는 소박한 '민심'이 담겨 있다. 하지만 현실은 그게 전부가 아니다. 민심의 뒤에는 내 집값은 오르기를, 사고 싶은 집값은 내리길 바라는 숨은 욕망도 있다. 살기 힘든 세상에 대한 불만도 있다. 복합적인 국민감정이 얽혀 있는 것이다.

<3> 그런데도 모 국회의원은 "새집 지어봐야 집 가진 사람의 투기에 돌아간다"며 공급 확대 해법에 대한 적대감을 드러냈다. '민심 지상至上주의자'들의 논리대로 집 가진 사람은 청약을 못하게 하자면 미분양이라는 현실적 문제가 필연적으로 발생한다. 하지만 마녀사냥이 되어버린 여론의 장에선 관심 밖이다.

<4> 대출받아 집 사고 평수 늘리는 것이 '투기'로 간주된다. 그러다 보니 하루 만에 철회되긴 했지만 대출총량 규제까지 등장했다. 분양원가 공개와 재건축 억제는 '악덕 건설업체'와 '투기꾼'을 혼내주는 개혁의 상징이 됐다. 이 모든 것이 집 갖고 돈 버는 것을 보니 허탈하다는 소박한 민심의 힘일 것이다.

<5> 민심을 존중하는 것은 백 번 옳은 일이나, 오로지 '민심'만 쳐다보니 다른 논의는 뒷전으로 밀린다. 당첨 차익만 커지고 공급은 줄어들 수 있다는 걱정, 고급주택 부족에 대한 걱정은 '투기꾼의 푸념'으로 매도된다. 전문가들은 입을 닫고 '서민'과 '투기꾼'의 덧없는 편가름은 가진 자에 대한 분노를 키워가게 만든다.

<6> 정책은 현실이다. 답답한 마음, 소박한 민심을 달래려는 노력도 필요하다. 하지만 민심을 내건 그럴듯한 말들이 무작정 증폭되고 정파적 이해를 포장하는 데 쓰이면 이치에 안 맞는 정책만 쏟아진다. 여기에 우리 편이니 무조건 옳다는 '진영陣營 논리'까지 더해지면 내용 있는

논의는 아예 불가능하다.

〈7〉 기업개혁은 다를까? 말잔치와 편가름은 마찬가지다. 출자총액제한제도 문제는 이제 정파적 정체성의 상징이 돼서 당·정 협의며 부처 합의가 소용없어졌다. 어이없는 일도 있다. 외국자본이 들어오면 투명경영도 들어온다는 순진한 말씀도 있고, 외국인 지분이 많으면 지배구조가 좋은 회사로 평가된다. '지배구조개선'의 딱지만 붙이면 무조건 '윤리적 기업개혁'이 되기도 한다.

〈8〉 '지배구조 개선 지상주의자들'도 때론 자신의 잘못을 안다. 하지만 그동안 했던 말이 있고 자칫 '재벌의 앞잡이'로 왕따 당할까 봐 숨어서 사석私席에서만 반성할 뿐이다. 외국에선 몇몇 변호사들만 대목을 맞던 집단소송이 한국에서 '정의의 칼'로 등장한 이유이기도 하다.

〈9〉 국민이 키운 회사니까 총수가 대대손손 제왕처럼 행세하지 말라는 소박한 민심은 계속될 것이다. 하지만 '그럴듯한 말'들이 민심에 기대어 현실을 짓밟으면 정책이 설 자리는 없다. 민심에 무조건 편승하는 정책은 덜 가진 사람에게 더 손해를 끼친다.

〈10〉 정책의 내막도 한번 들여다보자. 국회 로비에 늘어선 공무원들은 하소연할 곳도 없다. 당·정 협의도, 청와대의 조정도 무용지물이 됐으니까. '협의와 조정'의 이름으로 만든 복잡한 절차들이 정책을 망가뜨리기도 한다. 내용 모르는 '높은 기관' 분들께 설명해봐야 아무 결정도 없다. '혁신'의 틀에 맞게 정리하란 지시나 없으면 다행이다.

〈11〉 정치의 계절이다. '그럴듯한 말'들은 갈수록 많아질 것이다. 꼭 필요한 일, 할 수 있는 일에 남은 힘을 모으는 지혜를 일하는 분들께 기대해 본다. 말로만 '서민'을 파는 무책임한 자들을 혼내주는 일은 우리 모두의 몫이 돼야 한다.

조선일보. 2006. 칼럼 "말로만 서민 파는 사람들", 12월 4일.

단락 〈3〉에는 주택 공급 확대에 관한 국회의원의 적대감, 미분양 사태라는 현실적인 문제, 여론의 무관심이라는 세 가지 소주제를 한꺼번에 담아 단락 구성 원리에 어긋난다. 이것은 서로 다른 개념이기 때문에 한 단락에 쉽사리 묶을 수가 없다. 게다가 각 항목을 부연 설명도 없이 한 문장만으로 뒷받침하는 데 그쳐 각 소주제 내용을 이해하기가 어렵다. 이 단락에서 강조하려는 논점이 무엇인지 명확하지 않다는 말이다. 또 단락 〈2〉에서 부동산 정책의 불만에 담긴 국민감정을 설명했는데, 이것은 단락 〈3〉의 첫머리에 쓰인 '그런데도'와 자연스럽게 이어지지 않는다. 복잡한 민심과 국회의원 적대감이 어떤 관계인지를 뒷받침하는 문장이 없기 때문에 이런 일이 벌어진 것이다. 단락과 단락 간의 연결도 매끄럽지 않은 글이 되었다.

단락 〈6〉은 민심을 볼모로 한 불합리한 정책들과 진영 논리라는 두 가지 내용을 다루고 있다. 그런데 구체적인 사례나 그것이 왜 문제인지 근거를 제시하지 않고 넘어간 것이 문제다. 간단한 예를 들어서라도 부연 설명을 해야 한다. 주장만 던져 놓고 넘어가서는 안 되고 그 논거를 밝혀야 한다. 특히 신문 칼럼은 논리 면에서 모범을 보여 주어야 한다.

단락 〈7〉 역시 개혁에 관한 말잔치와 편가름, 지배 구조 개선의 허점 등 두 가지 내용을 한 단락 안에서 다루어 통일성을 해친다. 그리고 단락 〈8〉은 지배 구조 개선을 보충한 설명이므로 단락 〈7〉 마지막 문장과 묶는 것이 낫다. 한 단락에 한 가지 중심생각만 담을 수 있도록 생각을 정리하면서 단락을 구성하면 이런 오류를 줄일 수 있다.

단락 〈10〉에서는 경제 정책의 답답한 실상을 서술했는데, '협의와 조정', '혁신'과 같은 추상적인 단어에 관한 뚜렷한 의미 혹은 이와 관련한 사례를 보충 설명하는 게 낫다. 그 자체로 어려운 단어는 아니지만 작은따옴표로 묶은 것으로 보아 글쓴이의 주관적인 견해가 들어있다고 짐작할 수 있는데, 이 상태로는 확실한 의미를 알 수 없다. 소주제를 충분히 뒷받침하여 독자 이해를 돕는 것이 글쓰기의 기본이므로 간단하게라도 부연 설명하는 것이 좋다.

결론에 해당하는 단락 〈11〉에서는 정치권에 관한 기대와 우리가 할 일을 제시하며 글을 마무리하고 있다. 이는 서로 다른 소주제이긴 하지만 앞날의 방향에 관한 각자 몫을 이야기했다는 점에서 무난하다고 할 수도 있다. 그런데 앞선 단락에서도 계속 드러나듯이 어떻게 해야 한다는 서술이 없이 막연한 지시에 그치는 것이 문제다. 본론에서 배경 설명만을 늘어놓다가 정작 하고자 하는 이야기를 한 문장씩으로 표현한 셈이라 뒷받침이 부족하다. 강조하기 위해 사용한 작은따옴표도 설명이 없어 오히려 주장이 모호하다.

다음 글도 통일성 원리를 지키지 않은 글이다.

〈1〉 북한 함경남도 신포군 금호지구 경수로 용지의 시설 유지 및 보수 인력이 모두 철수함으로써 경수로 사업은 사실상 종료됐다. 경수로 공사가 예정대로 잘 진행되지 못한 데는 비용 분담 문제, 강릉 잠수정 침투사건, '대포동 1호' 장거리 미사일 실험 발사, 금창리 지하 핵시설 의혹, 북한 근로자 사용 문제, 고농축 우라늄(HEU) 핵개발 의혹 등에서 원인을 찾을 수 있다.

〈2〉 미국이 제네바 합의를 추진할 당시에는 경수로 완공 전에 북한이 붕괴할 것이란 기대가 있었던 것으로 알려지고 있다. 빌 클린턴 행정부 시절 북-미는 갈등을 겪기는 했지만 고비마다 합의를 이끌어 내고 제네바 합의를 이행해 나갔다. 클린턴 행정부의 '개입과 확대 정책'과 북한의 생존 전략 사이에 이익의 조화점이 있었던 것이다.

〈3〉 하지만 조지 W 부시 행정부가 출범하면서 합의 이행에 적신호가 켜졌다. 부시 행정부는 제네바 합의와 페리 프로세스 이행에 큰 관심을 보이지 않고, 북한의 핵, 미사일, 재래식 무기를 포괄적으로 해결할 것을 요구하면서 '힘을 통한 패권안정 정책'을 추진했다. 2002년 10월에 불

거진 HEU 핵개발 의혹은 제네바 합의의 사문화와 경수로 사업 종료를
촉진했다.

〈4〉 하지만 경수로 제공 문제는 6자회담의 주요 의제로 앞으로 해결해야 할
'뜨거운 감자'다. 2005년의 9·19 공동성명에서 당사국들은 '적절한 시
기'에 경수로 제공 문제를 논의하기로 동의했고, 한국은 북한에 200만
kW의 전력을 공급한다는 '중대 제안'을 재확인했다. 지금은 경수로 공
사가 중단되고 청산 절차에 들어가지만 북한의 비핵화 실현 여부에 따
라 경수로 공사는 재개될 수 있는 여지를 남겨 두고 있다.

〈5〉 북한은 제네바 합의를 지켜내고 경수로를 제공받기 위해 지난 10년
간 '고난의 행군'을 했다고 할 수 있다. 공동성명 발표 다음 날 북한
이 '경수로 제공 즉시 핵확산금지조약(NPT) 복귀'를 선언한 것도 그
만큼 경수로 문제에 집착하기 때문이다. 북한의 위조지폐와 관련한
미국의 금융제재로 2단계 5차 6자회담이 열리지 못하고 있지만, 공
동성명 합의 이행의 관건은 경수로 제공 문제와 북한의 NPT 복귀
시기 및 국제원자력기구(IAEA)의 안전조치 이행 문제를 어떤 절차와
순서에 따라 해결하느냐에 달려 있다고 해도 과언이 아니다.

〈6〉 북한에 있어 신포 경수로가 갖는 상징적이고 실리적 의미는 매우 크다.
북한은 제네바 합의에 따라 건설을 중단하고 동결한 중수로 방식의 핵
발전 시설(태천 200만 MW, 영변 50만 MW)에 대한 전력 손실 보상 차원에
서 경수로 건설을 요구하고 있다. 아무런 대가 없이 경수로 공사를 종
료할 경우 북한 지도부는 리더십에 큰 손상을 받을 수밖에 없을 것이다.

〈7〉 우리 정부도 경수로 공사 중단과 청산에 따른 막대한 경제적 손실과 관
련한 문제, 한반도에너지개발기구(KEDO)의 유지 또는 해체 문제, 직접
송전 문제 등 많은 문제를 해결해야 한다. 가장 바람직한 방법은 북한
이 비핵화를 조속히 실현하고, 과도적으로 우리 정부의 중대 제안을 수
용하며, 장기적으로 경수로 공사를 재개하는 것이다. 청산은 최악의 해
법이다. 관련 당사국 모두가 득이 되는 해법을 찾아야 한다.

〈8〉 한반도의 국력 격차를 보여 주는 상징적 장면이 한반도의 야간 위성사
진이다. 휴전선 이남은 전역이 밝게 빛나지만, 이북은 평양과 원산 등
일부 지역만 불빛이 보일 뿐 암흑천지다. 경수로를 착공할 때만 해도
전력이 공급되면 '동토의 땅'을 녹여 자본주의의 싹을 틔울 것으로 기대

단락 〈2〉는 클린턴 행정부 시절의 북·미 관계를 소주제로 다룬다. 그 시절에는 갈등을 겪기는 했지만 이것을 극복하면서 제네바 합의를 이행했다고 서술한다. 그런데 첫 문장 '미국이 제네바 합의를 추진할 당시에는 경수로 완공 전에 북한이 붕괴할 것이란 기대가 있었던 것으로 알려지고 있다'는 소주제와 관련 없는 내용이다. 이 문장은 차라리 빼는 것이 단락 통일성에 도움이 된다.

단락 〈4〉는 경수로 제공 문제가 앞으로 해결해야 할 중요한 사안이라고 강조한다. 그리고 경수로를 둘러싼 과거와 현재 상황을 설명하고 있다. 그런데 '한국은 북한에 200만 kW의 전력을 공급한다는 중대 제안을 재확인했다'는 부분은 경수로보다는 한국 정부의 대북 지원에 좀 더 관련한 문제다. 경수로가 북한 전력난과 직결한다는 점에서 소주제와 관련 있다고 할 수도 있지만 단락 〈2〉와 마찬가지로 이것을 빼는 것이 논지 초점을 뚜렷이 하는 데 도움이 된다. 아니면 이 문장을 손질하여 이 단락의 소주제를 좀 더 뒷받침할 수 있게 조정하고 새로운 뒷받침 문장들을 추가하는 것도 좋다.

단락 〈5〉는 ▲경수로 문제에 집착하는 북한 ▲공동성명 합의 이행의 관건이라는, 서로 다른 두 가지 내용을 한 단락에 담아 통일성을 해친다. 두 번째 소주제는 경수로 문제가 공동성명 합의 이행을 좌우

할 정도로 북한에게 중요한 안건이란 의미에서 첫 번째 소주제와 관련이 있지만, NPT와 국제원자력기구 문제 등을 함께 언급해 글의 초점을 흐린다. 한 가지 중심내용이 선명하게 드러나는 단락이라고 볼 수는 없다.

단락 〈7〉 역시 우리 정부가 해야 할 과제를 이야기하면서 동시에 청산이 최악의 해법이라며 매우 다른 내용을 한 단락에서 다루어 통일성 원리에 어긋난다. 특히 두 번째 내용('청산은 최악 해법')은 제목과 일치해 글쓴이가 주장하려는 바라고 짐작할 수 있다. 그런데 이 단락은 물론이고 글 전체를 통틀어서도 왜 청산을 최악 해법이라고 하는지 논리적 근거를 제시하지 않았다. 단락 〈6〉에서 경수로 공사가 대가 없이 끝나면 북한 지도부가 큰 충격을 받을 것이라고 하고, 단락 〈7〉에서 우리 정부가 해야 할 과제 중 하나로 경수로 청산에 따른 막대한 손실을 언급했으나, 이것은 최악의 해법에 관한 근거로 충분치 않다. 경수로 사업 진행 상황과 남북한 태도를 나열한 뒤 정작 글의 전체 주제는 뒷받침 문장도 없이 달랑 한 문장으로 끝내고 말았다.

결론에 해당하는 단락 〈8〉은 전력 상황으로 본 남북한의 경제력 차이를 언급하면서 경수로 지원으로 북한 경제가 회복하기를 기원한다고 마무리하는 것이 적절하다. 그런데 '경수로를 착공할 때만 해도' 이하 부분에서 경수로 문제의 유일한 해결책으로 북한의 자본주의 경제체제 도입을 촉구하며 마치 새로운 논의를 시작하려는 듯한 인상을 준다. 결론 단락은 본론 내용을 정리하고 글쓴이 주장을 요약하거나 앞날의 방향을 제시해야 하는데, 갑자기 이전 단락에서 한 번도 얘기하지 않았던 자본주의 도입을 내세워 독자로 하여금 사고 흐름을 혼란스럽게 한다. 다음 예문은 비교적 단락의 통일성 원리를 잘 지킨 글이다.

〈1〉 중국 사상가 리쭝우(1879~1944)는 후흑교주로 불린다. 유교사상에 맞서, 인간의 근본은 '인의예지'가 아닌 '후흑'에 있다고 했다. 마오쩌둥이 후흑학을 탐독한 뒤 문화대혁명을 일으켰다는 말도 있다. 후흑은 면후심흑面厚心黑에서 온 말로, "낯 두껍고 속마음이 시커멓다"는 뜻이다. 그는 군자와 영웅의 길은 후흑의 도를 닦는 데 있다고 주장한다. 항우가 천하를 얻지 못한 것도 후흑이 부족해서라고 한다. 유방을 제거할 수 있었을 때 아량을 베풀어 후한을 남기고, 해하 패배의 수치를 견디지 못해 자결한 건 이 탓이란다.

〈2〉 리쭝우는 후흑의 도를 3단계로 나눴다. 1단계는 '낯이 성벽처럼 두껍고, 속이 숯처럼 시커먼' 수준이다. 이 단계만으로는 안색이 혐오스러워 사람들이 접하길 꺼린다. '낯이 두꺼우면서 딱딱하고, 속이 검으면서도 맑은' 2단계에 이르면, 어떤 공격에도 미동 않고 사람의 마음을 빼앗는다. 유비와 조조를 이 단계에 이른 영웅으로 든다. 3단계는 '낯이 두꺼워도 형체가 없고, 속이 검어도 색채가 없는' 경지다. 이 경지는 옛 대성현에서 찾을 수밖에 없다고 말한다.

〈3〉 뻔뻔하고 음흉해지라는 요사한 잡학으로 들리나, 참뜻은 후흑 구국론에 담겨 있다. 후흑을 사리를 얻고자 쓰면 극히 비열하고 결국 실패하나, 공리를 위해 사용하면 지극히 높아지고 성공도 얻는다고 말한다. 사리를 꾀하면 타인의 사리를 방해하고 적이 많아져 실패할 수밖에 없고, 공리를 도모하면 수천만이 지원할 테니 성공하지 않는 게 이상하다고 덧붙인다. (『난세를 평정하는 중국 통치학』 부분 인용)

〈4〉 재벌가, 정치인, 고위 관료, 경제 전문가들의 비리와 일탈이 검찰 수사 대상이나 입방아에 올랐다. 아직도 한국이 이 수준인지 자괴감마저 든다. 리쭝우가 살아 있다면, '모두 공리를 도외시하고 사리만 채우려 한 후흑의 비루한 오용'이라고 질타했을 듯하다.

한겨레. 2006. "검은 마음", 4월 19일.

위 글은 단락 〈1〉에서 중국 사상가 리쭝우의 후흑사상을 설명한 뒤 단락 〈2〉에서 리쭝우의 후흑의 도의 3단계를 소개한다. 단락 〈3〉에서는 후흑의 참뜻을 설명했으며, 마지막 단락 〈4〉에서 우리 현실을 후흑사상을 빌어 비판했다. 단락마다 하나의 중심생각을 전하고, 이 단락들을 모두 후흑사상에 관한 내용으로 통일했다. 그리하여 앞 단락들이 마지막 단락의 주장을 효과적으로 뒷받침한다.

다음 글도 단락의 통일성 원리를 잘 지킨 글이다.

〈1〉 정부가 '제1차 저출산 고령화 기본계획 시안'이라는 거창한 계획을 발표했다. 마치 개발독재시대에 '제몇차 경제개발5개년 계획' 운운했던 돌진적인 구호를 보는 듯하다. 그러나 정부의 눈물겨운(?) 대책발표를 접한 주변 젊은 여성들의 반응은 한마디로 '냉담'이다.

〈2〉 사실 최근처럼 한국사회가 20, 30대 젊은 여성들의 삶과 가치관에 주목한 적이 있었나 싶다. "도대체 왜 아이를 안 낳겠다는 거야?" 그러고서는 곧바로 "요즘 여자들이 이기적이라서 그렇다"고 결론까지 내버린다. 과연 요즘 여자들은 과거의 어머니들에 비해 이기적이라서 아이 낳기를 접은 것일까?

〈3〉 필자는 13년간 각 기업에서 일하는 신입사원부터 과장, 차장 등의 여성들과 세미나, 워크숍 등을 통해 거의 매일 만남을 가져왔다. 그들의 눈물겨운 '한국에서 여성으로 살기'를 지켜보면서 갖게 된 확신 하나는 추락하는 출산율을 우리 사회는 결코 잡을 수 없을 것이라는 것이다. 그들의 목소리를 들어보자.

〈4〉 첫째, 임신기간 동안 여성은 아무런 보호대책 없이 혼자의 힘으로 견뎌야 하기 때문이라고 말한다. 직장여성들이 임신을 하면 우선 상사들의 눈치를 봐야 한다. 대놓고 입덧 한번 제대로 할 수 없다. 호르몬이 뒤집어져 졸음이 쏟아져도 혹시 다른 사람들에게 피해가 될까 봐 내색하지 말아야 한다.

겨우 할 수 있는 정도가 화장실 변기뚜껑을 덮어놓고 몰래 새우잠을 자는 정도로 그 힘든 임신기간을 버텨야 한다. 많은 여성들이 자신의 커리어를 관리하는 수단으로 외국 출장, 승진시기 등을 고려해 임신을 조절하고 있다는 것을 아는 사람은 드물다.

〈5〉 둘째, 왜 아이는 낳은 사람이 길러야 하는지 반문한다. 매일 아이를 둘러업고 새벽 6시부터 분유통 들고 놀이방에 아이 맡기고, 저녁 8시 되기 전에 허둥지둥 아이를 찾기 위해 뛰다 보면 '낳기만 하십시오, 국가가 길러드리겠습니다'란 말을 들을 때마다 분노가 치민다고 한다. 이런 식으로 직장생활을 하다 보니 당연히 육아에 대한 부담이 상대적으로 적은 남성들에 비해 직장에 몰두할 수 있는 절대 시간이 부족한 것이 현실이다. 어쩌다 회식자리에 가도 놀이방에서 혼자 남아 울고 있을 아이를 생각하면 술이고 밥이고 넘어가질 않는다. 고위 간부들과의 친밀한 정서를 키워갈 시간적 여유를 갖지 못하는 여성들은 네트워킹에서 소외될 수밖에 없다.

〈6〉 셋째, 집의 남자, 밖의 남자 양 측면 공격으로 여성들은 녹다운 일보 직전이다. 남편들은 여성에게 가정에 영향을 미치지 않을 만큼만 일을 하라고 요구한다. 직장상사들은 결혼이 직장에 영향을 미치지 않도록 하라고 요구한다. 이러한 상반된 두 남성들의 요구 사이에서 여성들은 초인적인 힘을 발휘하면서 노력해도 결국은 둘 중 누군가로부터 비판을 받는다. "나는 당신이랑 왜 결혼했나? 내 친구 부인은 매일 아침에 밥해준대……." "그러게 내가 여직원 우리 부서에 보내지 말랬지?"

〈7〉 많은 한국 남성들은 아내의 일에 대한 욕구와 인간적인 성장에 적극적으로 동참해주지 않는다. 아직도 많은 남성들은 가정의 1차적인 책임은 아내에게 있다고 생각하며, 설거지, 청소를 자신의 일이라고 여기며 분담하지 않는다. 직장은 아내가 스스로 자처한 고생길이니 집안일과 아이들 교육에 소홀하다면 그것은 아내의 책임이라고 떠넘긴다.

<8> 재앙에 가까운 출산율 '1.08명'. 그러나 시작에 불과하다. 출산율 추락은 가속을 더해 달려갈지도 모른다. '안 낳는 것이 그나마 상책'이라는 나름의 자구책에 몸을 숨기고 있는 우리의 딸들이 공동체의 미래를 만들기 위해서는 이제 우리 공동체가 대답을 내놓아야 할 때다. 특히 우리 기성세대는 정책적인 지원뿐만이 아니라 그들에 대한 정서적, 문화적인 지원을 고민해야 한다. 어쩌면 여성의 사회생활 전반을 통제하고 있는 정서와 불문율로 인해 여성들은 아주 오래 전부터 '출산율 1명 이하'를 예고해 왔는지 모른다. 이 땅의 남성들만이 귀 기울이지 않았을 뿐이다.

조선일보. 2006. "왜 아이를 안 낳느냐고?", 6월 9일.

위 글은 통일성 원리를 잘 지켜 독자들이 읽기 편하다. 먼저 필자는 단락 <1>에서 정부의 저출산 대책 발표와 여성들 반응을 설명했다. 단락 <2>에서 젊은 여성들 가치관에 문제 제기를 한 뒤 단락 <3>에서 자기 경험을 적고, 단락 <4>에서 <6>까지 단락 <2>의 문제 제기에 해당하는 답을 각각 제시했다. 이어 단락 <7>에서는 아내 처지를 이해하지 못하는 한국 남성들을 지적한다. 단락 <8>에서도 무난하게 글을 마무리했다. 각 단락은 앞부분에 명확하게 중심생각을 드러내고 이에 알맞은 뒷받침 문장들을 뒤에 배치하여 한 가지 이야기로만 통일성 있게 전개하였다.

다음 글도 단락 전개 원리 중 통일성 원리를 비교적 잘 지킨 글이다.

〈1〉 서울 청량리 쌍굴다리를 지나 허름한 밥집이 있다. 50평 100석席을 메운 사람들이 열심히 놀리는 수저가 식판食板에 부딪히는 소리만 요란하다. 불고기·열무·도토리묵·무국에 쌀밥을 고봉으로 담은 한 끼가 달디달다고 감탄하는 소리 같다. 식판이 비워지는 대로 행주로 식탁을 치우는 어린이들은 인근 신답초등학교에서 왔다. 어린이들은 설거지도 척척 해낸다. 주방에서 이른 아침부터 1000인분 점심을 끓이는 사람들은 동네 아주머니에 회사원, 대학생까지 가지가지다. 노인과 노숙인들에게 점심 대접하기를 18년, 그 끼니가 300만 그릇을 넘어선 27일 청량리 '밥퍼 운동 본부'는 삶의 뜨거움으로 달아 있었다.

〈2〉 1988년 신학대학원생이던 최일도 목사는 청량리역 광장에서 나흘 굶고 쓰러진 할아버지에게 라면을 끓여줬다. 최 목사가 그곳에 풍로와 냄비를 놓고 시작한 거리 배식配食은 4년 전 지금의 밥집으로 들어왔다. '밥퍼' 급식소는 미국·중국·동남아에도 생겼고 그간 국내외 8곳의 급식給食 인원이 300만 명을 돌파한 것이다. 예수가 떡 다섯 개와 물고기 두 마리로 5,000명을 먹였다는 오병이어五餠二魚 같은 기적이다.

〈3〉 어린이부터 칠순 노인까지 밥 짓고 퍼주는 모든 이가 자원봉사자들이다. 사무실의 날짜별 게시판엔 그날의 봉사자들이 빼곡히 적혀 있다. 기업, 교회는 물론 연예인 팬클럽, 학부모 모임까지 다양하다. 아들 돌 기념으로 나눔의 자리에 나서겠다는 가족, 수학여행 대신 베풂의 손을 거들겠다는 고교생들도 있다. 봉사자는 한 해 8,000명에 이른다.

〈4〉 월月 2000원부터 시작하는 기부회원도 3만 명이다. 쌀 한 봉지, 호박 몇 개, 고기 한 근을 문 앞에 두고 가는 이름 없는 사람도 많다. 평범한 이웃들의 땀과 정성과 사랑이 배어 있는 쌀과 무와 배추다. 최 목사는 "18년 동안 식중독 사고 한 번 없었던 것도 기적"이라고 했다. 봉사자들이 내 가족처럼 사랑으로 밥 짓고, 정성으로 김치 담근 덕분이다.

〈5〉 아름다운 세상을 만들어가고 있는 곳이 '밥퍼'만은 아니다. 하루 1만 7,000명의 끼니를 대는 성공회 '푸드뱅크', 8년 동안 40만 명을 먹여 온 원주 '밥상공동체', 가톨릭 신도들이 서울 가락시장과 명휘원에 꾸리는 밥집들, 원불교 사람들의 수원 새터급식소……. 나누고 베푸는 이 모든 자리가 우리들 마음에 온정溫情의 온돌을 까는 사랑의 생산공장들이다.

조선일보. 2006. "밥퍼 300만 그릇", 4월 28일.

위 글은 단락 〈1〉에서 밥퍼 운동 본부 풍경을 묘사한 뒤 단락 〈2〉에서 밥퍼 운동 역사를 간략하게 소개한다. 단락 〈3〉에서는 밥퍼 운동 자원봉사자들의 노력을 적고, 단락 〈4〉는 밥퍼 운동 기부 회원들의 정성을 칭찬한다. 이어 단락 〈5〉에서는 아름다운 세상을 만드는 봉사단체들을 소개하며 글을 매듭짓는다. 사설치고는 꽤 부드러운 문체인 이 글은 각 단락마다 명확하게 한 가지만 주제를 담아 통일성을 확보한다. 그리고 글 전체 주제와 각 단락 소주제들이 유기적으로 맞물려 가면서 일관성을 유지한다.

(2) 단락의 연결성 분석

그림3 • 단락의 연결성 위배 개수를 추정한 주변 평균

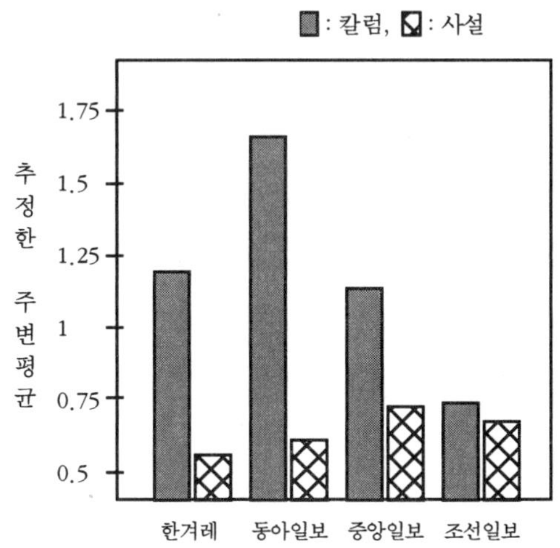

〈연구문제 1-2〉에서는 단락의 연결성 원리, 곧 국내 신문 사설·칼럼의 단락들은 뒷받침 문장들을 순리적으로, 조리 있게 연결하여 소주제를 효과적으로 드러내는지 연구·분석하였다. 이 원리를 제대로 지키지 않은 경우는 〈조선일보〉가 칼럼 한 편당 평균 0.74개 단락, 〈한겨레〉가 0.96개 단락, 〈중앙일보〉가 1.02개 단락, 〈동아일보〉는 1.30개 단락이었다. 〈연구문제 1-2〉의 결과를 검증하기 위해 일원변량분석(one-way ANOVA test)을 실시한 결과 유의 확률($p < 0.05$)보다 낮게 나왔으므로 이 같은 차이는 유의미하다.

이 같은 분석이 정확한지 확인하기 위해 Duncan 방식으로 사후검증을 실시한 결과 표18.과 같은 결과가 나왔다. 곧 조선일보는 유의수준이 0.74로 단락 전개의 연결성 원리를 가장 적게 위배한 제1 집단에 유일하게 속했다. 〈한겨레〉는 유의수준이 0.96, 〈중앙일보〉는 1.02로 〈조선일보〉에 이어 연결성 원리를 적게 위배한 제2 집단에 속했다. 반면 〈동아일보〉는 1.30으로 연결성 원리를 가장 많이 위배한 제3 집단에 유일하게 속했다. 문장과 문장들을 매끄럽게 연결하여 쓰는 부분에서는 〈조선일보〉가 다른 신문들에 비해 압도적으로 우수하다는 결과가 나온 것이다. 〈조선일보〉는 논설위원과 데스크급은 물론 외부 필자들의 글에서도 문장들의 연결이 양호했기 때문에 이 같은 결과가 나온 것으로 보인다.

표18 ● '연결성 위배한 단락의 개수' 사후검증

신 문	사례수	유의수준 = .05에 대한 부집단		
		1	2	3
조선일보	473	0.74		
한겨레	391		0.96	
중앙일보	443		1.02	
동아일보	457			1.30
유의 확률		1.000	.511	1.000

다음 예문은 연결성 원리를 지키지 못한 글이다.

<1> 주한미군의 전략적 유연성 합의, 대량살상무기 확산방지구상(PSI) 등 전문용어들이 언론매체에 다시 넘쳐난다. 특정 분야에 관심이 깊은 사람이 아니라면 개념조차 쉽게 들어오지 않는 이런 용어들이 주요하게 다뤄지는 것은 한반도를 둘러싼 동북아 정세가 여전히 불투명하고 미묘하다는 방증이기도 하다. 9·11 동시다발 테러 이후 세계적으로 미군 재편 전략을 몰아붙이고 있는 미국의 압력을 직접 상대하는 정부 당국자들의 고충을 이해 못할 바는 아니지만, 유연성 원칙에 선뜻 합의해준 것은 아무래도 성급했다는 지적을 피할 수 없다.

<2> 주한미군을 기동타격대처럼 운용하는 유연성을 인정할 때 먼저 떠오르는 불길한 시나리오는 대만해협을 둘러싼 미-중 충돌 가능성이다. 세월이 많이 흐르기는 했지만, 기본 구도는 한국전쟁 때와 별로 다르지 않다. 작가 황석영씨의 『손님』이나 권정생씨의 『몽실언니』 같은 작품에는 한국전쟁이 우리 겨레에 얼마나 치유되기 어려운 상처를 남겼는지가 생생하게 드러난다. 이 전쟁을 이모저모 따져보기에는 남과 북 모두 제약 요인들이 그대로 남아 있다.

<3> 이데올로기적 족쇄에서 상대적으로 자유로운 외국인 학자들은 일반인에게 낯선 해석들을 내놓고 있다. 와다 하루키 도쿄대 명예교수 같은 이는 한국전쟁을 미-중 전쟁의 연장 차원에서 설명한다. 중-일 전쟁 기간에 소강상태에 들어갔던 중국의 국-공 내전은 1945년 일본의 무조건 항복 이후 재개됐다. 마오쩌둥의 홍군은 47년 말 동북삼성 전역을 제압하고 남진을 시작했다. 마오는 미국의 간섭을 우려한 소련의 절대 권력자 스탈린으로부터 자제를 요구받지만 무시한다. 중국 공산당 지도부는 국민당군을 밀어내고 대륙 본토를 장악하는 과정에서 항상 미국의 간섭 가능성에 신경을 곤두세웠다.

<4> 북한 지도부의 남침 결정은 중국혁명의 성공에 고무된 바 크다. 또한 한반도에서 정면으로 맞붙은 미국과 중국의 처지에서 보면 한국

신문 글의 구성과 단락 전개에 관한 연구

전쟁은 중국혁명의 성패에 끝장을 내기 위한 결전이었다고 볼 수 있다. 53년의 휴전협정 조인으로 한반도에서 무력충돌이 끝난 이후에도 대만을 비호하는 미국과 중국의 적대관계가 계속됐다.

70년대 들어 리처드 닉슨 대통령의 방중과 미-중 관계 정상화가 이뤄졌지만, 상호 불신의 저류는 별로 바뀌지 않았다. 클린턴 행정부 때 '전략적 동반자'로 격상됐던 미-중 관계는 부시 2세 행정부에서는 '전략적 경쟁자'로 대결 색채가 다시 짙어졌다.

〈5〉 동아시아에서 두 거인이 잠재적 적으로 보며 힘을 겨루는 틀에서 자유로운 역내 국가는 없다. 일본이 90년대 말부터 주변사태 관련법과 무력공격 사태법 등 잇따라 전시 대비법을 제정한 것은 한반도와 대만 사태를 상정한 미국의 압력에 따른 것이다. 우리의 처지는 더욱 곤혹스럽다. 최근 한-미 동맹이 갈림길에 섰다며 틈만 나면 정부의 노선을 부시 행정부의 네오콘들에 고자질하는 듯한 무리들이 있지만, 우리의 최우선 순위를 분명히 하면 어려운 시기를 헤쳐 나가는 것이 그리 버거운 일은 아니다. 한반도에서 전쟁의 참화가 재발하는 것을 막고, 항구적 평화체제를 구축하는 것이 지상과제다. 한국의 외교안보 정책이 미숙련자들 손에 좌우되고 있다고 비판하는 사람들이 있지만, 닦이지 않은 길을 여는 일이다. 한국 외교가 절대적 대미 추종 노선에서 아주 조심스럽게나마 새로운 발상을 시도해본 것 자체가 얼마 되지 않은 일 아닌가? 대국들을 상대로 국력의 차이를 넘어서는 세련된 카드를 쓰는 것이 외교안보 전문가들에게 맡겨진 역사적 책무다.

한겨레신문. 2006. 칼럼 "전략적 유연성 논란의 저류", 1월 26일.

위 글의 단락 〈1〉의 소주제는 두 개다. 최근 언론에 넘쳐나는 전문 용어가 불투명한 동북아 정세를 반영한다는 것과 유연성 원칙에 합의한 것은 아무래도 성급했다는 내용을 담았다. 불확실한 상황 속에서 어려운 결정을 내린 것을 강조하기 위해 한 단락 안에 묶어 다루었다고 이해할 수도 있다. 그런데 문장들을 논리적으로 연결하지 못했다. 한 단락 안에서 서로 다른 개념을 내세우는 것처럼 보이는 것이다.

단락 〈2〉에서는 단락 〈1〉에 이어 유연성을 언급하다가 '미·중 충돌 가능성'을 지적한 뒤 갑자기 한국전쟁을 다룬 문학 작품을 예로 들었다. 현재 구도가 그때와 많이 다르지 않다는 설명을 덧붙였지만 문학이 현실을 반영한다고는 해도 본디 거짓인 문학 작품 속의 세계와 현실을 비교한 것은 적절하지 않다. 또 이러한 문학 작품에는 치유하기 어려운 상처가 드러나 있다고만 밝혀, 유연성 사태와 어떤 관계인지는 전혀 알 수 없다. '미·중 충돌 가능성을' 좀 더 뒷받침했으면 하는 아쉬움이 남는다. 마지막 문장 역시 단락 〈2〉의 소주제문인 첫 번째 문장과는 별 상관이 없는 것으로 보인다.

단락 〈5〉의 소주제는 한국의 외교 안보 정책에 최우선 순위를 분명히 하면 어려운 시기를 헤쳐 나갈 수 있다는 것이다. 그런데 단락 〈5〉의 문장들은 논리 전개가 뒤죽박죽이라 이해하는 데 상당한 시간이 걸린다. 이것은 단락 전개 원리인 연결성이 부족하기 때문에 발생하는 일이다. 이와 같은 단락 구성은 독자들에게 고통만 안겨줄 뿐이다. 이런 글로 독자들을 이해하게 하고 설득할 수는 없다.

〈1〉 정부가 장애인 대책을 쏟아내고, 언론매체가 관심과 지원을 호소하는 걸 보니, 장애인의 날(20일)이 다시 돌아왔나 보다. 지금까지 한 약속은 거의 지키지 못한 정부는 엊그제 '장애인 희망 프로젝트'와 '에이블 2010 프로젝트' 등을 다시 내놨다. 공공서비스 확대를 비난해 온 언론들은 국내총생산 대비 장애인 예산이 경제협력개발기구 국가들

신문 글의 구성과 단락 전개에 관한 연구

의 10분의 1(0.27%)에 불과하다며 개탄한다. 아무런 가책도 느끼지 않고 해마다 한차례 너스레나 떨고 넘어가는 배경엔, 장애를 사회 문제가 아니라 '개인 문제'로 여기는 인식 탓이 크다. 장애 발생은 개인적인 요인에 따른 것이며, 따라서 그 책임은 당사자의 몫이라고 보는 그것이다. 그런 이들에게 장애는 그저 동정의 대상이다.

〈2〉 하지만 장애인의 89%는 교통사고, 안전사고, 약물사고 등 사회적 요인으로 발생한다. 선천성 장애도 오염된 물·공기·먹거리 등 사회적 요인으로 말미암은 때가 많아지고 있다.
오염된 환경과 적자생존의 경쟁 속에서 살아가는 한 장애는 누구에게나 닥칠 수 있다. 따라서 책임은 사회가 더 많이 져야 한다.

〈3〉 정부는 장애인 수를 215만여 명으로, 장애인가구는 8가구당 1가구로 추정한다. 장애인 단체가 주장하듯이 장애인 수가 400만여 명이라고 할 경우, 4가구당 1가구가 장애인 가족이다. 4촌 범위 안에 장애인을 두지 않은 가족은 거의 없다. 남이 아니라 나와 우리의 문제인 것이다.

〈4〉 어떤 사회이건 장애는 피할 수 없다. 장애인은 우리를 대신해 그 십자가를 짊어진 이들이다. 그런 이들에게 사회적 보답은 참으로 부끄럽다. 실업률은 비장애인의 세 배(10.6%), 가구소득은 절반에 불과하다. 제대로 된 사회라면 이럴 순 없다.
한겨레. 2006. "장애인, 우리 대신 십자가를 진 이들", 4월 20일.

위 글은 연결성 원리를 잘 지킨 글이다. 필자는 단락 〈1〉에서 장애를 개인 문제로 보는 현 정부에 문제 제기를 한 뒤, 단락 〈2〉에서 정부를 비판하는 근거를 적절히 설명했다. 이어 단락 〈3〉에서 장애가 우리 일임을 주장했고, 단락 〈4〉에서 필자 주장을 다시 한 번 강조하며 글을 마무리했다. 단락들이 모두 연결해 있어 글을 읽는 데 부담이 없다. 특히 단락 〈1〉과 〈2〉를 접속사 '하지만'으로 연결해 자연스러운 단락 전환을 유도했다.

〈1〉 1년 6개월 전 폐암 수술을 받았던 장모가 얼마 전부터 구토와 어지럼 증세를 보여 자기공명영상(MRI) 검사를 했더니 뇌에서 4.2㎝ 크기의 종양이 발견됐다. 암세포가 폐에서 뇌로 전이된 것으로 추정되는 그 종양이 뇌간을 압박해 하루빨리 수술해야 한다는 의사의 소견도 나왔다. 결국 장모는 급히 뇌종양 제거수술을 했다. 그저께 밤의 일이었다.

〈2〉 장모는 이미 아버지, 어머니를 저세상으로 떠나보낸 나에게는 유일한 어머니다. 그런 장모를 수술실로 들어가기 직전에 중환자실에서 뵈었다. 곱게 화장한 얼굴에 두 눈을 지그시 감고 계셨는데 그 사이로 눈물이 괴어 있었다. 고희古稀, 즉 일흔 살 연세에 두개골을 열고 뇌종양 제거수술을 받기 위해 들어가는 그 심정이 오죽했으랴.

〈3〉 하지만 장모, 아니 어머니는 삶에 대한 단호한 의지를 갖고 계셨다. 세 시간 정도가 지난 뒤 예상보다 빨리 수술이 끝났다. 뭔가 좋은 조짐이라고 생각했다. 하지만 수술을 끝내고 나온 담당 의사의 얼굴이 밝지만은 않았다. 난관이 있었다는 암시였다. 예상과는 달리 종양이 막에 들러붙어 쉽게 뜯어지지가 않아 완전히 제거하지 못한 것이다. 담당 의사는 종양의 10% 정도는 남겨놓은 채 수술을 끝낼 수밖에 없었다고 솔직히 말해 줬다. 차라리 고마웠다. 곧장 컴퓨터 단층촬영(CT) 검사를 했다. 사진으로 본 수술 후 뇌 상태가 썩 좋지는 않았다. 담당 의사는 앞으로 며칠이 고비라고 했다. 지켜보는 사람도 안타깝지만 생명에의 고투를 벌이는 어머니가 더 안쓰러웠다.

〈4〉 언젠가 서강대 장영희 교수가 한 말이 떠올랐다. 암도 경력이라고. 그녀 역시 암 투병 경험이 있다. 그녀가 말하길, 사람들은 암환자라면 이미 생명의 의지를 잃어버리고 희미한 눈에 바싹 마른 몸으로

신문 글의 구성과 단락 전개에 관한 연구

조용히 누워 있는 사람을 상상하지만, 실제로는 가능한 한 예쁜 옷을 입고, 예쁘게 화장하고, 무슨 일이 있어도 병을 이기겠다는 의지로 빛나는 눈을 갖고 있다고 했다. 환자처럼 보이기 싫고, 살아 있다는 증거로 또 생명에 대한 최소한의 예의로 그렇게 한다는 것이다.

〈5〉 그녀는 암투병을 하며 입원실에 하루만 누워 있어도 부자나 대학교수나 국회의원이나 정육점 아줌마나 결국 생명이라는 공동의 목적지를 향해 마치 풍랑 속에서 한 배를 탄 사람들처럼 결연한 동지의식을 느낀다고도 말했다. 그리고 그곳에서의 화제는 이전에 관심을 뒀던 것들과는 확연히 다르다고 했다. 누가 어떤 방법으로 돈을 벌었는지, 누가 어떤 자리로 승진했는지, 정치권의 아무개는 왜 그런지, 누구 자식이 어느 대학에 갔는지 등과는 전혀 상관없는 말들로 세상이 다시 그려진다는 것이었다. 그만큼 살고자 몸부림치는 생명 앞에서 돈, 권력, 명예는 초라하고 무력한 것이다.

〈6〉 그러나 우리는 그 생명의 고마움, 소중함, 위대함, 감격스러움을 너무나 자주 잊고 산다. 잘 먹고 소화시킬 수 있다는 것이 얼마나 큰 축복이고, 잘 싸고, 잘 잘 수 있다는 것이 그 얼마나 **황홀한** 경험인지, 자기 두 발로 걸을 수 있다는 것이 세상을 다 얻은 것처럼 위대한 일이며, 자기 두 눈과 귀로 보고 들을 수 있는 것이 얼마나 놀랍고 경이로운 것인지 잊고 살기 일쑤다. 결국 살아 있음은 그 자체로 경이요, 감격이요, **황홀**이요, 축복이다. 장모, 아니 나의 어머니가 암과 싸우고 사경을 헤매며 내게 말없이 일깨워 준 게 바로 그것이다.

〈7〉 살고 죽는 것은 하늘의 뜻이다. 하지만 살아 있는 생명을 풍성하고 온전하게 하는 것은 사람의 할 바다. 그러니 살아있다는 이 경탄할 만한 축복 속에서 더 많이 느끼고 보듬고 감격하고 사랑하며 베풀자. 삶을 기쁘게 하고 생명을 뛰놀게 하자. 진정 살아 있음은 그 자체로 축복이요, 축제이니까.

중앙일보. 2006. "살아있음은 축복이다", 7월 29일.

위 글 역시 연결성 원리를 충실하게 지켰다. 필자는 단락 〈1〉에서 장모의 뇌종양 발견 사건으로 글을 시작하여, 단락 〈3〉까지 장모의 수술 이야기를 담담하게 적었다. 단락 〈4〉에서 서강대 장영희 교수의 암투병 이야기로 전환했으며, 단락 〈5〉에서는 생명 앞에서 초라한 돈, 권력, 명예를 지적했다. 단락 〈6〉에서는 우리 삶이 암환자들이 보여준 생명존중과는 매우 다르다며 반성을 촉구했고, 단락 〈7〉에서 삶 자체가 축복임을 강조하며 글을 맺는다. 필자는 자기 생활수기에서 시작해 마지막 단락에서 삶을 축복으로 받아들이자는 중심생각을 이끌어낼 때까지 단락과 단락을 유기적으로 연결했다. 단락 안의 문장들도 매끄럽게 처리했다.

〈1〉 한목소리로 외친 "대~한민국". 월드컵 응원 때마다 서울광장은 환희와 열정 그 자체였다. 수많은 시민과 외국인이 문화체험을 하듯 서울광장으로 몰렸다. 국내외 언론들은 서울광장으로 카메라를 고정시켰다. 태극전사들의 경기 결과와 함께 서울광장의 응원 모습은 일시에 전 세계로 타전됐다. 독일에서 방영되는 세계 주요 방송들은 서울과 독일의 붉은 악마들의 모습을 다른 응원단보다 항상 먼저 보여줬다. 이처럼 서울광장 거리응원은 2002년 이후 세계적인 자랑거리가 됐다.

〈2〉 그러나 국가 대표상징으로 굳어진 서울광장에 대한 우려도 있었다. 거리응원과 붉은 악마가 최고의 마케팅 수단이 된 데 대한 비판도 나왔다. 특히 서울광장의 행사 주최권을 민간기업체에 내주고, 방송사와 기업체가 서울광장을 장악했다는 비난의 목소리도 거셌다.

〈3〉 하지만 해외에서 보니 서울광장에서 가장 역동적으로 빛나는 주인공은 시민이었고, 가장 주체적인 주인 역시 시민이었다. 서울광장에서 시작해 남대문과 광화문까지 가득 채운 붉은 물결은 시민들이 만들어 낸 최대의 장관이었다. 해외에 보이는 건 관공서, 방송사, 기업체 등의 마케팅이 아니라 붉은 악마들의 역동적인 코리아였다. 서울광장에는 어떤 기업명이나 상표의 노출도 없었으며, 대형 화면을 통한 판촉 행사도 없었다고 한다.

〈4〉 그래서 이번 거리응원은 더욱 의미 깊은 자랑거리가 됐다. 우리 사회 스스로 자정해 사회 일각의 상업성 우려를 말끔히 씻었기 때문이다. 기업들이 큰 비용을 들여 축제의 장을 마련하면서도, 노 브랜딩(No Branding)이라는 자발적 결단으로 마케팅 시도를 중단하고 시민이 주인공이 되도록 한 데 대해 박수를 보낸다. 기업들이 이윤을 시민과 함께 나누고 사회적 책임과 역할을 다하는 모습을 보여줬기 때문이다.

〈5〉 사실 기업은 생존 이유인 마케팅의 유혹을 쉽게 뿌리칠 수 없다. 마케팅 원칙에 따른다면 서울광장에는 수만 가지 기업명과 브랜드가 30만 시민의 눈도장을 받기 위해 진을 치고 있어야 했다. 그렇기 때문에 이번 서울광장 거리응원의 노 브랜딩 결단은 의미를 더해줬다. 기업도 대한민국 사회에서 함께 어울려 사는 데 대한 사회적 책임과 역할이 있다. 기업은 대한민국 전체를 위할 때는 사심 없이 앞장서고, 사익을 절제하는 모습으로 겸허해야 한다.

〈6〉 기업들이 이렇게 동등한 시민으로서 참여한다면 기업체를 굳이 배제할 이유가 없다. 오히려 그에 맞는 역할을 주고 함께 어깨동무할 수 있다. 욕심 부리지 않는 이웃이라면 출신 성분이 기업이든 시민이든 서로 어울려 상생相生의 길을 찾을 수 있는 것이다.

중앙일보. 2006. "상업성 우려 씻은 거리 응원", 6월 26일.

위 글도 연결성 원리를 잘 지킨 글로 꼽힌다. 단락 〈1〉은 서울광장의 환희와 열정을 설명했고, 단락 〈2〉는 마케팅 수단이 된 서울광장을 걱정하는 내용을 담았다. 단락 〈3〉은 이 같은 우려가 기우였음을, 단락 〈4〉는 서울광장 열기가 자랑스러운 점을 담았다. 단락 〈5〉는 마케팅 유혹을 뿌리친 기업들을 칭찬한다. 단락 〈6〉은 지금과 같은 문화를 상생의 길로 이끌자는 필자 주장을 담았다. 서울광장 열기에서 기업 마케팅 이야기까지 필자는 단락들을 유기적으로 구성했다. 단락 안의 문장들이 물 흐르듯 매끄러워 읽기에 편하다.

> 〈1〉 영화 '왕의 남자'가 히트하면서 우리 문화에 대한 관심이 더 높아졌다고 한다. 전국의 대표적 축제들이 한자리에 모인 부산 '대한민국 축제박람회'엔 '예쁜 남자' 이준기도 참석해 열광적인 환영을 받았다. 남사당 놀이패 권인태 명인의 외줄타기 공연도 환호를 자아냈다. 사투리에 관한 책 '전라도 우리 탯말'이 새로 나왔고, 40년 숙원사업인 한국고전번역원 설립도 추진되고 있다. 이참에 국악을 즐기는 사람까지 늘어난다면 더 반가울 일이다. 여대 교수가 보유자가 된 것은 "열린우리당 문희상 의원의 친여동생이기 때문이 아니냐"고 의문을 제기했다. 가야금 산조 및 병창 부문에 문 교수와 함께 또 한 사람이 보유자가 됐는데 한 분야에 두 사람이 함께 인정된 전례도 없다고 한다. "국악계에서는 문 교수가 참여정부 임기 내에 반드시 무형문화재가 될 거라는 예측이 공공연했다"고 손 의원은 전했다.
>
> 〈3〉 '왕의 남자' 이준익 감독의 전작前作 '황산벌'에서 계백 장군이 수없이 쏟아냈듯 참으로 '거시기'한 일이 아닐 수 없다. '거시기'란 불분명한 사안을 놓고도 서로가 이심전심으로 알아듣는 만능 우리말이다. 권력의 막강함과 참여정부의 실상을 어느 정도 아는 사람들은 손 의원의 폭로만 듣고도 단박에 사안이 '거시기'하다고 판단한다. 게다가 문

신문 글의 구성과 단락 전개에 관한 연구

교수의 남편이 이상업 국정원2차장 아닌가. 올 초 신기남 열린우리당 전 의장의 누나인 신선희 씨가 국립극장장에 취임했을 때도 사람들은 '거시기' 하다고 했었다.

〈4〉 다양한 저서와 음반을 내고 공연 활동을 해 온 문 교수로서는 억울할 수도 있다. 문화재청도 "인정 절차상 전혀 문제가 없다"는 해명자료를 내놓았다. 그래도 못 믿고 '거시기'하게 여기는 사람이 많은 이유는 참여정부의 업보業報라 할 것이다. 겉으로는 유별나게 도덕성을 강조하면서 실제로는 그렇지도 않다는 사실을 너무나 많은 국민이 알아 버렸다.

동아일보. 2006. "무형문화재", 4월 4일.

위 글도 연결성 원리를 잘 지킨 예에 속한다. 필자는 단락 〈1〉에서 영화 '왕의 남자'를 화두로 삼아 우리 문화에 관심이 급증하고 있음을 언급한 뒤 단락 〈2〉에서 무형문화재 지정을 둘러싼 잡음을 이야기했다. 이어 단락 〈3〉에서 다시 영화 '황산벌'의 '거시기'라는 말을 활용해 현 상황을 비판했다. 마지막으로 단락 〈4〉로 상황을 정리하며 마무리했다. 필자는 인기가 많은 영화 '왕의 남자'를 도입부에 활용해 독자 관심을 환기했다. 이어 '왕의 남자' 이준익 감독의 영화 '황산벌'을 필자 주장에도 인용하여 글의 일관성과 연결성을 극대화했다. 단락 안의 문장들과 단락과 단락 간의 연결에 별 문제가 없다.

(3) 단락의 강조성 분석

〈연구문제 1-3〉에서는 단락의 강조성 원리, 곧 한 단락의 소주제가 잘 드러나도록 소주제를 충분히 강조하여 뒷받침했는지 분석하였다. 그 결과 강조성 원리를 제대로 지키지 않은 경우는 〈한겨레〉가 칼럼 한 편당 평균 0.98개 단락, 〈조선일보〉는 1.22개 단락, 〈중앙일보〉는 1.43개 단락, 〈동아일보〉는 1.62개 단락이었다. 〈연구문제 1-3〉의 결과를 검증하기 위해 일원변량분석(one-way ANOVA test)을 실시한 결과 유의 확률($p < 0.05$)보다 낮게 나왔으므로 위의 차이는 유의미하다.

그림4 • 단락의 강조성 위배 개수를 추정한 주변 평균

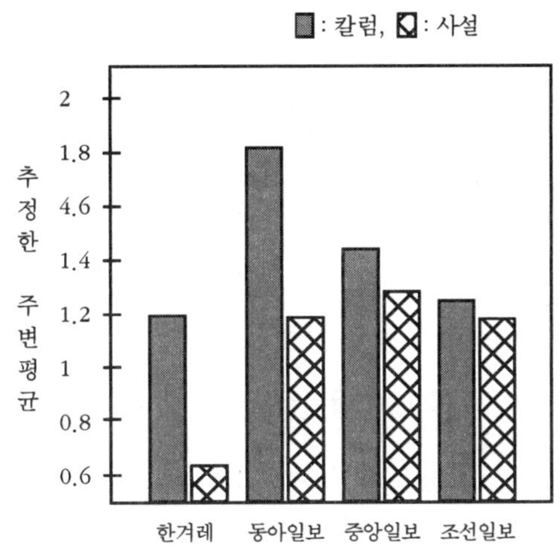

신문 글의 구성과 단락 전개에 관한 연구

표19 • '강조성 위배한 단락 개수' 사후검증

신 문	사례수	유의수준 = .05에 대한 부집단			
		1	2	3	4
한겨레	391	.98			
조선일보	474		1.22		
중앙일보	443			1.43	
동아일보	457				1.62
유의 확률		1.000	1.000	1.000	1.000

이 분석의 정확성을 확인하기 위해 Duncan 방식으로 사후검증을 실시한 결과 표19.와 같은 결과가 나왔다. 곧 〈한겨레〉, 〈중앙일보〉, 〈조선일보〉, 〈동아일보〉 순으로 강조성 원리를 잘 지킨 집단이 분석되었다. 구체적으로, 〈한겨레〉는 다른 신문들에 비해서 유의수준 0.05 아래서 〈조선일보〉, 〈중앙일보〉, 〈동아일보〉와 차이가 있는 것으로 밝혀져 주장에 관한 논리적 근거를 충분히 제시하려고 애쓴 것으로 해석할 수 있다. 하지만 네 가지 신문 모두 본론 단락 중 최소 0.98개 이상의 단락이 강조성 원리를 위배하여 개선이 필요하다.

강조성 원리를 지키지 못한 글을 분석해 보자.

〈1〉 노무현 대통령의 임기가 1년 남짓 남았다. 이번 정기국회가 처리하는 예산이 노 대통령의 마지막 집행분이다. 정치권의 관심은 이미 다음 대통령 선거로 옮아가 있다. 어제 전 청와대 부속실장이 본지 인터뷰에서 지적한 대로 레임덕(임기말 권력누수)이 찾아온 지는 1년이 넘는다. 정작 노 대통령과 참모들만 모르고 있을 뿐이다.

4부 분석 결과와 논의

〈2〉 역대 대통령들의 임기 말은 한결같았다. 친인척과 측근의 비리, 그리고 거짓말과 오기, 임기 이후에 대한 구상. 그 결과인 인기 추락과 집권당으로부터 버림받기의 수순을 거쳐 왔다. 번번이 그 길을 걸어오면서도 권력에 취해 있으면 경고등인 '빨간불'이 켜져 있어도 볼 수가 없다. 임기 말일수록 귀를 열고 겸허하게 국민의 소리를 들어야 한다.

〈3〉 레임덕을 최소화하려면 인사부터 잘해야 한다. 이제 와서 무슨 일을 새로 벌이겠는가. 코드 인사를 고집해 여야 대치로 허송할 시간이 없다. 전효숙 씨를 헌법재판소장에 임명하는 것은 여권도 포기한 듯하니 다행이다. 새로운 후보를 지명할 때는 또다시 그런 전철을 밟을 수는 없다. 국민이 납득할 만한 공정하고 존경 받는 인사를 찾아주기 바란다.

〈4〉 초당적 협조가 필요한 외교·안보 분야 장관 인선에서는 야당의 의견을 반영해야 한다. 야당이 반대하는 장관 중 적어도 이재정 통일부 장관 후보만은 재고해 주기를 기대한다. 대선자금으로 감옥엘 갔다가 특별사면을 받은 부도덕성은 접어두더라도 청문회에서 보인 그의 대북관으로는 이 나라의 정통성을 지켜낼 것으로 믿을 수가 없다.

〈5〉 1년이라도 임기를 보장하려면 선거 관리 내각을 짜야 할 시점이다. 한명숙 총리를 비롯해 정세균 산자, 박홍수 농림, 유시민 복지 등 정치권 인사는 돌려보내고, 중립적 관리내각으로 바꿔야 한다. 야당에 연정이나 거국내각을 제의할 필요 없이 국정을 그렇게 운영하면 된다.

〈6〉 가장 중요한 건 청와대 비서실이다. 임기 말로 갈수록 대통령의 귀는 어두워진다. 갈등만 일으키는 386이나 그 세력에 업혀 휘둘리는 사람으로는 임기 말을 안정적으로 관리할 수 없다.

> 중앙일보. 2006. 사설 "레임덕 최소화를 원하면 인사를 잘하라",
> 11월 24일.

단락 〈3〉의 소주제는 마지막 문장으로, 국민이 납득할 만한 인사를 찾아주기 바란다는 것이다. 그 앞에서 납득이 가지 않는 인사 후보의 예로 전효숙 헌법재판소 소장 후보를 들었다. 그런데 어떤 점에서 전 후보가 존경받을만한 인재가 아닌지, 왜 국민이 납득하지 못할 수준인지 타당한 근거가 없어 글쓴이의 일방적인 견해로 오해할 수가 있다. 이처럼 뒷받침 문장이 없는 단정적인 진술은 글의 강조성을 떨어뜨린다.

단락 〈4〉는 특히 이재정 통일부 장관 후보의 의견을 받아들이는 것을 다시 생각해 봐야 한다는 소주제를 담았다. 그 근거로 그의 부도덕성과 위험한 대북관을 믿을 수 없기 때문이라고 이야기하는데 좀 더 자세한 설명이 없어 아쉽다. 이 후보의 부도덕성과 대북관이 어떤 측면에서 우리나라 정통성을 훼손할 것으로 생각하는지 분명한 근거를 간단하게라도 제시하는 게 낫다.

단락 〈5〉는 모든 문장을 일방적인 주장으로 구성했을 뿐 주장을 뒷받침할 수 있는 근거가 전혀 없다. 한명숙, 정세균, 박홍수, 유시민 등의 정치권 인사가 어떤 점에서 중립적이지 않고 정치적인지 입증하는 내용을 수식어를 써서라도 덧붙이는 게 좋다. 이와 같이 필자 주장만 내세우고 그 근거를 밝히지 않으면 설득력이 떨어진다. 독자들이 알아서 이해할 것으로 생각해서 그렇게 썼을 수도 있다. 하지만 주장하는 명제만 제시하고 논거를 뒷받침하지 않는 단락은 단락의 강조성 원리를 지키지 못한 것이다. 이런 방식은 단락 기능을 제대로 수행하지 못한 경우다.

단락 〈6〉 역시 일방적인 추측을 서술했다. 386 인사들이 갈등만 일으켰다는 주장에는 근거가 필요하다. 386 세력에 업혀 휘둘리는 사람이 누구인지, 그렇게 보는 이유에 뒷받침 문장들도 곁들여야 한다. 다 알만한 내용이니 설명이 필요 없다고 할지 모르나, 그런 것이라면 처음부터 내세울 필요가 없다. 이 글은 전체적으로 충분한 부연 설명 없이 글쓴이의 주관적인 의견을 나열하는 데 그친다. 왜 그렇게 생각하는지 서술이 충분하게 뒤따라야 마땅하다.

다음 글도 강조성 원리를 지키지 못한 경우다.

〈1〉 어린 날의 고향, 그땐 왜 그렇게 짐승들이 많았는지……, 고사리손으로 겨냥한 고무줄 새총이나 조 이삭을 매단 삼태기 덫으로도 참새 몇 마리쯤은 거뜬히 잡았지요. 뭐 꼭 잡아서가 아니라 토끼몰이나 노루몰이는 으레 마을 잔치로 이어지곤 했습니다. 아, 그 즐거움이라니! 그렇지만 '살처분님이시여!' 고백하건대, 그때 그 앙증맞은 참새의 심장과 내 심장의 박동이 일치하는 순간, 그것이 죄악임을 깨달았지요. 벌렁거리는 심장에 손을 얹고 눈을 꼭 감았습니다.

〈2〉 오늘 아침, 살처분 범위를 반경 3킬로미터로 확대하고 이 '오염지역' 안의 동물 70만 마리를 '살처분'한다는 전북 익산의 조류인플루엔자 소식을 들었습니다. 하기야 수년 전 충북 음성에서 530만 마리를 살처분한 예도 있지만 근래 '구제역'이다 '광우병'이다 뭐다 하면서 무수한 생명이 단지 '인간에게 해가 된다'는 죄목으로 살해되곤 합니다. 물론 저 자신도 그때마다 동의의 묵시적 신호를 보냈지만, 이를 지켜보면서 알 수 없는 비애와 우리 인간에 대한 의문이 먹구름처럼 일어났습니다.

〈3〉 불가의 한 설화는 중생의 악업에 대해 끝없는 갈증과 배고픔을 겪어내야 하는 '아귀도'에 떨어뜨려 '아귀'의 삶으로 징벌하고 있습니다. 뛰어난 재능으로 지구촌을 평정하고 명실 공히 지구촌의 주인이 된 '인간', 그 '승자'의 오만과 욕망은 아름다운 자연을 파헤쳐 논밭을

신문 글의 구성과 단락 전개에 관한 연구

만들고 축사를 지어 뭇 생명을 재배와 사육의 사슬로 묶고 인간의
먹이와 노예로 관리하면서 스스로 '아귀도'와 '아수라도'의 제왕으로
등극하였습니다.

〈4〉 정말 죄송하지만, 저는 우리 인간이 이 저주를 벗어나야 지구촌의 아
름다움도 회복될 수 있지 않겠냐는 생각에서 희망을 갖고 말씀드려
봅니다. 우선 '승자의 영광'을 미련 없이 다 내려놓아야겠지요. 그리
고 손에 든 '그 문명이라는 과학기술'과 또 머릿속을 꽉 채우고 있는
저 '악마의 지식'도, 그리고 마지막으로 승리의 영광스러움과 함께
전리품도 내려놓아야 할 것입니다.

그렇지요. 그래서 인간의 모든 기득권이 포기됐을 때, 자연은 비로소
'배양'과 '재배'와 '사육'이라는 아수라도의 저주가 사라진 예전의 그
아름다운 모습으로 복원될 것입니다.

그러면 인간의 사슬에서 풀려난 식물과 동물은 물론 지금 막 인간을
공격하기 시작한 세균과 바이러스들까지 우리 인간을 자연의 가족으
로 맞이할 것이라고 봅니다.

〈5〉 사실, 근래 조류인플루엔자나 에이즈, 암 등 미생물의 공격에 인간이
속수무책으로 당하고 있는 것은 비록 문명이라는 과학기술이 우리에
게 지구촌 최후의 승자라는 월계관을 씌워주기는 했어도 정작 진정
한 인간의 주체인 '몸'은 퇴화를 거듭하면서 미생물의 먹이로 전락하
고 있었음을 보여주는 것입니다.

〈6〉 이번 살처분 사태만 해도 그렇지요. 님들은 이미 '사육'에 의해 어차
피 소멸해갈 수밖에 없는 상태에서 미생물의 공격으로 죽었고, 이것
이 인간의 '사육'을 위협하자 '살처분'이라는 사태가 발생했던 것입니
다. 이번 사태에서 우리가 읽어내야 할 것은, 자연이 인간에 종속되
어 살아가면서 저항적 자생력을 잃어버린 뭇 생명들의 기생을 질책
함과 동시에 우리 인간에게 배양과 재배와 사육의 기생수단이 한계
에 이르렀음을 엄중히 경고한다는 것입니다.

〈7〉 불가에서는 모든 살아있는 생명이 선악의 업보로 지옥, 아귀, 아수

라, 축생, 그리고 인간과 하늘의 6도를 돌고 돈다고 했습니다. 살처
분의 영혼이시여! 오늘을 딛고 원하는 곳에 환생하시라. 오늘 비록
민망하지만 님들의 환생을 비는 마음의 위령탑을 건립하고 아홉 번
절하여 제를 올립니다.   '지식을 가진 무서운 동물' 인간 올림.
      한겨레. 2006. 칼럼 "'살 처분' 영혼님께", 12월 4일.

위 글의 단락 〈3〉은 '아귀도'의 제왕이 된 인간을 소주제로 다루는
데 논리적인 근거가 부족해 강조성이 떨어진다. '아귀도'란 끝없는
갈증과 배고픔에 시달리는 곳이라고 설명했는데 인간이 자연과 가축
을 관리한다는 이유로 지금 세계를 '아귀도'라고 부를 수 있는지 논의
가 더 필요하다. 마지막 문장의 '아수라도'는 '아귀도'와 비슷한 의미
라고 추측할 수 있으나 처음 등장한 단어이므로 간략한 해설을 덧붙
이거나 아예 빼는 게 낫다.

단락 〈4〉는 인간이 모든 기득권을 포기할 때 지구촌의 아름다움이
회복할 것이라고 주장한다. 그런데 '저주', '악마의 지식', '전리품',
'아수라도의 저주' 등 글쓴이가 제 마음대로 사용한 단어에 뚜렷한 설
명이 없어 공감이 가지 않는다. 단락 〈4〉를 시작하는 '정말 죄송하지
만'은 무엇이 죄송하다는 것인지 알 수 없다. 마지막 문장에서 '지금
막 인간을 공격하기 시작한 세균과 바이러스'의 의미를 이어지는 단
락 〈5〉에서 서술하다보니 단락 〈4〉만 보아서는 충분히 이해할 수가
없다.

단락 〈5〉는 형식상 한 문장 단락으로 강조성이 부족하며 내용상으
로도 논리 비약이 보인다. 단락 〈6〉의 소주제는 도살처분 가축과 인

간들을 향한 엄중한 경고라는 것인데 글쓴이가 이야기하는 대상이 누구인지 분명하지 않아 혼란스럽다. 전체적으로 편지글 형식으로 진행하는데 단락 〈5〉까지는 '우리 인간'들을 향해 호소하다가 단락 〈6〉에서 갑자기 가축들을 의미하는 '님들'을 객체로 등장시키고, 이어서 다시 '우리'가 깨달아야 할 것들을 내세웠다. 따라서 이 글은 정확한 의미를 파악하는 데 지장이 있다.

〈1〉 영국 랭커셔의 한 유치원이 작년에 웹카메라를 교실에 달았다. 집이나 직장에 있는 부모들이 아이를 인터넷으로 지켜볼 수 있게 했다. 원장은 '대성공'이라고 했다. 아이들이 유치원에서 새로운 걸 말하고 새로운 몸짓을 하는 걸 보며 부모들이 기뻐한다는 것이다. 그러나 웹카메라를 설치한 영국 유치원이나 학교는 드물다. 교사협회가 "아이들의 인권을 해칠 수 있다"고 반대하고 나선 탓이다.

〈2〉 한국에선 웹카메라를 들여놓은 유치원이 갈수록 늘고 있다. '어드밴텍 테크놀로지'가 지난 7월 내놓은 '아이캠(iCam) 키즈'를 쓰면 부모가 휴대전화로도 유치원의 아이가 무얼 하는지 볼 수 있다. 이 회사는 "2개월 만에 이 설비를 유치원 10곳에 납품했다"고 했다. 유치원을 비롯한 웹카메라 시장에선 20여 업체들이 생겨나 치열하게 경쟁한다.

〈3〉 초·중·고교 중엔 등·하교 시간을 부모 휴대전화로 알려주는 KT 서비스를 신청한 학교가 110개에 이른다. 학생 수로 치면 3만 3,000명이다. 등·하굣길 아이들이 카드나 손가락 지문을 학교 단말기에 갖다 대는 순간 부모 휴대전화엔 그 시간이 자동으로 뜬다. 웬만한 학원이나 독서실에선 이런 '서비스'가 이미 '기본'이 된 지 오래다. GPS(위성추적시스템)로 자녀들의 위치를 실시간으로 파악하는 부모들도 자꾸 불어난다.

〈4〉 오늘부터 전국 학부모들은 인터넷에서 자녀의 생활기록부, 성적, 출·결석, 학사일정 등을 훤히 알 수 있게 됐다. 교육행정정보시스템(www.neis.go.kr)에 들어가 학생 정보 열람을 신청하고 담임교사가 학부모가 맞는지를 확인해 승인하는 절차만 거치면 된다. 교육부는 이 시스템에 '내 자녀 바로 알기 인터넷 학부모 서비스'라는 긴 이름을 붙이고 "이런 프로그램은 세계 최초"라고 자랑한다.

〈5〉 자녀가 무엇을 생각하고, 무엇을 하는지 알고 싶은 마음은 모든 부모가 같다. 그것이 자녀를 보호하고 가르치는 출발점이다. 그렇다고 부모가 '빅 브라더'일 수는 없다. 지나치면 감시가 되고, 도를 넘으면 상처를 준다. 영국 소설 '시모어 테이프'에선 시모어라는 사람이 10대 딸과 아들을 지켜보려고 집에 카메라를 설치했다가 파국을 맞는다. 온기 없는 온라인 접속의 편리함에만 맛을 들여 학교, 선생님, 무엇보다 자식과 살갑게 나눠야 할 오프라인 교감交感에 소홀할까 걱정이다.

조선일보. 2006. "자녀 바로 알기 서비스", 9월 1일.

위 글은 강조성 원리를 잘 지킨 예로 꼽힌다. 이 글의 필자는 단락 〈1〉에서 영국 랭커셔 유치원에 설치한 웹 카메라에 문제 제기를 했고, 단락 〈2〉에서 국내 유치원 웹카메라 설치 현황을 서술했다. 이어 단락 〈3〉에서 또 다른 한국의 서비스를, 단락 〈4〉에서는 교육부의 교육행정정보체계(시스템)를 설명했다. 마지막 단락 〈5〉는 자녀와 부모의 참된 교감에 관한 필자 견해를 적었다. 결론인 단락 〈5〉를 위해 필자는 단락 〈1〉에서 〈4〉까지 충실하게 소주제들을 뒷받침했다. 모든 단락이 각기 하나의 중심생각을 풍부하게 뒷받침하고 있다. 곧 이 글은 단락의 강조성 원리에 충실한 글이라고 할 수 있다.

<1> 국민 세금으로 사는 차니까 이왕이면 큰 차를 굴리고 싶어서일까. 4월 말 현재 55개 정부 중앙부처와 주요 위원회의 업무용 승용차 2,357대 중 배기량 800cc급 경차輕車는 2.8%인 67대에 불과하다고 한다. 국내 유일의 경차인 GM대우 마티즈의 1~4월 시장점유율 4.2%에도 훨씬 못 미친다. 장차관 등의 개인전용 차량은 제외한 수치인데도 이렇다. 올해 구입 예정인 1,316대 중에서도 경차는 6대뿐이다. 작은 차를 타도 일만 잘하면 국민에게서 칭찬받고 존경받을 텐데 우리 공무원들은 이를 모르는 것 같다.

<2> 민간기업은 다르다. 삼성전자 수원사업장은 지난달 업무용 차량 38대를 매각하고 천연가스버스 2대를 도입했다. 직원들에게는 대중교통비가 지급됐다. 1~3월에 1조 6,100억 원의 영업이익을 낸 회사도 이렇게 절약 정신이 몸에 배어 있다. KT 수도권 강남본부도 업무 및 작업용 차량 733대 중 400대를 경차로 바꿔 연간 보험료와 기름값을 1억여 원 절감하게 됐다. 내 돈이 아니라고 세금을 마구 쓰는 정부와 한 푼이라도 아끼려는 기업의 자세가 이처럼 다르다. 어느 쪽이 더 경쟁력이 있겠는가. 단순히 돈의 문제가 아니다.

<3> 국제유가가 배럴당 70달러 선을 넘어섰다. 100달러 선을 돌파할 것이란 예측도 있다. 기업과 국민에게만 '고高유가 극복'을 주문하지 말고 정부가 먼저 모범을 보여야 한다. 노무현 대통령이 에너지 외교에 나서 아제르바이잔과 카스피 해 유전 개발 양해각서(MOU)를 맺었다고 홍보할 일이 아니라 공무원들의 의식부터 바로잡아야 한다.

<4> 이탈리아와 프랑스는 에너지 절감 및 주차난 해소를 위해 경차에 다양한 혜택을 주어 경차 보급률을 각각 45%, 39%까지 높였다. 본을 받아도 시원치 않을 판인데 우리 정부는 경차에 대한 취득·등록세 면제 혜택의 폐지를 검토한다고 한다. 이러고서도 세금으로 월급을 받으니 공무원이 세긴 세다.

동아일보. 2006. "정부, 경차 싫어하며 에너지 아끼자고 하나",
5월 16일.

위 글도 강조성 원리를 잘 지켜 설득력이 있다. 단락 〈1〉은 중앙정부 부처의 경차 기피 현상을 지적했고, 단락 〈2〉는 민간기업의 절약 자세를 칭찬했다. 단락 〈3〉은 공무원 의식개혁의 필요성을 강조했으며, 단락 〈4〉는 유럽을 예로 들어 정부의 경차 사용을 촉구했다. 각 단락은 중심문장을 지지하는 정확하고 객관적인 자료를 제시해 강조성 원리를 잘 지킨 것으로 보인다. 특히 통계자료를 인용하여 주장의 신뢰도를 더욱 높였다.

〈1〉 공자는 그 나이에 '불혹不惑'의 경지에 이르렀다고 했다. "세상일에 정신을 빼앗겨 갈팡질팡하거나 판단을 흐리는 일이 없게 되었다"는 것이다. 물론 그런 경지에 이른다는 것은 공자 같은 성인인 까닭일 터이다. 공자는 그 뒤로도 33년을 더 살며, "마음 내키는 대로 해도 도를 넘어서지 않는" 경지(일흔)까지 이르렀으니 부러운지고!

〈2〉 미국 16대 대통령 링컨은 "나이 마흔이면 자기 얼굴에 책임을 져야 한다"고 했다. 그동안 자신이 살아 온 삶으로 평가를 받기 시작할 때라는 얘기다. 링컨에게도 마흔이 인생의 끝은 아니었다. 그는 연방 상원의원 선거에 나서 두 차례나 떨어졌지만, 쉰둘에 대통령에 당선해 미국 역사를 바꿔놓았다.

〈3〉 '인생은 마흔부터'라는 위로가 송년모임에서 회자될 때다. 이 말은 1933년 미국의 월터 피트킨이 쓴 책 제목에서 나왔다. 대공황의 파도에 휩쓸려 많은 이들이 실의와 절망에 빠졌을 때, 피트킨은 그 한마디로 중년의 마음을 사로잡았다. 화려했던 젊은 날을 쓸쓸히 되새기지 말고, 지금 새로 시작해도 늦지 않다는 충고였다. 그해와 이듬해 미국 최고의 베스트셀러가 된 그 책은 38년까지 명성을 이어가며, 세기를 뛰어넘은 유행어를 남겼다.

〈4〉 지난해와 올해 우리나라 서점가에도 '나이 마흔'을 주제로 한 책이

신문 글의 구성과 단락 전개에 관한 연구

쏟아졌다. 40대를 '제3의 나이'라고 부르든, '제2의 청춘'이라고 부르
든 용기를 갖고 당당하게 새 인생을 시작하라는 내용이 주를 이룬다.
외환위기를 거친데다, 몇 해째 경기침체가 이어지는 최근 우리나라
상황은 피트킨이 책을 내던 70여 년 전과 많이 닮았다. 물론 현실은
그렇게 녹록치 않다. 하지만 새로 시작하면서 하는 다짐과 자기 확신
은 어쨌든 살아가는 데 힘이 된다. 새해는 '자기 성취적 예언'으로
시작할 일이다.

한겨레. 2006. "나이 마흔", 12월 20일.

위 글 역시 강조성 원리에 충실한 글로 꼽힌다. 이 글은 '나이 마흔'
을 화두로 자기 성취적 예언으로 한 해를 시작하자고 주장한다. 필자
는 이를 주장하는 데 단락 〈1〉에서는 공자를, 단락 〈2〉에서는 링컨
을 예로 들었고, 단락 〈3〉에서는 월터 피트킨의 '인생은 마흔부터'를
예를 들어 '제2 청춘'의 중요성을 강조한다. 단락 〈1〉에서 〈3〉은 각
각 명확한 중심생각과 풍부한 예가 들어 있으면서 동시에 글 전체의
중심생각을 담은 단락 〈4〉를 효과적으로 뒷받침한다.

2. 단락을 나누는 방식 분석

(1) '한 문장 단락' 분석

〈연구문제 2〉에서는 국내 신문 사설·칼럼의 필자들이 단락을 어떤 방식으로 나누는지 연구 분석하였다. 〈연구문제 2-1〉에서 연구한 결과 한 문장을 한 단락으로 처리한 '한 문장 단락'의 개수는 〈동아일보〉, 〈중앙일보〉, 〈조선일보〉, 〈한겨레〉 순으로 많았다. '한 문장 단락'은 한 문장을 한 단락으로 나눠 쓴 것으로, 너무 자주 줄을 바꿔 쓰는 바람에 글의 소주제를 논리적으로 집중하지 못하는 단점이 있다. 사설·칼럼 한 편당 '한 문장 단락'의 평균 개수는 〈동아일보〉가 0.87개 단락, 〈중앙일보〉가 0.23개 단락, 〈조선일보〉가 0.25개 단락, 〈한겨레〉가 0.14개 단락이다. 〈연구문제 2-1〉을 검증하기 위해 일원변량분석(one-way ANOVA test)을 수행한 결과 유의 확률($p < 0.05$)보다 낮게 나와 유의성을 인정했다.

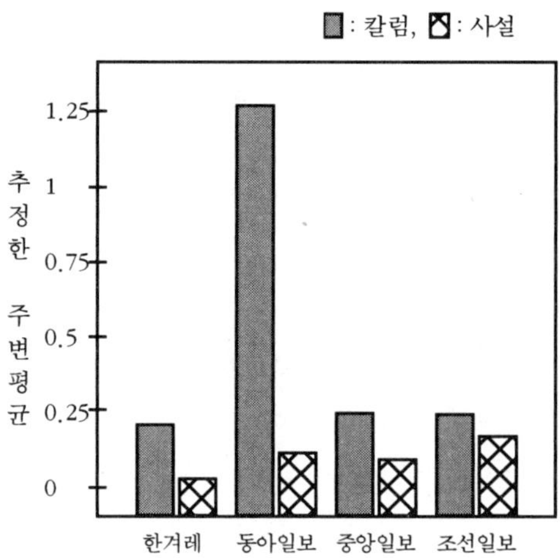

표20 ● 한 문장 단락 개수 사후검증

신 문	사례수	유의수준 = .05에 대한 부집단	
		1	2
한겨레	391	.14	
중앙일보	443	.23	
조선일보	474	.25	
동아일보	457		.87
유의 확률		.182	1.000

이 분석의 정확성을 확인하기 위해 Duncan 방식으로 사후검증을 실시한 결과 표20.과 같은 결과가 나왔다. 곧 〈조선일보〉, 〈중앙일보〉, 〈한겨레〉를 한 집단으로 분류하고, 〈동아일보〉만 유일하게 별도 집단

으로 분류했다. 〈동아일보〉는 〈조선일보〉와 〈중앙일보〉, 〈한겨레〉에 비해 한 문장 단락의 개수가 현저하게 많은 것으로 나타난 것이다. 한 문장 단락은 글 구성을 산만하게 하므로 독자들이 글을 이해하는 데 불편을 줄 수가 있다.

아래 글에서 '한 문장 단락'의 문제점을 분석해 보자.

〈1〉 "세 여성은 9·11테러 현장의 소방대원들과 같은 영웅이며 직업상 당연히 해야 할 일을 용감하고 정당하게 해낸 인물들이다."

〈2〉 2002년 말 미국 시사주간지 타임은 '올해의 인물'로 세 명의 여성을 선정했다.

〈3〉 전 미국 연방수사국(FBI) 요원 콜린 롤리, 전 월드컴 감사 신시아 쿠퍼, 전 엔론 부사장 셰런 왓킨스.

〈4〉 모두 자신이 몸담은 조직의 비리나 회계 부정 등을 폭로한 내부 고발자들이다.

〈5〉 세 명은 유명 인사가 됐지만 이는 서양에서도 특별한 사례다.

〈6〉 집단적 가치보다 개인의 자유와 용기를 더 높이 쳐 주는 미국에서도 내부 고발자들은 대부분 직장에서 쫓겨나고 가족과 헤어지는 등 불행해지는 경우가 많다.

〈7〉 최근 세상을 떠들썩하게 하고 있는 현대차 비자금 수사도 내부 제보에 의한 것이라고 한다.

〈8〉 기업의 내밀한 금고까지 알려 준 제보자의 정체를 놓고 현대차와 계열사의 전현직 고위 임원과 사장급 인사가 거론된다.

〈9〉 하지만 영웅으로 대접받은 세 여성과 달리 현대차 제보자에 대해서는 "역시 가장 무서운 건 내부의 적"이라든지 "꺼진 불(퇴직 임원)도 다시 보자"는 반응들이 많은 것 같다.

〈10〉 이런 반응에는 두 가지 논리가 숨어 있다.

〈11〉 우선 내부 고발을 양심에 따른 행동이 아니라 개인적 불만에 의한

신문 글의 구성과 단락 전개에 관한 연구

보복으로 보는 것이다. 또 하나는 고발된 회사가 집안단속을 잘 못해 '재수 없게' 걸렸다는 인식이다.

〈12〉 1990년 감사원 비리를 폭로한 이문옥 전 감사관은 당시 여론의 지지를 받았지만 한국에서는 아직 내부 고발을 보는 시선이 곱지 않다.

〈13〉 실제로 많은 내부 고발이 기업 내 파벌이나 불만 세력에 의해 이뤄진 것도 이런 인식에 한몫했다.

〈14〉 내부 고발에 관한 한 사회적 인식이나 고발자의 동기가 아직 후진적 수준에 머물고 있는 셈이다.

〈15〉 미국의 경우 1980년대 이후 내부 고발자에 대한 보호 및 보상금 제도를 여러 차례에 걸쳐 정비해 왔다.

〈16〉 특히 비리로 인한 국고 손실이 재정 지출의 약 10%에 해당한다는 추산이 나오면서 정부 관련 부패나 예산 낭비를 막기 위해 내부 고발을 장려해 왔다.

〈17〉 국제적으로 통용되는 기업의 윤리경영 시스템도 내부 고발을 제도화하고 있다.

〈18〉 기업 내부에 일상적인 업무체계와 다른 직통 제보전화(Help Line)를 두고 언제든 비리를 보고하도록 하는 것이다. 상처가 곪아 터지기 전에 미리 도려내자는 취지다.

〈19〉 심지어 내부 고발은 하나의 산업으로 자리 잡았다. 미국에는 법률회사 등이 운영하는 수백 개의 웹사이트가 있어서 내부 고발을 하려는 사람들에게 안내 서비스를 제공한다.

〈20〉 이런 상황을 선진적이라고 할지, 삭막하다고 할지는 관점에 따라 다르겠지만…….

〈21〉 남의 나라 얘기가 아니다.

〈22〉 지금이 어떤 세상인가. 누구나 휴대전화에 카메라를 한 대씩 갖고 다닌다. 디지털 기술의 발달로 손쉽게 방대한 자료를 밖으로 내보낼 수 있고, 인터넷을 통해 단번에 전 세계로 퍼뜨릴 수도 있는 세상이다.

〈23〉 내부 고발은 고발하는 개인이나 기업, 양쪽 모두에 불행한 일이다.

〈24〉 내부 고발이 필요 없도록 투명한 회사, 서로 신뢰하는 조직을 만드
는 것이 최선이다.

동아일보. 2006. 칼럼 "내부 고발의 두 얼굴", 4월 28일.

위의 글은 총 24단락 중 4단락을 제외한 나머지 20단락이 모두 한 문장이다. 이렇게 하면 강조 효과가 생기고 독자들이 글을 읽기에도 편하다고 생각했는지 모른다. 하지만 오히려 서로 관계있는 내용의 문장들을 고립해 사고 집중력을 해치고 글의 초점도 흐려지게 하고 말았다.

내용을 깊이 있게 강조하여 서술하지 않고 시각 효과를 노려 '한 문장 단락'을 남발하면 글이 우스꽝스럽다. 그나마 모범 글이라는 신문 글에서 조직적인 단락의 짜임새를 보기 어렵다면 글쓰기를 공부하려는 독자들에게도 나쁜 영향을 줄 수 있다. 신문은 일반인은 물론 학생들의 글쓰기를 위한 모범이라는 것을 잊어서는 안 된다.

위의 글에 보이는 단락 구성 문제를 자세히 점검하기 위해 관련 있는 이야기들을 단락 형식에 맞게 재구성해 보겠다. 아래와 같이 단락을 처리하면 글의 주제를 좀 더 효과적으로 전달할 수는 있지만 여전히 논리 전개에 많은 문제점이 보인다. 초고 자체가 단락 전개 원리에 맞지 않기 때문에 손질을 해도 한계가 있다.

① 〈1〉 "세 여성은 9·11테러 현장의 소방대원들과 같은 영웅이며 직업상 당연히 해야 할 일을 용감하고 정당하게 해낸 인물들이다." 〈2〉 2002년 말 미국 시사주간지 타임은 '올해의 인물'로 세 명의 여성을 선정했다. 〈3〉 전 미국 연방수사국(FBI) 요원 콜린 롤리, 전 월드컴 감사 신시아 쿠퍼, 전 엔론 부사장 셰런 왓킨스. 〈4〉 모두 자신이 몸담은 조직의 비리나 회계 부정 등을 폭로한 내부 고발자들이다. 〈5〉 세 명은 유명 인사가 됐지만 이는 서양에서도 특별한 사례다. 〈6〉 집단적 가치보다 개인의 자유와 용기를 더 높이 쳐 주는 미국에서도 내부 고발자들은 대부분 직장에서 쫓겨나고 가족과 헤어지는 등 불행해지는 경우가 많다.

② 〈7〉 최근 세상을 떠들썩하게 하고 있는 현대차 비자금 수사도 내부 제보에 의한 것이라고 한다. 〈8〉 기업의 내밀한 금고까지 알려 준 제보자의 정체를 놓고 현대차와 계열사의 전현직 고위 임원과 사장급 인사가 거론된다. 〈9〉 하지만 영웅으로 대접받은 세 여성과 달리 현대차 제보자에 대해서는 "역시 가장 무서운 건 내부의 적"이라든지 "꺼진 불(퇴직 임원)도 다시 보자"는 반응들이 많은 것 같다.

③ 〈10〉 이런 반응에는 두 가지 논리가 숨어 있다. 〈11〉 우선 내부 고발을 양심에 따른 행동이 아니라 개인적 불만에 의한 보복으로 보는 것이다. 또 하나는 고발된 회사가 집안단속을 잘 못해 '재수 없게' 걸렸다는 인식이다.

〈12〉 1990년 감사원 비리를 폭로한 이문옥 전 감사관은 당시 여론의 지지를 받았지만 한국에서는 아직 내부 고발을 보는 시선이 곱지 않다.

〈13〉 실제로 많은 내부 고발이 기업 내 파벌이나 불만 세력에 의해 이뤄진 것도 이런 인식에 한몫했다. 〈14〉 내부 고발에 관한 한 사회적 인식이나 고발자의 동기가 아직 후진적 수준에 머물고 있는 셈이다.

④ 〈15〉 미국의 경우 1980년대 이후 내부 고발자에 대한 보호 및 보상금

제도를 여러 차례에 걸쳐 정비해 왔다. 〈16〉 특히 비리로 인한 국고
손실이 재정 지출의 약 10%에 해당한다는 추산이 나오면서 정부 관
련 부패나 예산 낭비를 막기 위해 내부 고발을 장려해 왔다. 〈17〉 국
제적으로 통용되는 기업의 윤리경영 시스템도 내부 고발을 제도화하
고 있다. 〈18〉 기업 내부에 일상적인 업무체계와 다른 직통 제보전화
(Help Line)를 두고 언제든 비리를 보고하도록 하는 것이다. 상처가 곪
아 터지기 전에 미리 도려내자는 취지다. 〈19〉 심지어 내부 고발은
하나의 산업으로 자리 잡았다. 미국에는 법률회사 등이 운영하는 수
백 개의 웹사이트가 있어서 내부 고발을 하려는 사람들에게 안내 서
비스를 제공한다. 〈20〉 이런 상황을 선진적이라고 할지, 삭막하다고
할지는 관점에 따라 다르겠지만…….

⑤ 〈21〉 남의 나라 얘기가 아니다. 〈22〉 지금이 어떤 세상인가. 누구나
휴대전화에 카메라를 한 대씩 갖고 다닌다. 디지털 기술의 발달로 손
쉽게 방대한 자료를 밖으로 내보낼 수 있고, 인터넷을 통해 단번에
전 세계로 퍼뜨릴 수도 있는 세상이다.

⑥ 〈23〉 내부 고발은 고발하는 개인이나 기업, 양쪽 모두에 불행한 일이
다. 〈24〉 내부 고발이 필요 없도록 투명한 회사, 서로 신뢰하는 조직
을 만드는 것이 최선이다.

동아일보. 2006. 칼럼 "내부 고발의 두 얼굴", 4월 28일

단락 〈1〉, 〈2〉, 〈3〉, 〈4〉는 미국의 내부 고발자 사례와 그 의미를
설명한다. 그런데 글의 대부분을 영웅 대접을 받는 내부 고발자 사례
로 채운 뒤, 이것은 지극히 예외적인 경우이고 미국에서조차 내부 고
발자들은 사회의 지탄을 받는 경우가 많다는 소주제문으로 마무리한
다. 시사적인 이야기로 독자들의 호기심을 자극한 것은 좋으나 소주
제문에 관한 구체적인 설명이 전혀 없이 다른 내용만 늘어놓은 셈이

신문 글의 구성과 단락 전개에 관한 연구

다. 그리고 단락 〈6〉의 뒷받침 문장들이 필요하다고 본다. 그렇지 않으면 필자 주장을 독자들에게 설득하기 어렵다.

단락 〈10〉, 〈11〉, 〈12〉, 〈13〉, 〈14〉에서는 현대차 내부 고발자에게 부정적인 반응이 어떤 논리로 나오게 되었는지 설명하는데, 짜임새가 허술하여 독자들에게 혼란을 준다. 단락 〈11〉에서 두 가지 논리를 각각 한 문장으로 제시한 뒤, 별다른 보충 설명 없이 한국에서는 아직 내부 고발을 보는 시선이 곱지 않다는 내용인 단락 〈12〉를 덧붙였다. 그런데 단락 〈11〉에서 이미 부정적인 반응을 전제로 하고 있으므로, 논리적인 연결을 위해서는 단락 〈12〉의 일반적인 인식을 먼저 이야기한 뒤 왜 이런 인식이 생겨났는지 논리를 전개하는 것이 낫다. 또 단락 〈12〉는 서론과 마찬가지로 여론 지지를 받은 내부 고발자를 예로 든 뒤 이것은 특수한 경우이고 대부분 곱지 않은 시선을 받는다고 설명했는데, 굳이 반대 사례를 들어 소주제의 초점을 흐릴 필요가 있을까 하는 의문이 생긴다. 단락 〈13〉은 단락 〈11〉의 두 가지 논리적 근거 중 첫 번째에 관한 설명으로, 얼핏 보아서는 어디에 해당하는 내용인지 알 수 없으므로 첫 번째 논거를 다룬 문장 바로 뒤에 연결하는 것이 좋다. 두 번째 논리에 뒷받침 문장이 전혀 없어 이것을 보충해야 하며, 단락 〈14〉에서는 어떤 근거로 이런 반응들을 '후진적'이라고 부를 수 있는 것인지 밝혀 주면 필자 주장이 더욱 설득력을 얻을 것이다.

단락 〈15〉, 〈16〉, 〈17〉, 〈18〉, 〈19〉, 〈20〉은 우리나라와는 완전히 다른 미국의 경우를 설명한다. 그런데 앞서 말했듯이 이것은 미국에서도 내부 고발자들은 불행한 경우가 많다는 서론의 소주제와 다른 내용이라 독자가 납득하기 어렵다. 또 바로 앞 단락에서 한국이 후진국 수준이라고 단정한 뒤 이와 반대인 미국의 제도와 산업을 제시한 것인데, 마지막에 가서는 이런 상황을 선진적이라고 해야 할지 삭막하다고 해야 할지 모르겠다고 말줄임표로 말끝을 흐렸다. 이는 글의 논지를 더욱 혼란스럽게 한다. 이처럼 주제의식을 분명하게 나타내지 못하여 단락 〈21〉, 〈22〉에도 독자들은 공감이 가지 않는다. 특히 단락 〈22〉는 단순하게 디지털 기술이 고도로 발달한 현대 사회를 설명하여 글의 주제와는 상관없는 내용을 연결했다.

결론에 해당하는 단락 〈23〉, 〈24〉 역시 앞뒤 단락 간 소주제와 동떨어졌다. 내부 고발이 모든 사람에게 불행한 일이라며, 내부 고발이 필요 없도록 투명한 조직을 만드는 것이 최선이라는 단순한 상식으로 끝을 맺었다. 그런데 단락 〈24〉는 무엇을 해야 한다는 당위 명제만을 내세운 것으로 주장만 할 뿐 어떻게 실천할 수 있는지 부연 설명이 전혀 없다. 본론에서 내부 고발자를 보는 한국의 후진적 수준을 비판하고 이와 다른 미국의 경우를 설명했다면, 결론에서는 본론을 참고하여 내부 고발자를 보는 인식이 발전하는 방법을 진술하는 게 낫다.

1) 여러 단락을 합해야 정상 단락이 되는 경우의 개수 분석

'한 문장 단락' 여러 개를 단락 하나로 묶으면 통일성, 연결성, 강조성 원리를 모두 지킨 단락이 되는 경우는 〈동아일보〉가 한 편당 평균 0.79개 단락, 〈조선일보〉는 0.41개 단락, 〈중앙일보〉는 0.33개 단락, 〈한겨레〉는 0.24개 단락이다. 이 항목을 검증하기 위해 일원변량분석(one-way ANOVA test)을 실시한 결과 유의 확률($p < 0.05$)보다 낮게

나와 그 차이점이 의미 있음을 알 수 있다. 이 분석의 정확성을 확인하기 위해 Duncan 방식으로 사후검증을 실시한 결과 표20.과 같은 결과가 나왔다. 〈한겨레〉는 여러 단락을 한 단락으로 묶어야 정상 단락이 되는 경우가 가장 적은 집단으로, 〈중앙일보〉와는 차이가 없으나 〈조선일보〉, 〈동아일보〉와 차이가 있는 것으로 분류했다. 이 경우 〈중앙일보〉는 〈조선일보〉, 〈동아일보〉와 차이가 있는 집단으로 파악됐다. 〈동아일보〉는 한 편당 평균 0.79개 단락으로 나타났다. 정상적인 하나의 단락으로 묶어야 할 문장들을 토막 내어 여러 단락으로 구성한 경우가 가장 많은 집단이었다.

그림6 ● 여러 단락을 합해야 정상 단락이 되는 경우의
개수를 추정한 주변 평균

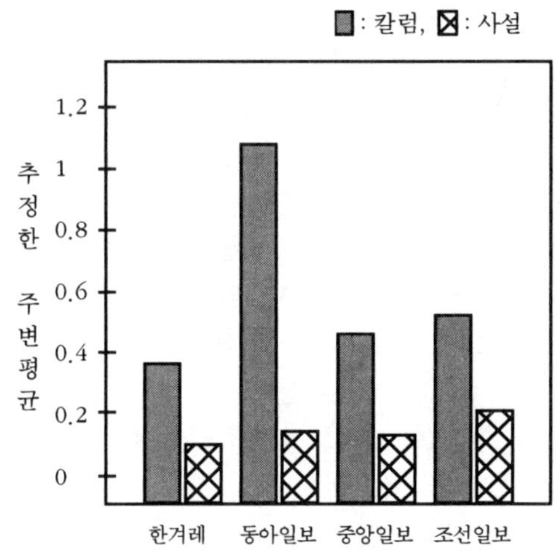

신 문	사례수	유의수준 = .05에 대한 부집단		
		1	2	3
한겨레	391	.24		
중앙일보	443	.33		
조선일보	474		.41	
동아일보	457			.79
유의 확률		.158	.171	1.000

아래 글을 분석해 보자.

〈1〉 도쿄東京에 있는 한 미술대학에서 일본미술을 전공해 온 A(27·여) 씨
는 지난달 20일 눈물 어린 졸업장을 받았다.

〈2〉 졸업을 몇 달 앞둔 A 씨에게 아버지가 암으로 쓰러졌다는 청천벽력
같은 소식이 들려온 것은 지난해 11월.

〈3〉 A 씨는 아르바이트로 집세와 학비를 벌어왔지만 졸업 작품전과 개인
전에 들어갈 60만 엔을 혼자 힘으로 마련하기에는 힘에 부쳤다.

〈4〉 A 씨는 개인전에서 그림이 팔리면 충당하기로 하고 2학기 학비를 내
기 위해 벌어놓은 돈을 전시회 비용으로 털어 넣었다.

〈5〉 이렇게 모든 것을 걸다시피 해서 지난해 12월 간신히 개인전을 여는
데는 성공했다. 하지만 그림은 단 한 점도 팔리지 않았다.

〈6〉 A 씨가 살던 아파트의 주인까지 나서서 선처를 호소했지만 학교 측
의 대답은 싸늘했다.

〈7〉 '특별대우는 곤란하다. 4월 17일까지 밀린 학비를 한꺼번에 내지 않
으면 퇴학시키지 않을 수 없다'는 내용이었다.

〈8〉 졸업장을 받지 못한 채 빈손으로 한국에 돌아가야 할지도 모를 A 씨

신문 글의 구성과 단락 전개에 관한 연구

　　를 구원해 준 사람들은 보통의 일본인들이었다. A 씨의 안타까운 사
　　연이 지난달 14일자 요미우리신문에 소개되자 일본 전역에서 도움의
　　손길이 물결처럼 밀려들었다.

〈9〉 '조촐한 생활을 하는 노부부'가 보내온 편지에는 2만 엔과 함께 이런
　　사연이 씌어 있었다. "전쟁으로 한국에도 큰 폐를 끼쳤습니다. 일본
　　에 와서 공부하고 계신다는 것을 알고 가슴이 따뜻해졌습니다."

〈10〉 한 50대 남성은 "나도 집안 형편이 어려워 고교를 진학하지 못했지
　　만 주위에서 많은 도움을 받았다"며 정기예금을 헐어 보탰다.

〈11〉 또 다른 한 독지가는 "국가 간의 관계가 껄끄러울 때일수록 서로 돕
　　는 것이 중요하다"는 편지와 함께 얼마간의 돈을 성의껏 담아 보냈
　　다.

〈12〉 한일 관계는 이 독지가의 '껄끄럽다'는 표현만으로는 충분하지 않을
　　만큼 최근 20, 30년 사이 최악의 상황에 빠져 있다.

〈13〉 하지만 한일관계가 개선될 희망이 전혀 없다고는 생각하지 않는다.

〈14〉 한국의 한 유학생에게 일본의 보통 사람들이 보낸 따뜻한 마음과
　　2001년 지하철에 떨어진 일본인 취객을 구하려다 숨진 이수현(당시
　　26세) 씨의 고귀한 희생정신처럼 보이지 않는 곳에서 '희망의 싹'은
　　자라고 있다고 믿기 때문이다.

　　동아일보. 2006. 칼럼 "꽁꽁 언 한일관계…훈훈한 한인 유학생 돕기",
　　　　　　　　　　　　　　　　　　　　　　　　　　5월 8일.

　단락 〈1〉, 〈2〉, 〈3〉, 〈4〉, 〈5〉, 〈6〉, 〈7〉은 A 씨의 안타까운 사연
을 진술한 일화로 단락 〈5〉, 〈7〉, 〈8〉을 제외하면 각각 한 문장 단락
이다. 글쓴이는 뚜렷한 소주제문도 없이 수시로 줄을 바꿔 단락을 나
누었다. 같은 내용의 문장들을 무엇 때문에 형식적으로 분리해 글을
산만하게 만드는지 이해할 수가 없다. 이것은 아마도 단락 개념을 모

르고 글을 썼기 때문에 나온 일이라고 생각한다. 이 같은 문장들은 한 단락으로 묶어 처리하는 것이 바람직하다.

단락 〈8〉, 〈9〉, 〈10〉, 〈11〉 역시 일본 각지에서 보내온 도움의 손길을 이야기하는데, 단락 〈8〉을 중심으로 단락 〈9〉, 〈10〉, 〈11〉에서는 그 예를 들고 있으므로 하나의 단락으로 합치는 게 낫다. 또 단락 〈9〉, 〈10〉, 〈11〉은 뒷받침 문장이 없이 인용문을 나열했는데, 이것은 짜임새 있는 글을 구성하는 데 별 도움이 되지 않는다. 전형적인 것 한두 개를 선택해서 보여주고 부연 설명을 덧붙이는 것이 단락 전개 원리에 맞는다. 결론에 해당하는 단락 〈12〉, 〈13〉, 〈14〉도 굳이 세 단락으로 따로 나눌 이유가 없으므로 단락 하나로 묶는 게 옳다.

(2) 한 단락을 여러 단락으로 세분화해야 하는 경우 분석

한 단락에 다른 주제의 문장들을 담았으나 두세 단락으로 나누면 정상 단락이 되는 경우의 개수는 〈한겨레〉가 한 편당 평균 0.24개 단락, 〈동아일보〉는 0.11개 단락, 〈중앙일보〉는 0.24개 단락, 〈조선일보〉는 0.21개 단락으로 나타났다. 〈연구문제 2-2〉를 검증하기 위해 일원변량분석(one-way ANOVA test)을 실시한 결과 유의 확률($p < 0.05$)보다 낮게 나왔다. 이 차이 역시 의미가 있다는 점이 인정된다. 이 분석의 정확성을 확인하기 위해 Duncan 방식으로 사후검증을 실시한 결과 표22.와 같은 결과가 나왔다. 곧 〈조선일보〉, 〈중앙일보〉, 〈한겨레〉를 한 집단으로 분류하고, 〈동아일보〉만 유일하게 별도 집단으로 분류했다.

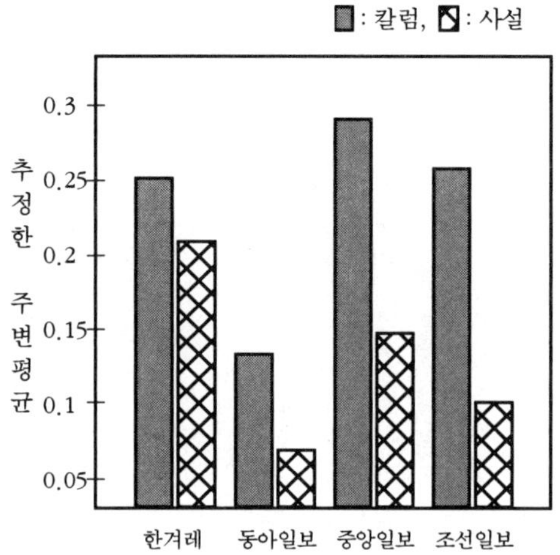

그림7 • 여러 단락으로 나누어야 정상 단락이 되는
경우의 개수를 추정한 주변 평균

표22 • 여러 단락으로 나눠야 정상 단락이 되는 경우의 개수 사후검증

신　문	사례수	유의수준 = .05에 대한 부집단	
		1	2
동아일보	456	.11	
조선일보	474		.21
중앙일보	443		.24
한겨레	391		.24
유의 확률		1.000	.271

〈조선일보〉와 〈중앙일보〉, 〈한겨레〉에 비해 〈동아일보〉는 한 문
장 단락의 개수가 많다보니 한 단락을 여러 단락으로 나누어야 하는
경우가 상대적으로 적었다.

(3) 글 한 편에 담은 단락의 평균 개수 분석

분석 대상인 사설·칼럼 1,765편에 담겨있는 단락은 모두 11,446개로 한 편당 전체 단락 개수는 평균 6.48개다. 곧 〈한겨레〉와 〈동아일보〉, 〈중앙일보〉, 〈조선일보〉의 사설·칼럼은 각각 평균 6.48개 단락으로 구성한다는 말이다. 가장 많이 단락을 나눈 글로는 24개 단락으로 구성한 경우를 들 수 있다. 이와 반대로 글 한 편을 완성하는 데 1개 단락만 구성한 사례도 있다. 이 두 가지 모두 바람직하지 않은 단락 처리다.

〈한겨레〉는 한 편당 평균 5.61개 단락으로, 〈동아일보〉는 7.69개 단락으로, 〈중앙일보〉는 6.36개 단락으로, 〈조선일보〉는 6.16개 단락으로 구성되어 있다. 다른 신문들에 비해 〈동아일보〉가 단락을 가장 많이 수시로 나눠 썼다고 할 수 있다. 〈동아일보〉는 글 분량에 비해 단락을 수시로 나누는 경향이 있어 다소 산만하게 구성한 글을 양산하는 편이다.

변수명		사례수	한 편당 평균	표준편차	F-통계량	유의도
전체 단락 개수	동아일보	457	7.69	3.177	58.113 ***	.000
	조선일보	474	6.16	2.172		
	중앙일보	443	6.36	2.191		
	한겨레	391	5.61	1.842		
	합계	1765	6.48	2.531		
도입 단락 개수	동아일보	457	1.62	1.126	20.010 ***	.000
	조선일보	474	1.28	.653		
	중앙일보	443	1.34	.604		
	한겨레	391	1.25	.632		
	합계	1765	1.38	.802		
일반 단락 개수	동아일보	457	4.90	2.548	42.909 ***	.000
	조선일보	474	3.77	1.857		
	중앙일보	443	3.92	1.878		
	한겨레	391	3.44	1.582		
	합계	1765	4.03	2.082		
전환 단락 개수	동아일보	457	.02	.131	5.440 ***	.001
	조선일보	474	.05	.255		
	중앙일보	443	.03	.210		
	한겨레	391	.00	.051		
	합계	1765	.03	.184		
종결 단락 개수	동아일보	457	1.16	.539	19.902 ***	.000
	조선일보	474	1.06	.338		
	중앙일보	443	1.11	.546		
	한겨레	391	.93	.401		
	합계	1765	1.07	.473		

주) ***: p〈0.01, **: p〈0.05, *: p〈0.10

〈연구문제 2-3〉을 검증하기 위해 일원변량분석(one-way ANOVA test)을 실시한 결과 유의 확률($p < 0.05$)보다 낮게 나와 유의성을 인정하였다. 곧 신문사 별로 전체 단락 개수, 도입 단락 개수, 일반 단락 개수, 전환 단락 개수, 종결 단락 개수에 차이점이 있다는 결론이 나온 것이다.

(4) 단락의 종류와 개수 분석

〈동아일보〉, 〈한겨레〉, 〈중앙일보〉, 〈조선일보〉 4대 일간지는 도입 단락을 한 편당 평균 1.38개 단락으로 구성한다. 도입 단락을 최대 9개 단락으로 구성한 경우도 있었다. 본론에 해당하는 일반 단락은 평균 4.03개 단락으로 최대 14개 단락으로 구성하기도 했다. 전환 단락은 분석 대상 1,765편 중 49개 단락이 등장하여 한 편당 평균 0.03개로 집계되었다. 종결 단락은 한 편당 1.08개 단락으로 구성하고, 최대 7개 단락인 경우도 있다. 일부 사설·칼럼은 도입 단락과 종결 단락이 없이 일반 단락(본론 단락)만으로 구성하기도 했다.

도입 단락은 〈한겨레〉가 한 편당 평균 1.26개, 〈동아일보〉가 1.61개, 〈중앙일보〉가 1.34개, 〈조선일보〉가 1.28개다. 일반 단락은 〈한겨레〉가 한 편당 평균 3.43개, 〈동아일보〉는 4.91개, 〈중앙일보〉는 3.92개, 〈조선일보〉는 3.77개로 쓰는 것으로 드러났다. 종결 단락은 〈한겨레〉가 한 편당 평균 0.93개, 〈동아일보〉는 1.16개, 〈중앙일보〉는 1.12개, 〈조선일보〉는 1.08개로 나타났다. 이 같은 수치에서 필자들이 도입 단락(서론)을 한 단락 이상으로 나눠 쓴다는 점을 알 수 있다. 〈동아일보〉는 다른 신문들에 비해 상대적으로 단락을 자주 나눠 쓴다는 점이 특징이다.

한편, 사설·칼럼의 모든 단락 개수도 집계해 보았다. 사설의 경우 전체 단락은 한 편당 평균 4.87개, 도입 단락은 1.08개, 일반 단락은 2.82개, 전환 단락은 0.01개, 종결 단락은 0.98개로 쓰는 것으로 나타났다. 반면 칼럼은 전체 단락이 한 편당 평균 7.32개, 도입 단락은 1.53개, 일반 단락은 4.65개, 전환 단락은 0.04개, 종결 단락은 1.13개로 분석됐다. 이 같은 자료에서 사설보다는 칼럼을 좀 더 많은 단락으로 했음을 알 수 있다.

그림8 ● 전체 단락 개수를 추정한 주변 평균

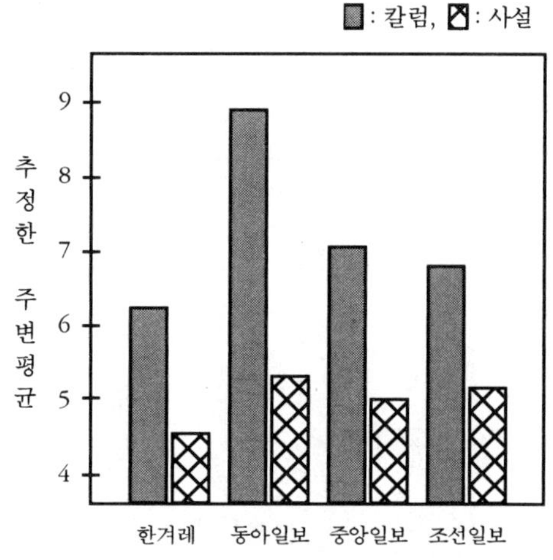

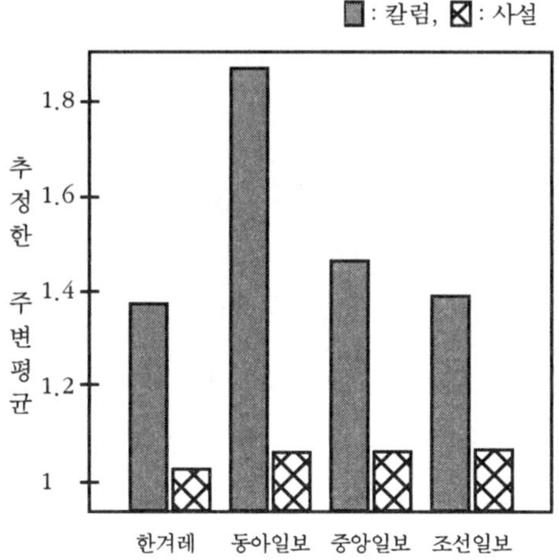

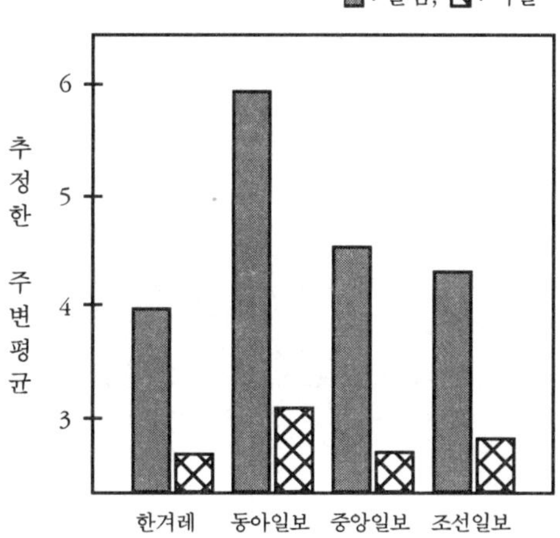

신문 글의 구성과 단락 전개에 관한 연구

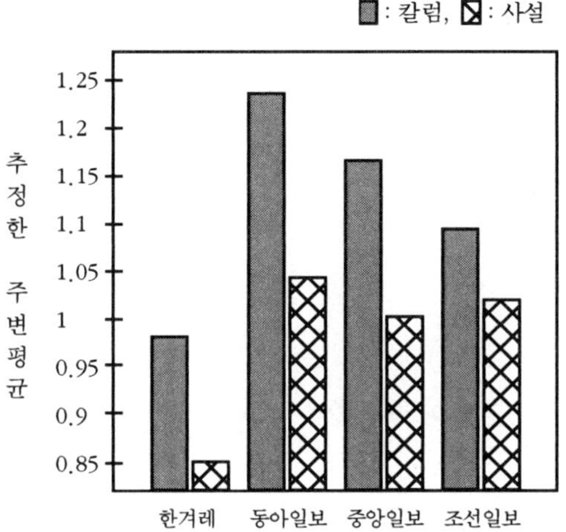

이 연구에서는 이 같은 사항을 검증하기 위해 t-검증을 한 결과 유의 확률($p < 0.05$)보다 낮게 나왔다. 이 차이가 의미가 있다는 점이 인정되는 것이다. 칼럼이 사설보다 평균적으로 단락 개수가 많은 것은 칼럼 길이가 사설보다 길기 때문이라고 본다. 전체 단락부터 도입 단락, 일반 단락, 종결 단락, 전환 단락에 이르기까지 모든 단락의 종류에서 칼럼의 단락 수가 사설보다 많은 이유는 글 분량과 연관이 있는 것으로 보인다는 말이다.

3. 글의 종류별, 필자별, 주제별 단락 처리 방식 비교 평가

(1) 글의 종류별 단락 처리 방식 비교 평가

이 연구에서는 사설·칼럼으로 구분하여 신문 글을 분석하였다. 분석 결과 사설이 칼럼보다 모든 부분에서 단락 전개 3대 원리를 잘 지킨 것으로 나타났다. t-검증에서도 유의 확률($p < 0.05$)보다 모든 항목이 낮게 나왔다. 따라서 사설이 칼럼보다 단락 전개 원리를 잘 지킨 것이 입증됐다. 그렇다면 언론인 중에서도 글쓰기에 경쟁력이 있는 논설위원들이 쓰는 사설이, 언론인은 물론 비언론인들도 필진으로 참여하는 칼럼보다 좀 더 체계적이라고 볼 수 있다.

글 종류별로 단락 처리 방식의 위배 정도를 살펴보면 다음과 같다. 통일성 원리를 위배한 단락 개수는 사설이 한 편당 평균 0.68개로 웬만해서는 모든 사설이 통일성 원리를 지켰다. 하지만 칼럼은 이 원리를 위배한 단락 개수가 한 편당 평균 1.32개로 사설의 2배 이상인 것으로 드러났다. 연결성 원리를 위배한 경우도 사설이 한 편당 평균 0.64개인 반면 칼럼은 1.19개로 나타났다. 강조성 원리에 어긋난 사설은 한 편당 평균 1.09개, 칼럼은 1.45개로 나타났다. 통일성·연결성·강조성 원리 중 어느 한 가지라도 위배한 경우를 합하여 분석했을 때에도 사설이 한 편당 평균 2.42개 단락인 반면 칼럼은 3.96개로 나타났다.

이밖에 무괄식 단락을 사용한 경우는 사설이 한 편당 평균 0.13개, 칼럼은 0.27개다. 한 문장 단락의 개수는 사설이 한 편당 평균 0.10개, 칼럼이 평균 0.52개였다. 한 문장 단락을 합할 경우에 정상 단락이 되는 경우는 사설이 한 편당 평균 0.13개, 칼럼이 0.61개로 나타났다. 한 단락에 소주제가 여러 개 있어 여러 단락으로 나누어야 정상 단락이 되는 경우는 사설이 한 편당 평균 0.14개, 칼럼은 0.23개였다. 이상의 항목들에 t-검증을 실시한 결과 유의 확률($p < 0.05$)보다 낮게 나와 유의성을 인정했다.

그렇다면 사설이 칼럼 문장보다 우수하게 나타난 이유는 무엇일까? 그것은 최소 십수 년 동안 현장 취재 경력을 쌓고 그 중에서도 문장력을 인정받아 발탁된 논설위원들이 집필하다보니 사설이 칼럼보다 단락 구성이 좋게 분석된 것으로 보인다. 칼럼은 논설위원들과 데스크급 중견 언론인들도 쓰지만, 신문사 외부 일반인들도 필진으로 참가한다. 따라서 사설·칼럼을 비교할 때 신문사 대표 필진으로 글쓰기를 많이 한 논설위원들의 사설이 칼럼에 비해 평균적으로 좋게 나타났음을 알 수 있다. 이밖에도 칼럼에 비해 사설 길이가 짧다보니 단락 전개 3대 원리를 위배한 개수가 확률적으로 적다고 분석할 수도 있다. 곧 글의 자연적인 길이 차이가 단락 원리 위배 정도에 얼마든지 영향을 미칠 수 있다는 것이다. 물론 모든 칼럼의 문장과 단락 처리가 사설보다 못하다는 것은 아니다. 언론인이 썼든 비언론인이 썼든 사설보다 훨씬 더 단락 전개 원리에 맞게 쓴 칼럼도 얼마든지 있었다.

4부 분석 결과와 논의

181

한편, 칼럼들은 사설들보다 단락을 더 많이 나눈 것으로 나타났다. 전체 단락의 개수는 칼럼이 한 편당 평균 7.32개인 반면 사설은 4.87개로 나타났다. 도입 단락은 칼럼이 한 편당 평균 1.53개, 사설이 1.08개로 집계됐다. 일반 단락은 칼럼이 한 편당 평균 4.65개인 반면 사설은 2.82개에 그쳤다. 전환 단락도 한 편당 평균 0.04개와 0.01개로 칼럼이 사설보다 많았다. 종결 단락 역시 칼럼이 한 편당 평균 1.12개인 반면 사설은 0.98개로 나타났다. 이 같은 차이는 단락 전개 원리 준수 여부와는 상관이 없다. 다만 이것은 칼럼 분량이 사설보다 평균적으로 많기 때문에 나타난 현상이라고 할 수 있다.

표24 ● 사설·칼럼의 단락 전개 원리 위배 개수와 차이

변수명		사례수	한 편당 평균	표준편차	Levene의 등분산 검정		평균의 동일성에 대한 t-검정			
					F	유의 확률	t	자유도	유의 확률 (양쪽)	평균차
통일성 위배 개수	사설	601	.68	.848	65.904	000	-10.262	1763	.000	-.641
	칼럼	1164	1.32	1.404						
연결성 위배 개수	사설	600	.64	.807	69.025	.000	-9.000	1762	.000	-.547
	칼럼	1164	1.19	1.370						
강조성 위배 개수	사설	601	1.09	.953	71.341	.000	-5.440	1763	.000	-.356
	칼럼	1164	1.45	1.451						
무괄식 단락 개수	사설	601	.13	.381	57.299	.000	-3.985	1763	.000	-.137
	칼럼	1164	.27	.799						
한 문장 단락 개수	사설	601	.10	.358	156.752	.000	-7.021	1763	.000	-.423
	칼럼	1164	.52	1.456						
여러 단락을 합해야 하는 경우의 개수	사설	601	.13	.404	333.250	.000	-10.684	1763	.000	-.474
	칼럼	1164	.61	1.049						
여러 단락으로 나눠야 하는 경우의 개수	사설	601	.14	.373	60.383	.000	-3.894	1762	.000	-.091
	칼럼	1163	.23	.510						

주) ***: p〈0.01, **: p〈0.05, *: p〈0.10

표25 ● 사설·칼럼의 통일성 또는 연결성 또는 강조성을 위배한 단락의 개수

변수명		사례수	한 편당 평균단락 개수	표준 편차	Levene의 등분산 검정		평균의 동일성에 대한 t-검정			
					F	유의 확률	t	자유도	유의 확률 (양쪽)	평균차
--통일성 또는 --연결성 또는 --강조성을 위배한 단락	사설	601	2.42	1.985	86.329	.000	-9.611	1763	.000	-1.545
	칼럼	1164	3.96	3.672						

주) ***: p〈0.01, **: p〈0.05, *: p〈0.10

표26 ● 사설·칼럼의 통일성·강조성·연결성 위배 개수의 합과 차이

변수명		사례수	한 편당 평균단락 개수	표준 편차	Levene의 등분산 검정		평균의 동일성에 대한 t-검정			
					F	유의 확률	t	자유도	유의 확률 (양쪽)	평균차
--통일성 또는 --연결성 또는 --강조성을 위배하거나 --무괄식 단락 또는 --한 문장 단락 또는 --여러 단락을 합해야 하는 경우 또는 --여러 단락으로 나눠야 하는 경우	사설	601	2.92	2.386	106.443	.000	-11.046	1763	.000	-2.671
	칼럼	1164	5.59	5.674						
--무괄식 단락 또는 --한 문장 단락	사설	601	.23	.536	126.417	.000	-7.607	1763	.000	-.561
	칼럼	1164	.79	1.765						
--여러 단락을 합해야 하는 경우 또는 --여러 단락으로 나눠야 하는 경우	사설	601	.27	.550	184.611	.000	-11.817	1763	.000	-.566
	칼럼	1164	.84	1.105						
--무괄식 단락 또는 --한 문장 단락 또는 --여러 단락을 합해야 하는 경우 또는 --여러 단락으로 나눠야 하는 경우	사설	601	.50	.833	138.882	.000	-10.461	1763	.000	-1.126
	칼럼	1164	1.63	2.571						

변수명		사례수	한 편당 평균단락 개수	표준 편차	Levene의 등분산 검정		평균의 동일성에 대한 t-검정			
					F	유의 확률	t	자유도	유의 확률 (양쪽)	평균차
-통일성 또는 -연결성을 위배한 단락	사설	601	1.33	1.427	86.841	.000	-10.423	1763	.000	-1.188
	칼럼	1164	2.51	2.600						
-연결성 또는 -강조성을 위배한 단락	사설	601	1.73	1.434	84.064	.000	-8.157	1763	.000	-.904
	칼럼	1164	2.64	2.512						
-통일성 또는 -강조성을 위배한 단락	사설	601	1.77	1.458	77.333	.000	-8.947	1763	.000	-.997
	칼럼	1164	2.77	2.522						
-무괄식 단락 또는 -한 문장 단락 또는 -여러 단락을 합해야 하는 경우	사설	601	.36	.754	163.560	.000	-9.616	1763	.000	-1.035
	칼럼	1164	1.40	2.582						
-한 문장 단락 또는 -여러 단락을 합해야 하는 경우 또는 -여러 단락으로 나눠야 하는 경우	사설	601	.37	.724	142.577	.000	-10.256	1763	.000	-.989
	칼럼	1164	1.36	2.306						
-통일성 또는 -연결성 또는 -강조성을 위배하거나 -무괄식 단락 또는 -한 문장 단락	사설	601	2.65	2.182	96.520	.000	-9.888	1763	.000	-2.105
	칼럼	1164	4.75	4.978						

주) ***: p〈0.01, **: p〈0.05, *: p〈0.10

표27 ● 사설·칼럼의 단락 개수와 차이

변수명		사례수	한 편당 평균	표준편차	Levene의 등분산검정		평균의 동일성에 대한 t-검정			
					F	유의확률	t	자유도	유의확률 (양쪽)	평균차
전체 단락 개 수	사설	601	4.87	1.215	286.949	.000	-21.614	1763	.000	-2.443
	칼럼	1164	7.32	2.630			-26.660	1745.308	.000	-2.443
도입 단락 개 수	사설	601	1.08	.322	431.963	.000	-11.569	1763	.000	-.449
	칼럼	1164	1.53	.924			-14.935	1602.649	.000	-.449
일반 단락 개 수	사설	601	2.82	1.128	249.368	.000	-19.327	1763	.000	-1.837
	칼럼	1164	4.65	2.184			-23.297	1762.998	.000	-1.837
전환 단락 개 수	사설	601	.01	.108	37.192	.000	-3.010	1763	.003	-.028
	칼럼	1164	.04	.212			-3.643	1762.496	.000	-.028
종결 단락 개 수	사설	601	.98	.318	77.058	.000	-5.962	1763	.000	-.140
	칼럼	1164	1.12	.529			-6.932	1723.820	.000	-.140

주) ***: p〈0.01, **: p〈0.05, *: p〈0.10

(2) 필자별 단락 처리 방식 비교 평가

〈연구문제 3-2〉에서는 국내 신문 사설·칼럼의 단락 처리가 필자별로 어떠한 차이가 있는지 살펴보았다. 이것을 분석하기 위해 단락 전개의 통일성·연결성·강조성 원리를 제대로 지키지 않은 경우를 합하여 분석했다. 그 결과 논설위원급은 통일성·연결성·강조성의 3대 원리를 지키지 않은 단락 개수가 한 편당 평균 2.57개, 교수·교사는 3.84개, 기타 전문직 종사자와 일반인은 3.96개, 데스크급은 4.58개, 외국인은 5.18개, 문인은 5.80개, 평기자는 5.84개로 나타났다. 〈연구문제 3-2〉를 검증하기 위해 일원변량분석(one-way ANOVA test)을 실시한 결과 유의 확률(p〈0.05)보다 낮게 나와 유의성이 인정되었다.

이 분석의 정확성을 확인하기 위해 Duncan 방식으로 사후검증을 실시한 결과 표30.과 같은 결과가 나왔다. 곧 논설위원급이 세 가지 원리를 위배한 개수는 한 편당 평균 2.57개로, 논설위원급은 다른 필진에 비해 이것을 가장 잘 지킨 첫 번째 집단이었다. 그 다음 두 번째 집단이 교수·교사(한 편당 평균 3.84개)로, 데스크급(4.58개), 기타(3.96개)가 문인(5.80개), 평기자(5.84개)와 다른 수치로 드러났다.

논설위원 글이 가장 우수한 것으로 나타난 이유는 이들이 오랫동안 글을 쓰다 보니 설령 문장 교육을 별도로 받지 않았다고 하더라도, 상대적으로 경력이 짧은 데스크급이나 평기자에 비해 단락 전개 원리를 잘 지킨 것으로 볼 수 있다. 논설위원들은 통일성 원리와 연결성 원리를 각각 분석한 항목에서도 유일하게 가장 우수한 집단에 포함되었다. 다만 강조성 원리는 논설위원급과 교수·교사, 데스크급, 기타 일반인이 같은 집단에 속했다. 주장을 뒷받침하는 논거를 충분히 제시하는 항목에선 논설위원들이 다른 필자들과 별다른 차별이 없다는 것을 알 수 있다.

표28 ● 필자별 통일성 또는 연결성 또는 강조성을 위배한 단락의 개수

변수명		사례수	한 편당 평균	표준편차	F-통계량	유의도
···통일성 또는 ···연결성 또는 ···강조성을 위배한 단락	논설위원급	914	2.57	2.164	29.738	.000
	데스크급	226	4.58	4.691		
	평기자	70	5.84	5.174		
	교수·교사	266	3.84	2.945		
	문인	20	5.80	5.512		
	외국인	50	5.18	4.406		
	기타	219	3.96	3.275		
	합계	1765	3.43	3.281		

주) ***: p〈0.01, **: p〈0.05, *: p〈0.10

표29 ● 필자별 단락 전개의 원리 위배 개수와 차이

변수명		사례수	한 편당 평균	표준편차	F-통계량	유의도
통일성 위배 개수	논설위원급	914	.78	.924	26.768	.000
	데스크급	226	1.55	1.779		
	평기자	70	1.99	1.877		
	교수·교사	266	1.27	1.198		
	문인	20	1.85	1.899		
	외국인	50	1.68	1.518		
	기타	219	1.34	1.269		
	합계	1765	1.11	1.280		
연결성 위배 개수	논설위원급	913	.68	.843	28.572	.000
	데스크급	226	1.47	1.726		
	평기자	70	1.91	1.917		
	교수·교사	266	1.14	1.122		
	문인	20	1.75	1.888		
	외국인	50	1.44	1.487		
	기타	219	1.24	1.303		
	합계	1,764	1.00	1.235		
강조성 위배 개수	논설위원급	914	1.11	1.079	12.785	.000
	데스크급	226	1.57	1.659		
	평기자	70	1.94	1.710		
	교수·교사	266	1.43	1.243		
	문인	20	2.20	2.191		
	외국인	50	2.06	2.045		
	기타	219	1.38	1.222		
	합계	1765	1.32	1.313		

주) ***: p〈0.01, **: p〈0.05, *: p〈0.10

4부 분석 결과와 논의

필자의 종류	사례수	유의수준 = .05에 대한 부집단			
		1	2	3	4
논설위원급	914	2.57			
교수·교사	266		3.84		
외국인	50			5.18	5.18
데스크급	226		4.58	4.58	
문인	20				5.80
평기자	70				5.84
기타	219		3.96		
유의 확률		1.000	.181	.256	.236

필자의 종류	사례수	유의수준 = .05에 대한 부집단		
		1	2	3
논설위원급	914	.78		
교수·교사	266		1.27	
외국인	50		1.68	1.68
데스크급	226		1.55	1.55
문인	20			1.85
평기자	70			1.99
기타	219		1.34	
유의 확률		1.000	.066	.051

신문 글의 구성과 단락 전개에 관한 연구

표32 ● 필자별 연결성 위배한 단락 개수 사후검증

필자의 종류	사례수	유의수준 = .05에 대한 부집단			
		1	2	3	4
논설위원급	913	.68			
교수·교사	266		1.14		
외국인	50		1.44	1.44	
데스크급	226		1.47	1.47	
문인	20			1.75	1.75
평기자	70				1.91
기타	219		1.24		
유의 확률		1.000	.130	.140	.406

표33 ● 필자별 강조성 위배한 단락 개수 사후검증

필자의 종류	사례수	유의수준 = .05에 대한 부집단		
		1	2	3
논설위원급	914	1.11		
교수·교사	266	1.43		
외국인	50			2.06
데스크급	226	1.57	1.57	
문인	20			2.20
평기자	70		1.94	1.94
기타	219	1.38		
유의 확률		.054	.081	.264

4부 분석 결과와 논의

표34 • 필자별 한 문장 단락 개수 사후검증

필자의 종류	사례수	유의수준 = .05에 대한 부집단				
		1	2	3	4	5
논설위원급	914	.10				
교수·교사	266	.25	.25			
외국인	50		.64	.64		
데스크급	226				1.12	
문인	20			.75	.75	
평기자	70					2.03
기타	219	.35	.35			
유의 확률		.210	.050	.558	.052	1.000

표35 • 필자별 여러 단락 합해야 정상 단락이 되는 경우의 개수 사후검정

필자의 종류	사례수	유의수준 = .05에 대한 부집단		
		1	2	3
논설위원급	914	.17		
교수·교사	266	.34		
외국인	50		1.14	
데스크급	226		1.21	
문인	20	.40		
평기자	70			1.49
기타	219	.45		
유의 확률		.066	.618	1.000

표36 • 필자별 여러 단락으로 나눠야 정상 단락이 되는 경우의 개수 사후검증

필자의 종류	사례수	유의수준 = .05에 대한 부집단		
		1	2	3
평기자	69	.07		
논설위원급	914	.17	.17	
외국인	50	.18	.18	.18
데스크급	226	.18	.18	.18
교수·교사	266		.26	.26
기타	219		.28	.28
문인	20			.35
유의 확률		.209	.212	.052

　세부적으로 나누어, 통일성 원리를 위배한 단락 개수를 필자 종류별로 분석해 보자. 우선 논설위원급은 한 편당 평균 0.69개 단락이 통일성 원리에 어긋났다. 데스크급은 1.45개 단락, 평기자는 1.87개 단락, 교수·교사는 1.17개 단락, 문인은 1.50개 단락, 외국인은 1.50개 단락, 기타 필진은 1.22개 단락으로 집계됐다. 연결성 원리를 위배한 단락의 경우, 논설위원급은 한 편당 평균 0.59개 단락, 데스크급은 1.36개 단락, 평기자는 1.83개 단락, 교수·교사는 1.12개 단락, 문인은 1.45개 단락 순으로 나타났다. 외국인은 1.36개 단락, 기타는 1.18개 단락으로 드러났다. 강조성 원리를 위배한 경우도 마찬가지다. 논설위원급은 0.91개 단락, 데스크급은 1.33개 단락, 평기자는 1.77개 단락, 교수·교사는 1.30개 단락, 문인은 1.95개 단락, 외국인은 1.92개 단락, 기타는 1,23개 단락이다.

위의 세 가지 항목을 검증하기 위해 일원변량분석(one-way ANOVA test)을 실시한 결과 유의 확률(p<0.05)보다 낮게 나와 유의성이 인정되었다. 이 분석의 정확성을 확인하기 위해 Duncan 방식으로 사후검증을 실시한 결과 논설위원들은 통일성과 연결성 원리를 각각 가장 적게 위배한 집단에 유일하게 속했다. 하지만 논설위원들도 강조성 원리를 위배한 사후검증에서는 다른 필자들과 큰 차이를 드러내지 않았다(이상 표31. 표32. 표33. 참조).

소주제(화제)는 있으나 소주제문이나 화제문을 드러내 놓지 않은 무괄식 단락의 경우 논설위원급은 한 편당 평균 0.13개 단락, 데스크급은 0.33개 단락, 평기자는 0.26개 단락, 교수·교사는 0.14개 단락, 문인은 0.40개 단락, 외국인은 0.34개 단락, 기타는 0.20개 단락으로 나타났다. 문인들은 소주제문이나 화제문을 뚜렷하게 드러내지 않는 편으로 드러났다.

한 문장을 한 단락으로 처리한 '한 문장 단락'을 쓴 경우는 논설위원급이 한 편당 평균 0.09개 단락, 데스크급은 1.09개 단락, 평기자는 1.87개 단락, 교수·교사는 0.25개 단락, 문인은 0.70개 단락, 외국인은 0.64개 단락, 기타는 0.32개 단락으로 나타났다. 이 항목에서 가장 높게 수치가 나온 평기자의 경우 한 문장을 한 단락으로 쓰는 스트레이트 기사의 영향을 받은 것으로 보인다. 곧 단락 전개 원리에 맞춰 써야 하는 칼럼에서도, 스트레이트 기사를 쓰는 것처럼 한 문장을 쓰고 줄을 바꿔 그 다음 문장을 쓰는 버릇이 나온 것으로 분석된다.

단락 여러 개를 한 단락으로 묶어야 정상 단락이 되는 경우를 살펴보면 다음과 같다. 우선 논설위원급은 한 편당 평균 0.17개 단락, 데스크급은 1.13개 단락, 평기자는 1.45개 단락, 교수·교사는 0.32개 단락, 문인은 0.35개 단락, 외국인은 1.16개 단락, 기타는 0.40개 단락이다. 여러 단락으로 나누어야 할 단락을 한 데 묶어 쓴 경우는 논설위원급이 한 편당 평균 0.16개 단락, 데스크급은 0.18개 단락, 평기자는 0.06개 단락, 교수·교사는 0.26개 단락, 문인은 0.30개 단락, 외국인은 0.18개 단락, 기타는 0.29개 단락이다. 한편, 무괄식 단락과 한 문장 단락, 여러 단락을 합해야 정상 단락이 되는 경우, 여러 단락으로 나눠야 정상 단락이 되는 경우는 Duncan 방식으로 사후검증을 실시한 결과 필자에 따라 특별한 차이가 없다.

언론인과 비언론인의 단락 처리 방식의 비교 평가

언론인(논설위원급, 데스크급, 차장급, 평기자)과 비언론인(교수·교사, 문인, 외국인, 기타 전문직과 일반인)을 나누어 분석해 보자. 단락 전개의 통일성, 연결성, 강조성 원리를 위배한 단락 개수를 합하면 언론인은 한 편당 평균 3.14개 단락이고, 비언론인은 4.08개로 나타났다.

표37 • 언론인과 비언론인의 단락의 종류별 사용 개수와 차이

변수명		사례수	한 편당 평균	표준 편차	Levene의 등분산 검정		평균의 동일성에 대한 t-검정			
					F	유의 확률	t	자유도	유의확률 (양쪽)	평균차
전체 단락 개수	언론인	1210	6.18	2.564	6.644	.010	-7.548	1763	.000	-.964
	비언론인	555	7.15	2.325			-7.827	1176.588	.000	-.964
도입 단락 개수	언론인	1210	1.38	.850	3.305	.069	.434	1763	.664	.018
	비언론인	555	1.36	.686			.470	1311.660	.639	.018

변수명		사례수	한 편당 평균	표준 편차	Levene의 등분산 검정		평균의 동일성에 대한 t-검정			
					F	유의 확률	t	자유도	유의확률 (양쪽)	평균차
일반 단락 개수	언론인	1210	3.74	2.050	.043	.835	-8.835	1763	.000	-.923
	비언론인	555	4.66	2.012			-8.898	1093.774	.000	-.923
전환 단락 개수	언론인	1210	.02	.164	15.956	.000	-2.013	1763	.044	-.019
	비언론인	555	.04	.221			-1.806	843.463	.071	-.019
종결 단락 개수	언론인	1210	1.06	.477	2.153	.142	-1.269	1763	.205	-.031
	비언론인	555	1.09	.462			-1.284	1107.375	.199	-.031

주) ***: p〈0.01, **: p〈0.05, *: p〈0.10

통일성 원리를 위배한 단락 개수는 언론인이 한 편당 평균 0.99개, 비언론인은 1.35개로 나타났다. 연결성 원리를 위배한 단락 개수는 언론인이 한 편당 평균 0.90개, 비언론인은 1.23개였다. 강조성 원리를 위배한 단락 개수는 언론인이 한 편당 평균 1.25개, 비언론인이 1.50개로 나타났다. 이 항목을 검증하기 위해 t-검증을 실시한 결과 유의 확률(p〈0.05)보다 낮게 나와 유의성이 인정되었다.

한편, 무괄식 단락을 사용한 경우는 언론인이 한 편당 평균 0.22개 단락, 비언론인도 0.22개 단락으로 똑같이 나왔다. 한 문장 단락의 개수는 언론인이 한 편당 평균 0.40개 단락, 비언론인이 평균 0.34개 단락으로 분석됐다. 한 문장 단락을 합할 경우에 정상 단락이 되는 경우는 언론인이 한 편당 평균 0.44개 단락, 비언론인이 0.46개 단락으로 나왔다.

변수명		사례수	한 편당 평균	표준 편차	Levene의 등분산 검정		평균의 동일성에 대한 t-검정			
					F	유의 확률	t	자유도	유의확률 (양쪽)	평균차
통일성 위배 개수	언론인	1210	.99	1.258	11.280	.001	-5.530	1763	.000	-.360
	비언론인	555	1.35	1.292			-5.476	1049.777	.000	-.360
연결성 위배 개수	언론인	1209	.90	1.207	15.027	.000	-5.218	1762	.000	-.328
	비언론인	555	1.23	1.267			-5.124	1029.533	.000	-.328
강조성 위배 개수	언론인	1210	1.25	1.273	5.742	.017	-3.754	1763	.000	-.252
	비언론인	555	1.50	1.384			-3.639	998.413	.000	-.252
무괄식 단락 개수	언론인	1210	.22	.724	.102	.750	.102	1763	.918	.004
	비언론인	555	.22	.607			.109	1265.912	.913	.004
한 문장 단락 개수	언론인	1210	.40	1.326	4.974	.026	.898	1763	.369	.056
	비언론인	555	.34	.936			1.017	1472.435	.309	.056
합한 정상 단락 개수	언론인	1210	.44	.939	.352	.553	-.314	1763	.754	-.015
	비언론인	555	.46	.849			-.326	1179.573	.745	-.015
나뉜 정상 단락 개수	언론인	1209	.17	.433	54.949	.000	-4.046	1762	.000	-.097
	비언론인	555	.26	.534			-3.747	901.701	.000	-.097

주) ***: p〈0.01, **: p〈0.05, *: p〈0.10

표39 ● 언론인과 비언론인의 통일성 또는 연결성 또는 강조성을 위배한 단락 개수

변수명		사례수	한 편당 평균 단락 개수	표준편차	Levene의 등분산 검정		평균의 동일성에 대한 t-검정			
					F	유의확률	t	자유도	유의확률(양쪽)	평균차
··통일성 또는 ··연결성 또는 ··강조성을 위배한 단락	언론인	1210	3.14	3.196	7.380	.007	-5.640	1763	.000	-.940
	비언론인	555	4.08	3.373			-5.528	1024.688	.000	-.940

주) ***: p<0.01, **: p<0.05, *: p<0.10

표40 ● 언론인과 비언론인의 통일성 · 강조성 · 연결성 위배 개수의 합 · 차이 비교 (집단통계량)

변수명		사례수	한 편당 평균 단락 개수	표준편차	Levene의 등분산 검정		평균의 동일성에 대한 t-검정			
					F	유의확률	t	자유도	유의확률(양쪽)	평균차
·통일성 또는 ·연결성 또는 ··강조성을 위배하거나 ·무괄식 단락 또는 ·한 문장 단락 또는 ·여러 단락을 합해야 하는 경우 또는 ··여러 단락으로 나눠야 하는 경우	언론인	1210	4.37	5.120	.013	.910	-3.907	1763	.000	-.993
	비언론인	555	5.36	4.579			-4.071	1192.025	.000	-.993
·무괄식 단락 또는 ·한 문장 단락	언론인	1210	.62	1.613	4.142	.042	.780	1763	.436	.060
	비언론인	555	.56	1.183			.872	1426.759	.383	.060
·여러 단락을 합해야 하는 경우 또는 ··여러 단락으로 나눠야 하는 경우	언론인	1210	.61	.999	.252	.616	-2.206	1763	.028	-.112
	비언론인	555	.72	.966			-2.233	1107.916	.026	-.112

신문 글의 구성과 단락 전개에 관한 연구

변수명		사례수	한 편당 평균 단락 개수	표준편차	Levene의 등분산 검정		평균의 동일성에 대한 t-검정			
					F	유의확률	t	자유도	유의확률(양쪽)	평균차
-무괄식 단락 또는 -한 문장 단락 또는 -여러 단락을 합해야 하는 경우 또는 -여러 단락으로 나눠야 하는 경우	언론인	1210	1.23	2.369	3.230	.072	-.461	1763	.645	-.052
	비언론인	555	1.28	1.813			-.508	1375.197	.612	-.052
-통일성 또는 -연결성을 위배한 단락	언론인	1210	1.89	2.301	9.281	.002	-5.797	1763	.000	-.689
	비언론인	555	2.58	2.351			-5.752	1054.811	.000	-.689
-연결성 또는 -강조성을 위배한 단락	언론인	1210	2.15	2.179	8.454	.004	-5.078	1763	.000	-.581
	비언론인	555	2.73	2.340			-4.946	1009.181	.000	-.581
-통일성 또는 -강조성을 위배한 단락	언론인	1210	2.24	2.198	6.307	.012	-5.302	1763	.000	-.612
	비언론인	555	2.85	2.360			-5.164	1009.538	.000	-.612
-무괄식 단락 또는 -한 문장 단락 또는 -여러 단락을 합해야 하는 경우	언론인	1210	1.06	2.367	4.909	.027	.399	1763	.690	.045
	비언론인	555	1.02	1.777			.442	1398.261	.658	.045
-한 문장 단락 또는 -여러 단락을 합해야 하는 경우 또는 -여러 단락으로 나눠야 하는 경우	언론인	1210	1.01	2.117	2.440	.118	-.551	1763	.582	-.056
	비언론인	555	1.06	1.625			-.606	1371.408	.545	-.056
-통일성 또는 -연결성 또는 -강조성을 위배하거나 -무괄식 단락 또는 -한 문장 단락	언론인	1210	3.76	4.426	1.291	.256	-3.963	1763	.000	-.881
	비언론인	555	4.64	4.131			-4.065	1145.229	.000	-.881

주) ***: p〈0.01, **: p〈0.05, *: p〈0.1

이 항목을 검증하기 위해 t-검증을 실시한 결과 유의 확률(p⟨0.05)보다 높게 나와 유의성은 인정되지 않았다. 한 단락에 소주제가 여러 개 있어 여러 단락으로 나누어야 정상 단락이 되는 경우는 언론인이 한 편당 평균 0.17개 단락, 비언론인이 0.26개 단락으로 나타났다. 이 항목을 검증하기 위해 t-검증을 실시한 결과 유의 확률(p⟨0.05)보다 낮게 나와 유의성을 인정하였다.

t-검증 결과를 종합해 보면, 언론인의 글이 비언론인의 글보다는 상대적으로 단락 전개 원리를 잘 지킨 것으로 나타났다. 단락 전개 3대 원리인 통일성·연결성·강조성을 모두 합하여 비교해도 언론인 글이 좋은 평가를 받았다. 그리고 이 세 가지 원리를 각각 별도로 분석할 경우에도 언론인 글이 단락 원리를 잘 지킨 것으로 분석됐다. 무괄식 단락의 개수와 한 문장 단락을 합할 경우에 정상 단락이 되는 경우를 제외하면, 모든 항목에서 언론인이 우수한 점수를 받았다. 이를테면 언론인은 생각을 논리적으로 조직하면서 단락 전개 원리에 맞춰 글을 펼치는 능력이 비언론인에 비해 낫다는 말이다. 보통 편집 과정에서 기자들이 비언론인의 글(외부 원고)을 좀 더 좋은 글로 손질하는 것을 감안하면, 비언론인 글의 수준은 언론인 글과 더 많은 격차가 벌어질 수가 있다.

이처럼 언론인 글이 비언론인 글보다 단락 구성 능력이 우수하게 나타나는 배경은 전자가 후자보다 글쓰기 훈련을 더 많이 하는 데 있는 것으로 보인다. 기자들은 논문·작문 시험을 치른 뒤 언론계에 들어오고, 입사 뒤에도 기사 작성법 등 글쓰기 훈련을 한다. 물론 이 글의 이론적 배경에서 기자들의 글쓰기 교육이 부족하다고 지적했으나 그래도 일반인에 비해서는 글쓰기 공부 기회가 직간접으로 더 많다고 할 수 있다. 특히 사설이나 칼럼을 쓸 단계의 언론인은 글쓰기 경험이 풍부한 경력 10년 차 이상이 많다. 고정 칼럼과 사설 필자는 기자들 중에서도 글쓰기 능력을 검증한 경우가 대부분이다. 그런데 비언론인 곧 외부 필자는 대학교수나 각 분야 전문가로 글쓰기가 전업이 아닌 경우가 많다. 이들에게 날마다 기사나 칼럼을 쓰는 언론인보다 글쓰기를 더 잘하라고 기대하는 것은 무리다.

(3) 글의 주제별 단락 처리 방식의 비교 평가

〈연구문제 3-3〉에서는 국내 신문 사설·칼럼이 주제별로 단락 전개 원리의 준수 여부에 어떠한 차이가 있는지를 살펴보았다. 그런데 이 항목에서는 큰 차이가 나오지 않았다. 곧 어떤 주제의 글은 문장론 원칙에 맞춰 쓰는 반면, 또 다른 주제의 글은 그렇지 않다고 통계적인 차이점을 낼 수는 없다는 말이다.

글의 단락 전개에서 통일성·연결성·강조성 원리를 제대로 지키지 않은 경우를 합하여 분석한 결과를 살펴보면 다음과 같다. 정치에 관한 글에서 단락 전개 원리를 위배한 경우는 한 편당 평균 3.34개 단락, 외교·안보는 3.61개 단락, 경제는 3.38개 단락, 사회는 3.35개 단락, 교육은 3.21개 단락, 환경은 4.24개 단락, 보건·복지는 3.51개 단락, 국제는 3.82개 단락, 문화는 3.29개 단락, 의학·과학은 3.79개 단락, 인물은 3.22개 단락으로 나타났다. 그 분석 결과를 표42.로 제시했다.

변수명		사례수	한 편당 평균	표준편차	F-통계량	유의도
통일성 위 배 개 수	정치	338	1.00	1.145		
	외교·안보	219	1.15	1.448		
	경제	251	1.06	1.257		
	사회	372	1.10	1.304		
	교육	126	.98	1.277		
	환경	37	1.51	1.865	1.136	.331
	보건·복지	39	1.08	.929		
	국제	138	1.27	1.468		
	문화	175	1.18	1.135		
	의학·과학	34	1.29	.906		
	인물	36	1.14	1.018		
	합계	1765	1.11	1.280		
연결성 위 배 개 수	정치	337	.88	1.062		
	외교·안보	219	.99	1.351		
	경제	251	1.01	1.198		
	사회	372	.96	1.221		
	교육	126	.96	1.248		
	환경	37	1.57	1.849	1.697	.076
	보건·복지	39	1.08	.900		
	국제	138	1.12	1.415		
	문화	175	1.07	1.199		
	의학·과학	34	1.35	1.323		
	인물	36	1.11	1.141		
	합계	1,764	1.00	1.235		
강조성 위 배 개 수	정치	338	1.47	1.359		
	외교·안보	219	1.47	1.314		
	경제	251	1.30	1.257		
	사회	372	1.30	1.288		
	교육	126	1.27	1.196		
	환경	37	1.16	1.818	2.096	.022
	보건·복지	39	1.36	1.088		
	국제	138	1.43	1.489		
	문화	175	1.03	1.231		
	의학·과학	34	1.15	1.105		
	인물	36	.97	1.158		
	합계	1765	1.32	1.313		

변수명		사례수	한 편당 평균	표준편차	F-통계량	유의도
무괄식 단 락 개 수	정치	338	.24	.786	1.051	.398
	외교·안보	219	.18	.561		
	경제	251	.19	.616		
	사회	372	.21	.656		
	교육	126	.23	.956		
	환경	37	.19	.462		
	보건·복지	39	.10	.307		
	국제	138	.26	.748		
	문화	175	.23	.564		
	의학·과학	34	.09	.288		
	인물	36	.50	1.082		
	합계	1765	.22	.689		
한 문장 단 락 개 수	정치	338	.27	.813	1.858	.047
	외교·안보	219	.37	1.210		
	경제	251	.38	1.257		
	사회	372	.34	1.385		
	교육	126	.26	.989		
	환경	37	.65	1.903		
	보건·복지	39	.41	.880		
	국제	138	.71	1.675		
	문화	175	.48	1.149		
	의학·과학	34	.18	.576		
	인물	36	.44	.909		
	합계	1765	.38	1.217		
여러 단락을 합해야 하는 경우	정치	338	.41	.815	3.845	.000
	외교·안보	219	.44	.835		
	경제	251	.46	.922		
	사회	372	.35	.942		
	교육	126	.23	.622		
	환경	37	.41	.798		
	보건·복지	39	.41	.715		
	국제	138	.75	1.151		
	문화	175	.61	.999		
	의학·과학	34	.26	.511		
	인물	36	.75	1.339		
	합계	1765	.45	.912		

4부 분석 결과와 논의

변수명		사례수	한 편당 평균	표준편차	F-통계량	유의도
여러 단락으로 나눠야 하는 경우	정치	338	.15	.405	1.080	.374
	외교·안보	218	.23	.495		
	경제	251	.16	.402		
	사회	372	.19	.459		
	교육	126	.25	.485		
	환경	37	.24	.597		
	보건·복지	39	.21	.469		
	국제	138	.21	.475		
	문화	175	.26	.604		
	의학·과학	34	.21	.479		
	인물	36	.17	.447		
	합계	1,764	.20	.469		

표42 • 글의 주제별 통일성 또는 연결성 또는 강조성을 위배한 단락의 개수

변수명		사례수	한 편당 평균 단락 개수	표준편차	F-통계량	유의도
··통일성 또는 ··연결성 또는 ··강조성을 위배한 단락	정치	338	3.34	2.939	.684	.741
	외교·안보	219	3.61	3.614		
	경제	251	3.38	3.174		
	사회	372	3.35	3.237		
	교육	126	3.21	3.261		
	환경	37	4.24	5.236		
	보건·복지	39	3.51	2.491		
	국제	138	3.82	3.880		
··통일성 또는 ··연결성 또는 ··강조성을 위배한 단락	문화	175	3.29	3.042	.684	.741
	의학·과학	34	3.79	2.815		
	인물	36	3.22	2.758		
	합계	1765	3.43	3.281		

주) ***: p〈0.01, **: p〈0.05, *: p〈0.10

통일성 원리에 어긋난 경우는 정치에 관한 글에서 한 편당 평균 1.00개 단락, 외교·안보 1.15개 단락, 경제 1.06개 단락, 사회 1.10개 단락, 교육 0.98개 단락, 환경 1.51개 단락, 보건·복지 1.08개 단락, 국제 1.27개 단락, 문화 1.18개 단락, 의학·과학 1.29개 단락, 인물 1.14개 단락이었다. 연결성 원리에 어긋난 경우는 정치에 관한 글에서 한 편당 평균 0.88개 단락, 외교·안보 0.99개 단락, 경제 1.01개 단락, 사회 0.96개 단락, 교육 0.96개 단락, 환경 1.57개 단락, 보건복지 1.08개 단락, 국제 1.12개 단락, 문화 1.07개 단락, 의학·과학 1.35개 단락, 인물 1.11개 단락으로 나타났다. 강조성 원러에 어긋난 경우는 정치에 관한 글에서 한 편당 평균 1.47개 단락, 외교·안보는 1.47개 단락, 경제는 1.30개 단락, 사회는 1.30개 단락, 교육은 1.27개 단락, 환경은 1.16개 단락, 보건·복지는 1.36개 단락, 국제는 1.43개 단락, 문화는 1.03개 단락, 의학·과학은 1.15개 단락, 인물은 0.97개 단락이었다.

이상의 항목을 검증하기 위해 일원변량분석을 실시한 결과 한 문장 단락의 개수와 강조성 위배 개수, 여러 단락을 합해야 정상 단락이 되는 경우의 개수는 유의 확률($p < 0.05$)보다 낮게 나와 유의성을 인정했다. 하지만 나머지 네 개 항목은 유의 확률보다 높게 나와 그 차이는 의미 없는 것으로 분석했다.

표43 • 주제별 통일성·강조성·연결성의 원리 등 위배 개수의 합과 차이

변수명		사례수	한 편당 평균 단락 개수	표준편차	F-통계량	유의도
"통일성 또는 "연결성 또는 "강조성을 위배하거나 "무괄식 단락 또는 "한 문장 단락 또는 "여러 단락을 합해야 하는 경우 또는 "여러 단락으로 나눠야 하는 경우	정치	338	4.42	4.154	1.193	.291
	외교·안보	219	4.84	5.132		
	경제	251	4.57	4.877		
	사회	372	4.45	5.171		
	교육	126	4.18	5.025		
	환경	37	5.73	7.813		
	보건·복지	39	4.64	3.624		
	국제	138	5.75	6.146		
	문화	175	4.87	4.734		
	의학·과학	34	4.53	3.126		
	인물	36	5.08	4.500		
	합계	1765	4.68	4.976		
"무괄식 단락 또는 "한 문장 단락	정치	338	.51	1.199	1.685	.079
	외교·안보	219	.56	1.351		
	경제	251	.57	1.528		
	사회	372	.55	1.615		
	교육	126	.49	1.658		
	환경	37	.84	2.062		
	보건·복지	39	.51	.970		
	국제	138	.97	1.852		
	문화	175	.71	1.426		
	의학·과학	34	.26	.618		
	인물	36	.94	1.530		
	합계	1765	.60	1.491		

신문 글의 구성과 단락 전개에 관한 연구

변수명		사례수	한 편당 평균 단락 개수	표준편차	F-통계량	유의도
··여러 단락을 합해야 하는 경우 또는 ··여러 단락으로 나눠야 하는 경우	정치	338	.57	.894	3.682	.000
	외교·안보	219	.67	.910		
	경제	251	.63	.985		
	사회	372	.55	1.015		
	교육	126	.48	.745		
	환경	37	.65	1.060		
	보건·복지	39	.62	.877		
	국제	138	.96	1.205		
	문화	175	.86	1.074		
	의학·과학	34	.47	.662		
	인물	36	.92	1.360		
	합계	1765	.65	.990		
··무괄식 단락 또는 ··한 문장 단락 또는 ··여러 단락을 합해야 하는 경우 또는 ··여러 단락으로 나눠야 하는 경우	정치	338	1.08	1.781	2.856	.002
	외교·안보	219	1.23	2.010		
	경제	251	1.20	2.236		
	사회	372	1.10	2.400		
	교육	126	.97	2.143		
	환경	37	1.49	2.893		
	보건·복지	39	1.13	1.625		
	국제	138	1.93	2.790		
	문화	175	1.58	2.193		
	의학·과학	34	.74	1.053		
	인물	36	1.86	2.486		
	합계	1765	1.25	2.209		

4부 분석 결과와 논의

변수명		사례수	한 편당 평균 단락 개수	표준편차	F-통계량	유의도
··통일성 또는 ··연결성을 위배한 단락	정치	338	1.87	1.968	1.536	.120
	외교·안보	219	2.14	2.677		
	경제	251	2.08	2.271		
	사회	372	2.05	2.336		
	교육	126	1.94	2.344		
	환경	37	3.08	3.578		
	보건·복지	39	2.15	1.694		
	국제	138	2.38	2.767		
	문화	175	2.26	2.149		
	의학·과학	34	2.65	2.058		
	인물	36	2.25	1.933		
	합계	1765	2.11	2.338		
··연결성 또는 ··강조성을 위배한 단락	정치	338	2.34	2.097	.642	.779
	외교·안보	219	2.47	2.358		
	경제	251	2.31	2.134		
	사회	372	2.25	2.225		
	교육	126	2.23	2.210		
	환경	37	2.73	3.533		
	보건·복지	39	2.44	1.714		
	국제	138	2.55	2.614		
	문화	175	2.11	2.151		
	의학·과학	34	2.50	2.121		
	인물	36	2.08	1.977		
	합계	1765	2.33	2.246		

변수명		사례수	한 편당 평균 단락 개수	표준편차	F-통계량	유의도
··통일성 또는 ··강조성을 위배한 단락	정치	338	2.47	2.156	.740	.687
	외교·안보	219	2.62	2.447		
	경제	251	2.37	2.227		
	사회	372	2.39	2.218		
	교육	126	2.25	2.209		
	환경	37	2.68	3.512		
	보건·복지	39	2.44	1.803		
	국제	138	2.70	2.634		
	문화	175	2.22	2.062		
	의학·과학	34	2.44	1.727		
	인물	36	2.11	1.909		
	합계	1765	2.43	2.267		
··무괄식 단락 또는 ··한 문장 단락 또는 ··여러 단락을 합해야 하는 경우	정치	338	.93	1.759	2.695	.003
	외교·안보	219	1.00	2.008		
	경제	251	1.03	2.234		
	사회	372	.90	2.396		
	교육	126	.72	2.138		
	환경	37	1.24	2.640		
	보건·복지	39	.92	1.596		
	국제	138	1.72	2.799		
	문화	175	1.32	2.197		
	의학·과학	34	.53	1.022		
	인물	36	1.69	2.539		
	합계	1765	1.05	2.198		

4부 분석 결과와 논의

변수명		사례수	한 편당 평균 단락 개수	표준편차	F-통계량	유의도
··한 문장 단락 또는 ··여러 단락을 합해야 하는 경우 또는 ··여러 단락으로 나눠야 하는 경우	정치	338	.84	1.488	3.032	.001
	외교·안보	219	1.05	1.886		
	경제	251	1.00	2.007		
	사회	372	.89	2.217		
	교육	126	.74	1.498		
	환경	37	1.30	2.747		
	보건·복지	39	1.03	1.564		
	국제	138	1.67	2.606		
	문화	175	1.34	1.953		
	의학·과학	34	.65	1.012		
	인물	36	1.36	2.031		
	합계	1765	1.03	1.976		
··통일성 또는 ··연결성 또는 ··강조성을 위배하거나 ··무괄식 단락 또는 ··한 문장 단락	정치	338	3.86	3.631	.827	.602
	외교·안보	219	4.17	4.580		
	경제	251	3.95	4.294		
	사회	372	3.90	4.463		
	교육	126	3.71	4.596		
	환경	37	5.08	7.108		
	보건·복지	39	4.03	3.091		
	국제	138	4.79	5.259		
	문화	175	4.01	4.079		
	의학·과학	34	4.06	2.984		
	인물	36	4.17	3.613		
	합계	1765	4.03	4.353		

주) ***: p〈0.01, **: p〈0.05, *: p〈0.10

신문 글의 구성과 단락 전개에 관한 연구

한 문장 단락의 개수는 정치에 관한 글에서 한 편당 평균 0.27개 단락, 외교·안보는 0.37개 단락, 경제는 0.38개 단락, 사회는 0.34개 단락, 교육은 0.26개 단락으로 집계됐다. 그리고 환경은 0.65개 단락, 보건·복지는 0.41개 단락, 국제는 0.71개 단락, 문화는 0.48개 단락, 의학·과학은 0.18개 단락, 인물은 0.44개 단락으로 나타났다.

한 문장 단락을 여러 개 합할 경우에 정상 단락이 되는 경우의 개수는 정치에 관한 글에서 한 편당 평균 0.41개 단락, 외교·안보 0.44개 단락, 경제 0.46개 단락, 사회 0.35개 단락, 교육 0.23개 단락으로 나타났다. 그리고 환경 0.41개 단락, 보건·복지 0.41개 단락, 국제 0.75개 단락, 문화 0.61개 단락, 의학·과학 0.26개 단락, 인물 0.75개 단락이다.

무괄식 단락 개수는 정치에 관한 글에서 한 편당 평균 0.24개 단락, 외교·안보는 0.18개 단락, 경제는 0.19개 단락, 사회는 0.21개 단락, 교육은 0.23개 단락이다. 그리고 환경은 0.19개 단락, 보건·복지 0.10개 단락, 국제는 0.26개 단락, 문화는 0.23개 단락, 의학·과학은 0.09개 단락, 인물은 0.50개 단락으로 나타났다.

한 단락 안에 소주제가 여러 개 있어 단락을 더 나눠야 정상 단락이 되는 경우의 개수는 정치에 관한 글에서 한 편당 평균 0.15개 단락, 외교·안보 0.23개 단락, 경제 0.16개 단락, 사회 0.19개 단락으로 분석됐다. 그리고 교육은 0.25개 단락, 환경 0.24개 단락, 보건·복지 0.21개 단락, 국제 0.21개 단락, 문화 0.26개 단락, 의학·과학 0.21개 단락, 인물 0.17개 단락으로 나타났다.

〈연구문제 3-3〉을 검증하기 위해 일원변량분석(one-way ANOVA test)을 실시하였다. ▲ 통일성, 연결성, 강조성 원리를 위배한 단락을 합한 경우의 개수 ▲ 통일성 원리를 위배한 단락의 개수 ▲ 연결성 원리를 위배한 단락의 개수 ▲ 무괄식 단락 개수 ▲ 여러 단락으로 나누어야 정상 단락이 되는 경우의 개수는 유의 확률(p)0.05)보다 많이 나와 유의성을 인정하지 않았다. 하지만 ▲ 강조성 원리를 위배한 단락의 개수 ▲ 한 문장 단락 개수 ▲ 한 문장 단락을 합할 때 정상 단락이 되는 경우의 개수는 유의 확률(p<0.05)보다 낮게 나와 유의성을 인정했다. 이 같은 분석이 정확한지 확인하기 위해 사후검증 중 Duncan 방법을 이용하여 살펴본 결과, 특정 주제가 다른 주제에 비해 우열이 있는 것으로 드러난 부분은 없다(부록 표 참조). 결론은 주제별로 단락 전개 3대 원리를 지켰는지 분석하는 것은 큰 의미가 없다는 말이다. 신문사나, 필자에 따라 글을 잘 쓰는지 못쓰는지 분석할 수는 있을 것이다. 하지만 신문사나 필자를 구분하지 않고 단순히 주제에 따라 단락 전개 원리를 제대로 지켰는지 살펴본 대목에서는 특이사항이 드러나지 않았다.

(4) 심층 인터뷰 연구 결과

이 연구에서는 언론인 8명에게 사설·칼럼의 단락 전개와 관련해 심층 인터뷰를 실시하였다. 사설·칼럼 분석 결과와 그런 결과가 나온 원인을 좀 더 깊이 있게 점검하기 위해서 평기자와 데스크들, 논설위원들을 대상으로 질문을 한 것이다. 인터뷰 결과 상당수 언론인이 단락 처리 필요성을 인정하면서도 실제 글을 작성할 때에는 임의로 단락을 나누는 경우가 많다고 답했다. 인터뷰에 응한 언론인들은 단락 전개 원리를 잘 지키지 않는 원인으로 사전 교육 부재와 신문 제작 체계(시스템)의 문제점을 지적했다. 아울러 논리적이고 간결한 단락 처리가 독자들에게 좀 더 설득력 있게 다가가는 방법이라는 데 동의했으며, 이를 위해 체계 있는 글쓰기 훈련이 필요하다고 말했다.

① '언론인들은 사설·칼럼을 쓸 때에 평소 어떤 원리에 따라, 어느 부분에서 단락을 나눈다고 생각하는가? 언론인들은 통상적으로 레토릭(수사학) 3대 원리(통일성, 연결성, 강조성)를 지켜가면서 단락을 나누어 전개하는 편이라고 보는가? 아니면 임의로 단락을 처리하는 경우가 많다고 생각하는가?'의 답변

언론인들이 단락을 나누어 글을 전개하는 방식에 관해, 인터뷰 대상자 8명 중 4명이 임의로 단락을 처리하는 경우가 적지 않다고 대답했다. 〈조선일보〉 부국장 대우 김형기는 "대체로 통일성 원리에 입각해 단락을 나누지만 일정한 기준 없이 임의로 단락을 처리하는 경우도 적지 않다"고 말했다. 〈중앙일보〉 5년 차 기자 신은진은 "연결성에 따른 단락 나누기를 가장 일반적으로 사용한다고 생각한다. 통일성을 지키려고 노력하는 경우가 많으나 임의로 단락을 나누는 칼럼도 자주 눈에 보이는 게 현실이다"라고 말했다. 한겨레 A 논설위원은 "임의로 단락을 나누는 경우가 많다"며 "다만 대체적인 특성을 레토릭 3대 원리를 들어 설명하자면, 통일성을 가장 중시하는 경향이 있다. 한 단락에 한 가지 주제만 담는다는 의식이 지나쳐서, 한 문장마다 단락을 나누는 등 가능한 단락을 많이 나눈다. 이 점이 언론인과 비언론인을 구별하는 하나의 특징으로 보인다. 반면 신문에 칼럼을

쓰는 비언론인들은 연결성에 더 집착하는 것 같다. 그래서 단락 나누기에 상대적으로 더 인색하다"고 밝혔다. 〈동아일보〉 스포츠 부장 권순일은 "레토릭 3대 원리보다는 서론—본론—결론식의 고전적인 전개 방식과 이런 틀을 깬 새로운 글쓰기가 절반씩 공존한다"고 말했다.

이와 반대 의견을 제시한 〈동아일보〉 C 논설위원은 "임의로 단락을 처리하는 경우는 없다. 일선 기자가 임의로 단락을 나누는 경우 데스크를 거치면서 수정, 보완하기 마련이다. 사설이나 칼럼은 이보다 더 엄격하게 데스크가 필자와 협의를 거쳐 수정한다"며 "소재나 맥락이 달라질 경우와 열거하는 내용이 길어질 경우, 앞에서 간단히 밝힌 대목을 하나씩 상술하는 경우에 단락을 나누는 편"이라고 말했다. 〈조선일보〉 논설실장 송희영은 "(레토릭) 3대 원리가 있었는지는 몰라도, 대체로 이 원리를 지키고 있다. 독자들의 호흡이 이어질 수 있도록 신경을 쓰는 반면, 때로는 단락이 너무 길어 지루하지 않도록 끊는 경우도 있다"고 말했다. 〈한겨레〉 B 논설위원은 "주제에 따라 주로 단락을 나눈다. 소주제에 따른 논거를 한 단락 안에 담는다. 다만, 독자들이 읽기 쉽게 하기 위해 단락이 너무 길지 않게 유의한다"고 말했다.

〈동아일보〉 논설위원 황호택은 "언론인들은 대부분 한 단락에 한 가지 생각과 개념만 담는다. 그렇게 하는 게 맞다. 그러나 서양과 마찬가지로 한국 신문에서는 단락 길이가 너무 길면 독자들이 이것을 읽다가 지친다. 그래서 칼럼은 4~5문장 정도를 쓴 뒤 단락을 나눈다. 같은 맥락이라도 분량이 길어지면 두 단락으로 나누는 경향도 있다. 한 문장 단락은 내용을 강조하는 효과가 있어 외국 신문 칼럼에서도 많이 등장한다. 〈뉴욕 타임스〉도 독자의 주목을 끌 때 한 문장 단락을 쓰기도 한다"고 말했다.

단락 전개 3대 원리를 지키지 않은 글이 많은 이유에 의견이 엇갈렸다. 다만, 체계 있는 글쓰기 훈련이 부족하기 때문이라는 견해가 가장 많고, 신문 제작 구조나 편집 과정에 문제가 있다는 견해도 있다. 〈조선일보〉 논설실장 송희영은 이 같은 현상의 원인에 관해 "선진국 교육에 비하면 어릴 때부터 논리적인 사고를 하는 훈련이 부족하고, 글쓰기 훈련도 제대로 하지 않았기 때문이라고 본다. 그리고 스트레이트 기사나 피처 기사를 쓰는 훈련은 받았지만 사설이나 칼럼을 쓰는 교육을 별도로 하지 않았기 때문"이라고 말했다. 〈한겨레〉 A 논설위원은 "우리말 글쓰기 훈련이나 교육을 제대로 받아본 경험이 거의 없고, 있더라도 단락 전개 3대 원리를 들어본 적이 별로 없기 때문에 이 같은 일이 생긴다고 본다"고 말했다.

〈조선일보〉 부국장 대우 김형기는 "단락을 전개할 때 일관성 없는 글을 쓰는 필자들은 대개 글에 관한 기본 소양을 제대로 갖추지 못한 사람들"이라며 "그러나 신문 제작 체계에서 단락 원리에 벗어나는 글이 나오기도 한다. 조판 과정에서 지면이 부족하면 뒤에 있는 단락의 문장들을 앞으로 끌어다 붙이기도 하고, 글 분량이 모자랄 때 한 단락 안에 들어있는 문장들을 마구 줄바꿈하기도 한다. 이것은 필자 자질이나 의도와 관계없는 제작 구조상의 문제"라고 덧붙였다. 〈한겨레〉 B 논설위원도 제작 체계에 따른 문제점을 지적했다. "신문 글의 경우

편집자들이 글의 전체 양을 맞추거나 외관상 너무 답답하게 보이지 않도록 하기 위해 애초 필자가 나눴던 단락을 임의로 붙이거나 나누는 경우가 많다. 이런 이유로 단락 전개 원리를 잘 지키지 않는 것 같다”고 말했다.

〈동아일보〉C 논설위원은 “글줄깨나 쓰는 교수들조차 제대로 단락을 나누지 않아 답답한 경우가 많다. 신문은 문장을 짧게 쓰고 단락을 가급적 자주 나누는 방식을 좋아하는데, 학자들이 이런 스타일을 가볍다고 느끼는 것 때문은 아닌지 모르겠다. 학자 출신이 아닌 기업인 글은 더욱 심하다. 아예 단락 나누기 개념이 없는 글도 여럿 보았다. 외부 원고를 다루는 부서에서는 이런 글을 받으면 단락을 다시 나누고 원고를 보완한 뒤에 필자 허락을 받아 내보낸다”고 말했다. 그는 또 “언론인이 단락 전개 3대 원리를 지키지 않는 경우는 아마도 그것 대신 다른 원리를 적용했기 때문에 발생한다”며 “모든 문장에서 단락을 나누는 것은 잘못이지만, 사설이 아닌 칼럼은 내용 전환을 전제로 한 단락을 서너 문장 정도로 하는 것이 읽기에 덜 부담스러운 것 같다”고 말했다. 〈동아일보〉 논설위원 황호택은 “단락 전개 3대 원리인 통일성, 연결성, 강조성을 지키는 게 좋다. 그러나 신문은 독자에게 지루함을 주지 않는 게 중요하므로 되도록 단락을 자주 나누는 편”이라고 말했다. 한편, 〈동아일보〉 스포츠 부장 권순일은 “정형화한 사설이나 칼럼은 독자들이 잘 읽지 않는다. 이에 따라 새로운 형태의 글쓰기를 도입하고 있다”고 말했다.

사설·칼럼의 단락은 글 읽는 호흡을 감안해 간결하게 나누는 게 바람직하다는 견해가 많았고, 이를 위해 기자나 외부 인사를 대상으로 한 체계 있는 글쓰기 훈련을 해야 한다는 의견이 대부분이었다. 〈조선일보〉 논설실장 송희영은 "불가피하게 가장 중시해야 할 것은 독자들이 읽어가는 호흡에 맞추는 일이다. 사설이나 칼럼은 현안을 바라보는 시각을 간단하게 정리해서 독자들에게 제공하는 기사이므로 너무 복잡한 논리 전개는 오히려 독자들이 혼동할 수 있다. 가급적 호흡이 지루하지 않도록 신경을 쓰면서 정리해야 한다. 이를 위해서는 필자들이 좀 더 논리적인 훈련을 받아야 한다고 본다. 그런 훈련 없이는 복잡한 현안을 간단하고 명쾌하게 정리할 수 없기 때문이다"하고 말했다.

〈한겨레〉 A 논설위원은 "신문을 읽는 시간이 날로 짧아지는 경향을 생각할 때 가능한 문장을 간결하게 쓰고, 한 단락도 짧게 나누는 게 좋다고 생각한다. 단순하고 분명하며 간결한 글쓰기 훈련에 집중해야 한다"고 말했다. 〈동아일보〉 C 논설위원은 "사설이나 칼럼은 단락 나누기를 더 잘 지켜야 한다. 어떤 방식으로 나눌지는 다루는 주제나 호흡에 따라 다를 것이다. 레토릭 3대 원리도 중요하지만 한 단락이 너무 길어지는 것은 바람직하지 않으므로 보완 설명, 예시 등의

4부 분석 결과와 논의

215

내용도 단락으로 나눌 수도 있다고 본다. 회사 차원에서 기사와 칼럼 쓰기 교육이나 현대식 문장 쓰기 교육을 다양하게 진행하고 있다"고 말했다. 〈조선일보〉 부국장 대우 김형기는 "레토릭 3대 원리를 모두 잘 지키면서 단락을 나누는 것이 가장 바람직하다"고 말했다. 〈한겨레〉 B 논설위원은 "문맥 흐름에 따라 통일성과 강조성 등을 고려해 적절하게 나누는 게 좋다고 본다. 다만, 한 단락이 너무 길지 않도록 하는 게 좋을 것이라고 본다. 언론의 글쓰기는 대개 글 내용이나 논지, 논리 전개, 아름다운 문장 등을 추구할 뿐, 단락 나누기는 그다지 신경 쓰지 않는다. 이런 점을 감안해 적절한 단락 나누기를 수습기자 교육이나 재교육 때 집중해서 교육하면 좋다"고 말했다.

〈중앙일보〉 기자 신은진은 "기자들은 수습기자 시절부터 체계 있는 글쓰기 교육이 필요하다. 수습이나 초년생 기자들을 대상으로 기사 작성 교육을 제대로 하는 언론사는 거의 없다. 체계 있는 글쓰기 훈련 없이 무작정 취재 현장으로 뛰어들고, 그렇게 차장이나 부장이 되어 사설·칼럼을 쓴다. 외부 인사인 교수나 전문가들도 역시 글쓰기 교육을 먼저 해야 한다"고 말했다. 〈동아일보〉 논설위원 황호택은 "신문 글을 쓸 때에 한 단락이 4~5 문장을 넘지 않게 하는 편이다. 한 가지 주장, 개념을 한 단락에 담고, 다른 주장으로 넘어갈 때는 단락을 나누는 게 좋다"며 "그런데 신문에서는 편집 모양새에도 신경을 쓸 수밖에 없다. 독자에게 시각적인 상품이 되어야 하기 때문에 편집 미학에도 신경을 쓴다"고 말했다. 〈동아일보〉 스포츠 부장 권순일은 "이야기(내러티브)식 기사 작성이 필요하다. 미국에서는 이런 식으로 기사를 작성한다. 이야기식 기사의 특성은 첫 문장에 육하원칙이 아니라 기사 중심인물의 일화나 주변 스케치부터 시작하는 것이다"라고 말했다.

④ '현재 기자들의 글쓰기(기사·칼럼 작성법) 교육 방식은 어떤 방식으로 진행하며, 어떤 문제점이 있다고 보는가? 아울러 어떤 식으로 개선하면 좋겠는가?'의 답변

기자들의 글쓰기 교육은 현재 신문사마다 나름의 방식이 있는 것으로 파악됐다. 응답자들은 신문사 차원에서 체계적이고 주기적인 글쓰기 교육 기회를 마련해야 한다는 의견과 언론사에 들어오기 전 선행 교육으로 기본기를 다져야 한다는 의견으로 엇갈렸다. 〈한겨레〉 A 논설위원은 "체계 있는 글쓰기 교육을 거의 하지 않으며 선배들이 하는 주먹구구식, 피상적인 교육이 아직도 지배적이라고 생각한다. 현실적인 어려움은 있지만, 기사의 사후 평가와 점검, 그리고 이를 바탕으로 한 재교육을 주기적으로 해야 한다"고 말했다. 〈한겨레〉 B 논설위원 역시 체계 있는 글쓰기 교육의 필요성을 언급했다. "기자가 된 뒤의 글쓰기 교육은 수습기자 때 실습하면서 선배에게 교육받는 것 외에 체계적인 과정이 없다. 칼럼 작성 등도 특별한 교육이 없이 개인적으로 많은 글을 읽으면서 고민하는 정도다. 신문사나 언론계 차원에서 체계적인 글쓰기 교육이 있으면 도움이 될 것이다."

〈중앙일보〉 5년 차 기자 신은진은 "어쩌다 한번 구색 맞추기 식으로 진행하는 글쓰기 교육은 아무런 효과도 기대할 수 없다. 신참 기자는 일주일에 한 번, 고참 기자는 한 달에 한 번씩으로 정해진 교육과정을 반드시 이수하도록 해야 한다"고 말했다. 〈동아일보〉 스포츠 부

장 권순일은 "〈동아일보〉는 기자 출신 신문학과 교수가 이야기(내러티브)식 기사를 강의하고 이런 기사 형태를 써본 뒤 서로 토론하는 교육을 진행 중이다. 미국 신문 기사 중 좋은 사례를 골라 분석하고 문체를 연구하기도 한다"고 말했다. 또 〈동아일보〉 논설위원 황호택은 "〈동아일보〉는 기자가 처음 쓴 글과 데스크가 고친 글을 비교할 수 있는 '기사 비교 시스템'이 있다. 버튼만 누르면 색깔까지 다르게 나오기 때문에 자기 글이 어떻게 바뀌었는지 알 수 있다. 이렇게 데스크가 후배 글을 고치고 다듬는 과정에서 글쓰기를 배우도록 하고 있다"며 "신문사에서 멘토링 제도를 만들면 좋겠다. 글을 잘 쓰는 기자를 몇 명 선정하여 후배들이 쓴 글을 첨삭 지도하는 제도를 두어야 한다"고 덧붙였다.

〈조선일보〉 논설실장 송희영은 "기사 훈련은 대부분 일하면서 배우는 OJT 방식(on the job training)이며, 사내에서 부국장들과 논설위원들이 수습기자들을 1대1로 지도하는 방식을 병행한다. 그리고 잘 쓴 기사를 자주 읽도록 권장한다. 별도 훈련 없이 데스크 부장을 거치며, 개성 있는 글을 쓰는 인물 중에서 칼럼니스트를 지명한다. 따라서 사실상 문장가들의 시장에서 경쟁을 통해 이들을 선발한다고 할 수 있다. 데스크 부장 출신 중에서 글쓰기 자질을 검증한 인물이 사설을 작성하기 때문에 별도로 훈련하지는 않는다. 앞으로도 이런 선발 과정은 거의 변하지 않을 것이다. 단지 칼럼니스트들과 논설위원들이 좀 더 좋은 글을 읽을 수 있도록 보장하는 지원 제도가 필요하다. 〈조선일보〉에서는 논설위원들에게는 무제한으로 도서를 구입할 수 있는 회사 법인카드를 지급한다"고 말했다. 〈조선일보〉 부국장 대우 김형기는 "언론인이 되고자 언론사에 입사한 기자라면 이런 기본기를 이

미 다진 사람이어야 한다. 입사 뒤에 다시 글쓰기 재교육을 한다는 것
은 현실 여건상 쉽지 않을 뿐 아니라 그다지 효과를 기대할 수도 없
다”고 밝혔다. 한편 〈동아일보〉 C 논설위원은 이 질문을 받고 “기자
글쓰기 교육은 주로 일선기자들을 대상으로 하는 것이어서 잘 모르겠
다”고 말했다.

⑤ 기타 덧붙이고 싶은 제언이 있다면?의 답변

〈조선일보〉 논설위원 송희영은 “선진국일수록 좋은 글은 유명한
작가는 물론 평범한 시민들에게서도 많이 나온다. 글쓰기 훈련은 초
등학교부터 시작하지 않으면 안 된다. 사설이나 칼럼의 논리 구조를
보강하려면, 어릴 때부터 논리적 사고를 하는 교육 프로그램을 교육
현장에서 실행해야 한다”고 말했다. 〈조선일보〉 부국장 대우 김형기
는 “(이 책이) 이런 분야를 체계적으로 연구하는 첫 시도 같다”며 답변
을 대신했다.

언론인 인터뷰를 종합해 보면 아래와 같이 정리할 수 있다. (신문 사
설·칼럼에는) ① 단락 전개 원리를 제대로 적용하여 글을 쓰지 않는
경우가 있다. ② 단락 이론에 맞춰 사설·칼럼을 작성해야 하지만 독
자들이 글 읽는 호흡에 맞춰서, 곧 너무 단락이 길어서 지루해지는 일
이 없도록 단락을 수시로 나누는 일이 있다. ③ 단락 이론에 맞춰 사
설·칼럼을 작성해도 신문 편집 제작 과정에서 단락들을 원칙 없이 변
형해 게재하는 경우가 있다. ④ 단락 이론에 맞춰 글을 쓸 수 있도록

신참 기자는 물론 고참 기자들에게도 교육해야 한다.

　나는 국내 신문 사설·칼럼 필자들이 단락 전개 원리를 지키지 않은 정도가, 위의 심층 인터뷰에 응한 언론인들이 느끼는 것보다, 훨씬 더 심각하다고 본다. 사설·칼럼을 하나하나 분석하면서 언론인들과 일반 필자들 중 상당수가 단락 전개 원리를 아예 모르고 있다는 의구심이 들 정도였다. 사설·칼럼 필자들이 자기 글에서는 제대로 단락 처리를 했다고 생각하고, 독자가 볼 때에도 외형적으로는 단락을 원칙에 맞게 나눈 것으로 보일 수도 있다. 하지만 실제로 단락 전개 3대 원리에 맞춰 사설·칼럼을 분석해 보면 엉망인 경우가 적지 않았다. 일부 응답자들은 단락의 통일성 원리에 맞춰 글을 쓰다가도 단락 길이가 너무 길어지면 독자들이 지루해 할까 봐 수시로 짧게 줄을 바꿔 쓰는 경향이 있다고 하였다. 하지만 이 연구에서 사설·칼럼을 분석한 결과 단순하게 독자들이 글 읽는 호흡에 맞추려고 단락을 수시로 나눈 경우도 있지만, 그런 개념조차 없이 제멋대로 단락을 나눈 필자가 무척 많았다. ▲ 한 단락에 여러 가지 내용을 뒤섞어 쓴다든지 ▲ 한 단락에서 강조하려는 초점이 전혀 없거나 그것이 선명하지 않다든지 ▲ 한 가지 내용을 여러 단락에 산만하게 분산해서 담는다든지 ▲ 한두 문장을 한 단락으로 토막 내어 담고 수시로 줄을 바꿔 단락을 나눈다든지 ▲ 외형적으로는 단락 구성을 했지만 단락 하나하나마다 도대체 무슨 이야기를 전하려는 것인지 그 요지를 명확하게 파악할 수 없는 경우가 허다했다. 독자들이 읽기 편하도록 한 단락에 서너 개나 네댓 개 문장을 담고서도 단락의 통일성, 연결성, 강조성 원리를 충분히 지킬 수 있으나 이것을 충분히 교육하지 않아 이런 일이 발생하는 것으로 보인다.

　단락 구성 원리에 맞춰 신문 글을 편집 게재하려면 데스크는 물론 편집 기자들도 단락 이론을 숙지해야 한다. 단락 이론에 맞춰 사설·칼럼을 작성해도 편집부에서 분량을 맞추기 위해 여러 단락을 하나로 묶는다든지, 한 단락을 여러 단락으로 토막 내어 편집하는 것은 삼가는 게 좋다. 글의 분량이 넘칠 경우엔 중심내용을 뒷받침하는 문장들을 줄이고, 부족할 경우엔 아예 여백으로 남겨두는 것이 낫다. 아니면 사진이나 제목 크기를 조절하는 것도 좋은 방법이다. 간결하게 쓰는 게 좋다는 말은 문장을 짧게 나누어 쓰는 게 바람직하다는 말이지, 단락 길이가 짧아지도록 수시로 줄을 바꾸어야 한다는 것은 아니다. 이것을 혼동하여 한두 문장을 단락 하나로 토막 내고, 편집하는 것은 단락 전개 원리를 모르는 사람이나 할 수 있는 일이다.

5부
결론과 제언

♪요 약

　　　나는 신문 사설·칼럼을 쓸 때 단락 전개 원리를 따르는 게 옳기 때문에 무작정 이것을 지키라고 강권하지는 않겠다. 신문은 속보 경쟁에서 방송과 인터넷에 밀리고 있기 때문에 해설기사와 사설·칼럼 등에서 경쟁력을 쌓아야 하는 시점에 와 있다. 그렇다면 스트레이트 기사가 아닌 해설기사와 사설·칼럼 등을 쓸 때에 어떤 구성 방법을 활용하는 게 효과적인지 고민할 필요가 있다. 여기서 나는 단락 전개 원리에 맞춰 좀 더 조직적으로 생각을 정리하여 주제를 전달할 수 있는 글을 쓰자고 제안하는 것이다. 레토릭의 원리는 수백 수천 년에 걸쳐 인류가 능률적으로 의사소통을 하려고 애쓰는 과정에서 정리된 이론이다. 이것은 이미 학문적으로 정립되어 수많은 문장론서와 일선 초·중·고 국어 및 작문 교과서에 소개되어 있다. 해외는 물론이고 국내에서도 단락 이론을 주제로 한 학술논문과 단행본이 쏟아져 나오고 있다. 따라서 사설·칼럼에 담긴 주장을 선명하게 전달하는 데 도움이 된다면 신문사들의 내·외부 필자들이 굳이 단락 전개 원리를 활용하지 않을 이유가 없다. 모름지기 글쓰기 목적은 필자의 생각과 주장과 정보를 전달하는 데 있기 때문에 중심생각, 곧 주제가 선명하게 드러나도록 도와주는 단락 이론을 활용하는 게 마땅하다.

　　물론 신문 편집상 한 단락의 길이가 무작정 길어지면 독자가 읽기에 불편하다며 단락 전개 원리를 사설·칼럼 작성에 적용하는 데 반론을 제기할 수

신문 글의 구성과 단락 전개에 관한 연구

도 있다. 하지만 글을 읽는 호흡을 고려하여 한 단락에 서너 개 정도의 문장만 쓰고 단락을 나눈다고 하더라도 얼마든지 단락 전개 원리에 맞게 글을 쓸 수가 있다. 실제로 그런 방식으로 짜임새 있는 글을 쓰는 필자도 얼마든지 많다. 오히려 너무 빡빡하지 않게 편집해야 한다는 이유로 한 문장 단락을 남발한다든지, 아무런 원칙도 없이 수시로 단락을 나눠 산만한 글을 쓰는 것은 독자 배려가 아니다. 길이가 문제라면 사설·칼럼의 경우 한 단락의 분량을 어느 정도로 하는 게 효과적인지 실험 연구를 하여 그 결과를 반영하면 된다. 곧 독자가 읽기에 알맞은 단락 속의 문장 수를 조사하여 글쓰기에 활용하자는 것이다. 타성에 젖어 좀 더 능률적인 글쓰기 방법론의 연구와 적용을 게을리하는 것은 언론인이란 공인 자세가 아니다.

비록 소수지만 일부 논설위원들과 젊은 기자들은 자기 생각에 구획정리를 하여 반듯하게 단락 처리를 한 글을 쓰고 있다. 스트레이트 기사 작성에 레토릭의 3대 원리를 적용하는 기자들도 늘고 있다. 정확하게 단락을 구분한 이들의 글을 읽어보면, 독자들이 이해하기 쉽도록 깊이 있게 사고하여 조직적으로 글을 구성한 노력이 엿보인다. 신문 글은 문학 작품처럼 어떤 여운이나 감흥을 남기려는 장르가 아닌 만큼 이 같은 글쓰기는 국내 신문 칼럼과 사설 문장의 수준을 한 단계 끌어올린다고 평가할 수 있다. 이제는 이 같은 단락 전개 원리를 활용한 글쓰기 방식을 모든 필자가 정확히 학습하여 글쓰기에 적용해야 할 때라고 본다. 그렇게 할 경우 칼럼과 사설의 문제점이 개선되고 독자들이 신문에 좀 더 신뢰를 보낼 것이다.

이를 위해 연구자는 언론계에 아래와 같은 제언을 한다. 첫째, 신문 글에 알맞은 단락 처리 방식을 실험 연구하자. ① 단락 처리가 된 글과 그렇지 않은 글을 놓고 어느 것이 더 독자가 알아듣기에 좋은지 실험하고 ② 한 단락에 몇 문장을 담는 것이 독자가 이해하기에 수월한지 분석하자. 둘째, 외부 필자들에게 최소한의 단락 전개 원리를 지켜 줄 것을 요청하자. 신문사마다 '기자 핸드북'이나 '단락 나누기 지침서'를 만들면 효과적일 것이다. 물론 틀에 박힌 글을 양산한다고 반론을 펼 수도 있으나 창의적이고 다양한 글의 구성은 오히려 단락 전개 원리를 적용할 때 많이 나올 수 있다. 생각을 조직하지도 않고 문장들을 뒤죽박죽 뒤섞어 놓은 글을 창의적인 글이라고 평가할 수는 없다. 창의적인 글이 되기 위해서는 글 내용과 구성에서 남과 달라야 한다. 단락에 문장들을 뒤엉킨 상태로 담아서는 안 된다. 셋째, 수습기자뿐만 아니라 기존의 기자들과 논설위원들도 단락 전개를 중심으로 한 사설·칼럼 작성법을 공부할 필요가 있다. 또 데스크들도 단락 전개 원리를 정확하게 파악한 뒤에 여기에 맞춰 글을 손질하는 게 좋다.

<table>
<tr><td>신문, 논설, 사설, 칼럼, 논술, 글쓰기, 문장, 단락, 단락의 구조, 단락 전개 원리, 통일성, 연결성, 강조성, 레토릭, 글짓기, 기자, 언론인, 작문, 커뮤니케이션</td><td></td></tr>
</table>

1. 연구 결과와 요약

신문 글의 구성과 단락 전개에 관한 연구를 한 결과 국내 신문의 사설·칼럼들은 단락 이론에 맞게 단락을 처리하지 않는 경우가 많다. 이것은 신문 글의 필자들은 글을 잘 쓰고, 신문 글 역시 모범 글이라는 일반 통념과는 반대인 연구 분석 결과다. 연구 결과, 일부 사설·칼럼은 ① 소주제문과 뒷받침 문장들로 한 단락을 만들어야 한다는 단락 구성 원리를 지키지 않았다. ② 단락 전개 원리를 무시하고 임의로 단락을 나누어 글이 산만하다. ③ 단락 안에 뚜렷한 주제(요지, 중심생각)가 없어 무슨 말을 전하려는 것인지 파악하기 어렵다. ④ 글의 하위 단계인 단락 자체가 부실하다보니 글 전체의 주제도 선명하게 드러나지 않아 필자 생각을 제대로 전달하지 못했다. ⑤ 논리적인 근거를 제시하지 않은 채 일방적으로 주장만 나열하여 글에 설득력이 없다. ⑥ 문장과 문장은 물론 단락과 단락을 매끄럽게 연결하지 못했다. ⑦ 한 문장을 한 단락으로 처리하는 바람에 독자들이 일목요연하게 읽기 어려운 글을 썼다. 심지어 신문에 실린 게 신기할 정도로 문제투성이인 칼럼도 있다. 아예 단락 전개 원리 자체를 이해하지 못하고 글을 쓴 경우도 많다. 해외 필자가 쓴 칼럼을 너무 성의 없이 요약 번역해 놓은 것으로 추정되는 경우도 있다.

| 연구
문제
1 | 국내 신문 사설·칼럼은 레토릭 3대 원리인 통일성(The principle of unity), 연결성(The principle of coherence), 강조성(The principle of emphasis)을 지키며 작성했는가? |

글 한 편에서 평균 절반가량의 단락이 레토릭 3대 원리를 지키지 않았다. 사설·칼럼 한 편의 전체 단락은 한 편당 평균 6.48개 단락으로 구성되어 있고, 본론 단락은 한 편당 평균 4.03개 단락으로 이루어져 있다. 그런데 사설·칼럼 한 편당 평균 3.43개 단락이 단락 전개 원리를 벗어났다. 전체 단락의 평균인 6.48개 단락 중 53%에 해당하는 3.43개 단락을 문장론 원리에 어긋나게 작성한 것이다.

〈조선일보〉와 〈한겨레〉는 이 연구에서 단락 전개 원리를 가장 적게 위배한 제1 집단에 꼽혔다. 이 연구에서는 각 신문의 사설·칼럼이 단락 전개의 통일성, 연결성, 강조성 원리를 위배한 정도를 종합하여 분석한 뒤, 일원변량분석으로 4개 신문사 간의 차이가 유의미함을 입증했다. 그 다음 사후검증을 하였는데 〈조선일보〉와 〈한겨레〉가 단락을 가장 잘 처리한 제1 집단으로 꼽혔다. 곧 〈조선일보〉와 〈한겨레〉는 다른 두 신문에 비해 단락 전개의 통일성, 연결성, 강조성 원리를 잘 지키는 편이라고 볼 수 있다. 하지만 두 신문의 글이 완벽하다고 결론 내릴 수는 없다. 나머지 두 신문에 비해 상대적으로 단락 처리를 잘했지만 여전히 단락 구성에 문제가 많다. 따라서 〈조선일보〉와 〈한겨레〉가 이 연구 결과를 지나치게 아전인수 식으로 해석하여 자화자찬하는 것은 삼가는 게 좋다.

제1 집단인 〈조선일보〉, 〈한겨레〉 다음으로 〈중앙일보〉가 제2 집단에, 〈동아일보〉가 제3 집단에 속했다. 〈중앙일보〉는 〈동아일보〉에 비해서는 단락을 잘 처리했으나, 〈조선일보〉와 〈한겨레〉에 비해서는 문제가 많다. 외형적으로 볼 때에는 편집이 깔끔하고 단락도 잘 나눈 것처럼 보이지만, 하나하나 분석해 보면 단락 전개 원리에 어긋난 단락이 적지 않다. 중앙일보는 사설·칼럼 내용은 좋을지 몰라도 문장론 차원에서 볼 때에는 모범적이지 않은 글이 많다고 할 수 있다. 〈동아일보〉는 나머지 신문들에 비해 단락 구성이 가장 치밀하지 못한 신문으로 파악되었다. 분석자들이 〈동아일보〉 일부 외부 필자들의 칼럼을 분석한 뒤에 "도대체 뭐가 어찌 되었고, 어떻게 하라는 말인가"라고 지적할 정도로 글 짜임새가 엉성하고 주제 전달력도 부족했다. 이 연구에서 통계적으로도 이런 결과가 나왔으나 통계 처리를 하기에 앞서, 분석자들이 〈동아일보〉의 일부 글을 읽으며 느끼는 인상을 그런 식으로 토로했을 정도였다. 물론 평가자 관점에 따라서 〈동아일보〉가 다른 신문보다 우수할 수도 있다. 아울러 〈동아일보〉에는 단락 전개 3대 원리에 맞춰 훌륭하게 글을 구성하는 필자도 많을 것이다. 하지만 이 연구에서 〈동아일보〉는 다른 신문들에 비해 상당수 항목에서 가장 낮은 평가를 받았다. 〈동아일보〉는 특히 외부 필자들의 글을 좀 더 확실하게 관리해야 한다. 그렇게 하지 않으면 이들의 정돈하지 않은 글이 〈동아일보〉 이름에 먹칠할 수도 있다.

 연구문제 1의 결과를 놓고 볼 때 데스크들과 사설·칼럼의 필자들, 그리고 편집기자들은 글을 쓰거나 편집할 때에 어떤 식으로 단락 처리를 하는 게 효과적인지 검토해야 한다. 레토릭 3대 원리, 곧 ① 한 단락에 한 가지 내용으로 통일성을 유지해야 하고, ② 문장과 문장들을 매끄럽게 유기적으로 연결해야 하며, ③ 주장에 관한 타당한 논리적 근거를 제시해야 한다는 원리에 맞게 쓸 수 있도록 신경 쓰는 게

5부 결론과 제언

229

좋다. 각 신문사는 자체의 단락 처리 기준을 만든 뒤 데스크를 볼 때 이것을 반영하고 외부 필자들에게도 단락 이론에 맞춰 글을 써 오도록 협조를 구해야 한다. 한 문장을 한 단락으로 처리하는 게 필자 개인의 취향이라고 하더라도 문장 이론적으로 그것이 바람직하지 않은 만큼 단락 이론의 수용 여부를 따져 보아야 한다. 단락 이론의 선택 여부는 신문사나 필자들이 판단할 문제지만 이것을 적용할 필요가 있는지 연구할 필요가 있다.

<table>
<tr><td>연구
문제
1</td><td>1-1 국내 신문 사설·칼럼의 일반 단락들의 뒷받침 문장들은 소주제와
내용이 일치하고 관련 있는 것으로만 선택했는가? (통일성 원리)</td></tr>
</table>

〈조선일보〉와 〈한겨레〉는 단락의 통일성 원리를 가장 잘 지키는 제1 집단에 속했다. 〈중앙일보〉와 〈동아일보〉는 동시에 제2 집단에 속했다. 곧 한 단락에 한 가지 중심내용을 담은 뒤 단락을 펼쳐야 글 내용을 일목요연하게 독해하게 할 수 있고, 글 전체의 주제도 전달하기가 수월한데 〈조선일보〉와 〈한겨레〉가 〈중앙일보〉와 〈동아일보〉에 비해 이 원리를 잘 지키는 편이다. 위 신문들 중 일부 글은 한 단락에 여러 가지 내용을 뒤섞어 담는 바람에 도대체 무엇을 독자들에게 전하려는 것인지 파악하기가 어려웠다. 내용이 엇비슷한 문장들을 단락 여러 개에 분산해 놓은 경우도 많았다. 한 단락에 한 가지 생각만 담아 그 단락에서 강조하려는 내용이 선명하게 드러나도록 처리해야 한다는 단락 전개의 통일성 원리를 이해하지 못하는 것이다.

단락 전개의 연결성 원리를 분석한 항목에서는 〈조선일보〉가 유일하게 제1 집단에 속해 문장들을 가장 순리적으로 연결하는 것으로 나타났다. 그 다음 〈중앙일보〉와 〈한겨레〉가 제2 집단에 속했고, 〈동아일보〉는 맨 마지막 집단에 속해 연결성 원리를 가장 지키지 않는 것으로 나타났다. 이 연구를 위해 사설·칼럼을 분석한 분석자들은 한결같이 "〈조선일보〉 글이 가장 매끄럽고 단락 구성도 아주 명쾌하다"고 입을 모으기도 했다. 물론 내용과 논조는 완전히 배제한 채 단락 구성만을 놓고 본 평가이기 때문에 〈조선일보〉 사설·칼럼이 모든 면에서 훌륭하다고 주장하는 것은 아니다.

사설·칼럼 필자들은 문장과 문장을 좀 더 긴밀하게 연결하는 데에, 곧 연결성 원리를 잘 지킬 수 있도록 하는 데에 전념해야 한다. 특히 내부 필진뿐만 아니라 외부 필진 글도 데스킹과 편집 과정에서 좀 더 적극적으로 꼼꼼하게 손질하는 게 낫다. 독자들이 큰 힘을 들이지 않고 글을 잘 이해할 수 있도록 하기 위해서는 연결성 원리에 맞춰 글을 쓰고 데스킹해야 한다는 말이다. 따라서 필자의 근본 의도를 해치지 않는 범위에서 문장과 문장을 순리적으로 연결하도록 적극적으로 표현을 가다듬고 문장 순서를 조정하는 것도 고려해야 한다.

단락 전개의 강조성 원리 항목에서는 단락별로 주장을 뒷받침하는 타당한 근거를 얼마나 설득력 있게 제시했는지 평가하였다. 그 결과 〈한겨레〉가 강조성 원리를 가장 잘 지킨 제1 집단으로 분류됐다. 그 다음 〈조선일보〉가 제2 집단에 속했다. 〈중앙일보〉는 제3 집단, 〈동아일보〉는 제4 집단에 속했다. 곧 〈한겨레〉, 〈조선일보〉, 〈중앙일보〉, 〈동아일보〉 순으로 강조성 원리를 잘 지키는 것으로 볼 수 있다.

〈조선일보〉는 통일성 원리와 연결성 원리에서 다른 신문들에 비해 가장 우수한 결과가 나왔으나, 강조성 원리에서 유일하게 〈한겨레〉에 뒤졌다. 다시 말해 〈조선일보〉는 독자들이 납득할 수 있도록 설명, 논증, 구체적 예시 등을 통하여 주장을 충분히 강조할 수 있도록 노력하면 더 좋은 평가를 받을 수 있을 것이다. 주장에 설득력 있는 논거를 제시하지 못하면 아무리 문장들이 매끄러워도 공감을 얻기가 어렵기 때문이다. 이 부분에 집중해서 개선한다면 〈조선일보〉 사설·칼럼은 좀 더 독자들의 호응을 받을 것으로 보인다.

'한 문장 단락'은 〈동아일보〉가 가장 많이 사용하는 것으로 드러났다. 〈조선일보〉, 〈중앙일보〉, 〈한겨레〉는 모두 똑같은 집단이지만 〈동아일보〉만 유일하게 별도 집단에 속했다. 〈동아일보〉는 '한 문장 단락'을 사용한 비율이 한 편당 평균 0.87개로 최다였다. 〈동아일보〉는 스트레이트 기사가 아닌 사설·칼럼을 작성할 때에도 '한 문장 단락'을 즐겨 쓰는 게 바람직한지 점검해야 한다. '한 문장 단락'은 글 전체의 짜임새가 산만하고, 독자들이 글의 주제를 이해하기 어렵다는 단점이 있다. 같은 내용(주제)의 문장들을 한 단락에 담지 않은 채, 한 문장을 쓰고 단락을 나누고, 또 한 문장을 쓰고 단락을 나누는 버릇은 개선해야 한다. 너무 자주 단락을 나누면 오히려 독자들의 글 읽는 호흡을 가쁘게 할 수 있다. 한 단락의 길이가 지나치게 길어도 안 되겠지만 한 단락의 길이를 달랑 한 문장으로만 구성한다면 지면도 낭비할 수 있어 비경제적이다.

<table>
<tr><td>연구
문제
2</td><td>2-2 국내 신문 사설·칼럼의 필자들은 여러 단락으로 나누어야 할 부분을 한 단락으로 묶어 쓰는가?</td></tr>
</table>

〈동아일보〉만 유일하게 '여러 단락으로 나누어야 할 부분을 한 단락으로 묶어 쓰는 경우'가 적은 집단에 속했다. 나머지 세 신문은 별도 집단에 함께 속했다. 〈동아일보〉는 '한 문장 단락'을 많이 쓰다 보니 단락을 길게 쓴 경우가 적었다. 〈동아일보〉를 제외한 나머지 세 신문은 일부 필자들이 한 단락의 분량을 지나치게 길게 하는 바람에 독자들이 읽기에 불편한 상황이다. 일부 신문의 외부 칼럼은 글의 시

작부터 끝까지 완전히 한 단락으로 처리한 경우도 있다. 이런 글은 독자들의 신문 읽기에 고통을 안겨 줄 수 있다. 단락을 너무 자주 나누어도 좋지 않지만 한 단락의 분량을 지나치게 길게 해도 효율성이 낮다. 그러므로 신문사들은 사설·칼럼을 쓸 때에 한 단락에 몇 문장 정도를 담는 게 좋은지 연구할 필요가 있다. 신문 사설·칼럼은 일반 단행본에 비해 가로 폭을 넓지 않게 편집하기 때문에 한 단락에 알맞은 문장 수가 약간 적은 게 좋을 수도 있다.

   2-3 국내 신문 사설·칼럼의 필자들은 글 한 편을 평균 몇 개 단락으로 나누어 쓰는가?

분석 대상인 네 신문의 한 편당 평균 전체 단락 개수는 6.48개다. 곧 〈한겨레〉와 〈동아일보〉, 〈중앙일보〉, 〈조선일보〉는 사설·칼럼을 평균 6.48개 단락으로 구성한다. 사설에 비해 칼럼이 단락 개수가 많은 것으로 나타났으나, 이는 글 길이에 따른 자연스러운 현상으로 보인다. 〈동아일보〉는 전체 단락과 도입 단락, 일반 단락, 종결 단락에서 모두 다른 신문들에 비해 단락을 가장 많이 나누었다. 단락을 자주 나누면 글 구성이 산만하고, 내용적으로도 깊이 파고 들어가지 못하는 단점이 있다. 단락 전개 원리를 이해하는 일부 기자들은 스트레이트 기사까지 그 원리를 적용하여 작성할 때도 있다. 이런 점을 고려하여 〈동아일보〉는 단락 처리 방식을 고민해야 할 것이다. 특히 사설보다도 칼럼의 단락을 어떻게 나누는 게 좋겠는지 연구했으면 좋겠다.

사설이 칼럼보다는 단락 전개 원리를 잘 지킨 것으로 나타났다. 통일성 원리를 위배한 경우는 칼럼이 사설의 두 배나 많은 정도다. 칼럼은 상대적으로 글쓰기 훈련이 덜 된 비언론인들의 글을 포함하고 있기 때문에 이 같은 분석 결과가 나온 것으로 보인다. 물론 모든 칼럼이 사설보다 못한 것은 아니다. 단락 전개 원리에 맞춰 칼럼을 쓰는 필자도 있는 반면 정반대 경우도 많아 글쓴이에 따른 편차가 크다고 할 수 있다. 다만 이 연구에서는 통계적으로 볼 때 칼럼이 사설보다 레토릭 3대 원리를 좀 더 많이 위배한다는 결과가 나왔다.

언론인이 비언론인보다 단락 전개 원리를 잘 지킨 것으로 나타났다. 단락 전개 3대 원리인 통일성 원리, 연결성 원리, 강조성 원리 등 거의 모든 항목에서 언론인 글이 더 우수한 것으로 드러났다. 언론인 중에서는 논설위원, 데스크급, 평기자 순으로 단락 전개 원리를 잘 지킨 것으로 평가됐다. 직업적으로 날마다 글쓰기를 하는 언론인의 글솜씨가 비언론인에 비해 우수할 것이라는 가설이 그대로 맞아 떨어진 셈이다. 기자 경력이 많으면 많을수록 좀 더 단락 이론에 맞춰 글을 썼다는 결과도 이것을 뒷받침한다.

연구
문제
3

국내 신문 사설·칼럼의 단락 처리는 주제별로 나누어 분석할 때 어떠한
차이가 있는가?

글의 주제별로 단락 전개 원리를 잘 지켰는지 비교 평가하는 것은
의미가 없다는 결론이 나왔다. 단락 전개 원리에 맞춰 글을 쓰는지 주
제별로도 분석하여 비교할 수 있다. 그런데 이 연구에서 단순히 글의
주제에 따라 단락 전개 원리를 지켰는지 비교한 대목에서는 특이 사
항을 발견할 수 없었다. 레토릭 3대 원리 준수 여부는 필자나 신문사
에 따라 다를 수 있으나 주제별로는 별다른 차이점이 나오지 않았다
는 말이다.

2. 연구의 한계

　　　　　이 글은 위와 같은 연구 결과에도 불구하고 한계가 있다. 첫째, 단락 처리를 한 글에 관한 수용자 효과(독자들이 이해를 한 정도)를 측정하지 않았다는 한계점이 있다. 신문 사설이나 칼럼은 형식도 중요하지만 내용(메시지)을 통하여 이데올로기(언론사 사시나 사훈)를 전파하는 데 목적을 두고 있다. 이 연구는 메시지를 좀 더 효율적으로 전달하는 도구로서 단락 구조를 연구하는 데에만 그친 아쉬움이 있다. 궁극적으로 언론보도 목적이 메시지를 통하여 전달 매체(미디어) 의제를 사회적 의제로 확대 재생산하는 것이라면 수용자 효과도 함께 알아보는 것이 필요하다. 같은 내용의 사설, 칼럼 중 레토릭 3대 원리(통일성·강조성·연결성)를 잘 지킨 글과 그렇지 않은 글로 나눠 어느 쪽 글을 독자들이 더 잘 이해하는지 실험 연구를 하는 것도 좋다는 말이다.

　둘째, 신문 사설·칼럼을 기초 단계에서 내용 분석할 때 분석자들이 주관을 개입할 수 있으므로 그 결과가 100% 객관적이라고 보기는 어렵다. 이 연구에 참여한 분석자들은 사설·칼럼 분석 방법을 학습하고 토론을 거쳐 기준안을 만들었다. 분석 대상 사설·칼럼도 1,765개나 선정하여 모집단을 넉넉하게 한 뒤 4개월에 걸쳐 분석했다. 특히 글 한 편을 최소한 2명 이상이 분석하고 사후검증과 신뢰도 측정도 했지만 사설·칼럼을 평가하는 잣대는 분석자에 따라 어느 정도 다를 수 있기 때문에 완전무결한 결론이라고 할 수는 없다.

셋째, 이 연구는 신문 사설·칼럼의 중요한 요소인 논조(내용)는 분석하지 않았다는 한계점이 있다. 물론 어떤 논조가 바람직하다는 객관적 기준이 있는 것은 아니다. 하지만 논조를 제외한 채 글의 구성을 위주로 분석하다보니 사설·칼럼의 모든 면을 빠짐없이 평가했다고 볼 수는 없다. 이 글에서 단락 전개 원리를 위배했다는 지적을 받은 사설·칼럼이라고 하더라도 그 내용은 얼마든지 좋을 수도 있다. 이 연구는 어디까지나 얼마나 효율적으로 단락 구성을 해서 주제를 잘 전달했는지 파악한 것이기 때문이다.

넷째, 이 연구는 신문사 내부 인사와 외부 인사로 구분하여 연구를 했는데 여기서 인구통계학적 문제점이 있다. 대부분 신문은 외부 칼럼은 기명, 사설은 무기명을 기본으로 한다. 따라서 외부 칼럼은 필자 약력을 알 수 있으나 사설은 글쓴이의 그것을 알 수 없다. 이 책의 연구결과 중 사설은 필자의 연령, 성별, 대학 전공, 주요 출입처 등을 인구통계학적으로 분석하는 것이 불가능하였다.

다섯째, 비교 대상 신문을 〈동아일보〉와 〈조선일보〉, 〈중앙일보〉, 〈한겨레〉로 한정하다보니 좀 더 다양한 신문의 단락 처리 현황을 분석하지 못하였다. 〈경향신문〉, 〈한국일보〉, 〈국민일보〉, 〈문화일보〉, 〈서울신문〉, 〈세계일보〉 등 나머지 중앙일간지 사설·칼럼도 분석 대상에 포함했으면 좀 더 다양한 유형을 분석할 수 있었을 것이란 아쉬움이 남는다. 따라서 이 연구가 국내 모든 중앙일간지 사설·칼럼의 단락 처리를 분석했다고 볼 수는 없다.

　여섯째, 각 신문사의 '기자 핸드북' 문제점을 지적하고 이 연구에 들어갔으면 좋았을 것이다. 신문사들은 내부에서 '기자 핸드북'을 활용하여 기사 작성과 칼럼 쓰기에 통일성을 기하고 있다. '기자 핸드북'의 세부 내용은 신문사마다 조금씩 다르다. 그러나 이 글은 레토릭 3대 원리 준수 여부만 분석하고 신문사들의 '기자 핸드북'은 검토하지 않았다. 어떤 식으로 단락을 나눠야 하는지 '기자 핸드북'에 소개해 놓기나 했는지, 아니면 잘못 소개해 놓지는 않았는지 점검했으면 문제점 원인 규명에 도움이 되었을 것이다.

3. 후속 연구를 위한 제언

신문 글 연구를 놓고 볼 때, 언론학계에서는 그동안 신문 글 중 사설·칼럼의 내용이나 문장 오류, 맞춤법, 띄어쓰기를 지적하는 미시적인 연구에 치중한 면이 있다. 이제는 글 전체 틀을 짜임새 있게 할 수 있도록 학문적으로 뒷받침해 주는 거시적인 연구가 필요하다. 이와 관련하여 학계에 다음과 같은 제언을 한다.

첫째, 단락 처리를 제대로 할 경우와 그렇게 하지 않을 경우에 독자들의 이해 정도가 어떻게 달라지는지 실험 연구할 필요가 있다. 곧 내용이 같은 칼럼이나 사설을 통일성, 연결성, 강조성 등 '레토릭 3대 원리'를 잘 지킨 것과 그렇지 않은 것으로 나누어 독자 이해도를 측정하자는 것이다. 레토릭 3대 원리를 잘 지킨 칼럼을 읽은 집단과 그렇지 않은 집단의 메시지 수용 효과를 측정하면 의미 있는 결과가 나올 수 있다.

둘째, 신문 사설·칼럼은 한 단락에 몇 문장 정도가 적당한지, 어느 선에서 단락을 바꿔야 하는지, 소주제문은 어떤 식으로 보여주는 게 좋은지 '바람직한 신문 글의 단락 처리 방식'을 연구해야 한다. 바삐 살아가는 현대인들에게 필자 주장을 정확하게 전달하기 위해서는 단락 전개 3대 원리를 지키는 게 타당하기 때문이다. 이런 후속 연구를 진행하는 과정에서 한국 신문 사설·칼럼의 수준을 끌어올릴 수 있고, 고급 독자들도 확보할 수 있을 것이다. 현업에서 이 같은 시도를 할 수 있도록 언론학계에서 이론적으로 뒷받침하면 좋겠다.

셋째, 사설·칼럼의 제목 형태를 분석하는 것도 시도할만하다. 이 글은 사설이나 칼럼의 단락 구성을 중심으로 분석하였다. 그런데 사설이나 칼럼은 제목으로 수용자들의 시선을 이끌어 글을 읽게 한다. 과거 사설이나 칼럼 제목은 명사형으로 끝난 것들이 많았으나 요즘에는 하나의 완성된 문장 형태를 갖추고 있다. 사설이나 칼럼의 이 같은 제목 형태를 분석하는 것도 학문적으로 의미 있다. 어떤 식으로 제목을 달아야 독자 관심을 끌 수 있는지 연구할 필요가 있는 것이다.

넷째, 종이신문(오프라인 매체)과 전자신문(온라인 매체)을 비교하여 연구해 볼만하다. 가상(사이버) 공간을 활용한 의사소통(커뮤니케이션)은 글쓰기 혁명을 불러왔다. 또 문장 표현 방식이 과거의 문어체에서 구어체 중심으로 급격하게 바뀌었다. 이 연구는 종이신문만을 연구 대상으로 하였으나, 이런 시대 변화에 맞춰 종이신문과 전자신문의 단락 구조까지 비교 연구하면 좋겠다.

4. 신문사들에게 전하는 제언

       글 쓰는 일이 직업인 언론인이기 때문에 스스로 글을 잘 쓴다고 생각하는 착각은 이제 버리는 게 좋다. 신문에 실린 글이 모두 모범 글이라는 환상에서도 벗어나야 한다. 이 연구에서도 밝혔듯이 신문 칼럼·사설 전체 단락에서 절반 이상이 단락 전개 원리에 어긋난 상태다. 아예 문장의 기본 소양조차 없는 필자가 쓴 것으로 보이는 칼럼도 많다. 언론이 그 어떤 성역도 두지 않고 비판 보도를 하려는 것과 마찬가지로, 이젠 신문에 번듯하게 편집해서 실린 칼럼도 소비자(독자)의 날카로운 평가에서 자유로울 수 없는 시대가 왔다. 침체한 신문 산업을 활성화하려는 목적으로 신문 활용 수업(NIE)을 권장하기 위해서는 문장론 차원에서 수준 높은 글을 싣도록 힘써야 한다.

나는 신문 사설·칼럼을 쓸 때 단락 전개 원리를 따르는 게 옳기 때문에 무작정 이것을 지키라고 강권하는 것은 아니다. 신문은 속보 경쟁에서 방송과 인터넷에 밀리고 있기 때문에 해설기사와 사설·칼럼에서 경쟁력을 쌓아야 하는 시점이다. 그렇다면 스트레이트 기사가 아닌 해설기사와 사설·칼럼을 쓸 때 어떤 구성 방법을 활용하는 게 효과적인지 고민해야 한다. 여기서 나는 단락 전개 원리에 맞춰 좀 더 조직적으로 생각을 정리하여 주제를 전달할 수 있는 글을 쓰자고 제안하는 것이다. 레토릭 원리는 수백 수천 년에 걸쳐 인류가 능률적으로 의사소통을 하려고 애쓰는 과정에서 정리한 이론이다. 이것은 이미 학문적으로 정립해 수많은 문장론서와 초·중·고 국어·작문 교과서에서 소개하고 있다. 해외는 물론이고 국내에서도 단락 이론을 담은 학술논문과 단행본이 쏟아져 나온다. 따라서 사설·칼럼에 담긴 주장을 선명하게 전달하는 데 도움이 된다면 신문사들의 내·외부 필자들이 굳이 단락 전개 원리를 활용하지 않을 이유가 없다. 모름지기 글 쓰는 목적은 필자 생각과 주장, 정보를 전달하는 데 있기 때문에 중심생각, 곧 주제가 선명하게 드러나도록 도와주는 단락 이론을 활용하는 게 마땅하다.

물론 신문 편집상 한 단락의 길이가 무작정 길어지면 독자가 읽기에 불편하다며 단락 전개 원리를 사설·칼럼 작성에 적용하는 데 반론을 제기할 수도 있다. 하지만 글을 읽는 호흡을 고려하여 한 단락에 서너 개 정도의 문장만 쓰고 단락을 나눈다고 하더라도 얼마든지 단락 전개 원리에 맞게 글을 쓸 수가 있다. 실제로 그런 방식으로 짜임새 있는 글을 쓰는 필자도 얼마든지 있다. 오히려 너무 빡빡하지 않게 편집해야 한다는 이유로 한 문장 단락을 남발한다든지, 아무런 원칙도 없이 수시로 단락을 나눠 산만한 글을 쓰는 것은 독자를 배려하는 것이 아니다. 길이가 문제라면 사설·칼럼은 한 단락의 분량을 어느 정도로 하는 게 효과적인지 실험 연구를 하여 그 결과를 반영하면 된다. 곧 독자가 읽기에 알맞은 단락 속의 문장 수를 조사하여 글쓰기에 활용하자는 것이다. 타성에 젖어 좀 더 능률적인 글쓰기 방법론의 연구와 적용을 게을리하는 것은 언론인의 자세가 아니다.

비록 소수지만 일부 논설위원들과 젊은 기자들은 자기 생각에 구획 정리를 하여 반듯하게 단락 처리를 한 글을 쓰고 있다. 스트레이트 기사 작성에 레토릭 3대 원리를 적용하는 기자들도 늘고 있다. 정확하게 단락을 구분한 이들의 글을 읽어보면, 독자들이 이해하기 쉽도록 깊이 있게 사고하여 조직적으로 글을 구성한 노력이 엿보인다. 신문 글은 문학 작품처럼 어떤 여운이나 감흥을 남기려는 장르가 아닌 만큼 이 같은 필자들의 글쓰기는 신문 문장 수준을 한 단계 끌어올리고 있다고 평가할 수 있다. 이제는 이런 단락 전개 원리를 활용한 글쓰기 방식을 모든 필자가 정확히 학습하여 글쓰기에 적용해야 할 때라고 본다. 그렇게 할 경우 칼럼·사설의 문제점을 개선하고 독자들에게 좀 더 신뢰감을 심어줄 수 있을 것이다.

이를 위해 연구자는 언론계에 아래와 같은 제언을 한다. 첫째, 신문 글에 알맞은 단락 처리 방식을 실험 연구하자. ① 단락 처리를 한 글과 그렇지 않은 글을 놓고 어느 것이 더 독자가 알아듣기에 좋은지 실험하고 ② 한 단락에 문장을 몇 개 담는 것이 독자가 이해하기에 수월한지 분석하자. 둘째, 외부 필자들에게 최소한의 단락 전개 원리를 지켜 줄 것을 요청하자. 신문사마다 '기자 핸드북'이나 '단락 나누기 지침서'를 만들면 효과적일 것이다. 물론 틀에 박힌 글을 양산한다고 반론을 펼 수도 있으나, 창의적이고 다양한 글의 구성은 오히려 단락 전개 원리를 적용할 때 많이 나올 수 있다. 생각을 조직하지도 않고 문장들을 뒤죽박죽 뒤섞어 놓은 글을 창의적인 글이라고 평가할 수는 없다. 창의적인 글이 되기 위해서는 글 내용과 구성에서 남과 달라야 하는 것이지, 단락 안의 문장들을 뒤엉킨 상태로 담아서는 안 된다. 셋째, 수습기자뿐만 아니라 경력 기자들과 논설위원들도 단락 전개를 중심으로 한 사설·칼럼 작성법을 공부해야 한다. 그리고 데스크들도 단락 전개 원리를 정확하게 파악한 뒤에 여기에 맞춰 글을 손질하는 게 좋다.

신문사를 홍보하고 특파원을 파견하고 다양한 연수 교육을 하는 것도 필요하나, 좀 더 질 좋은 사설·칼럼을 쓸 수 있도록 연구하는 것도 급선무다. 신문사 이미지를 개선하려면 무엇보다도 소비자에게 직접 전달하는 상품을 잘 만들어야 하기 때문에 이 점을 소홀히 할 수는 없다. 신문사 별로 지금까지 적용한 단락 처리 방법이 있다고 하더라도 그것이 과연 효율적인지, 더 바람직한 게 없는지 점검해 보라. 인류가 효과적인 의사소통을 연구하는 과정에서 자연스럽게 정립한 레토릭 3대 원리, 곧 단락 전개 3대 원리가 신문 글 발전에 도움을 줄 수 있다고 다시 한 번 강조한다.

부록

단락의 통일성 위배 개수			글 종류		전체
			사설	칼럼	
0	신문	동아일보	80	98	178
		조선일보	80	123	203
		중앙일보	61	69	130
		한겨레	86	65	151
	전 체		307	355	662
1	신문	동아일보	46	98	144
		조선일보	45	107	152
		중앙일보	59	108	167
		한겨레	52	91	143
	전 체		202	404	606
2	신문	동아일보	14	50	64
		조선일보	22	59	81
		중앙일보	24	76	100
		한겨레	14	46	60
	전 체		74	231	305
3	신문	동아일보	3	28	31
		조선일보	2	20	22
		중앙일보	7	28	35
		한겨레	1	24	25
	전 체		13	100	113
4	신문	동아일보	0	17	17
		조선일보	2	8	10
		중앙일보	0	9	9
		한겨레	1	7	8
	전 체		3	41	44
5	신문	동아일보	0	7	7
		조선일보	1	1	2
		중앙일보	0	1	1
		한겨레	1	3	4
	전 체		2	12	14

신문 글의 구성과 단락 전개에 관한 연구

단락의 통일성 위배 개수			글 종류		전체
			사설	칼럼	
6	신문	동아일보		7	7
		조선일보		3	3
		중앙일보		1	1
	전 체			11	11
7	신문	동아일보		2	2
	전 체			2	2
8	신문	동아일보		4	4
	전 체			4	4
9	신문	조선일보		1	1
	전 체			1	1
10	신문	동아일보		2	2
	전 체			2	2
11	신문	동아일보		1	1
	전 체			1	1

부록2 • 신문·글 종류별 단락의 연결성 위배 개수 교차표

단락의 연결성 위배 개수			글 종류		전체
			사설	칼럼	
0	신문	동아일보	78	94	172
		조선일보	86	168	254
		중앙일보	65	95	160
		한겨레	82	75	157
	전 체		311	432	743
1	신문	동아일보	48	98	146
		조선일보	41	89	130
		중앙일보	66	98	164
		한겨레	57	80	137
	전 체		212	365	577

단락의 연결성 위배 개수			글 종류		전체
			사설	칼럼	
2	신문	동아일보	12	53	65
		조선일보	20	43	63
		중앙일보	17	65	82
		한겨레	15	48	63
	전	체	64	209	273
3	신문	동아일보	4	30	34
		조선일보	2	17	19
		중앙일보	2	26	28
		한겨레	0	25	25
	전	체	8	98	106
4	신문	동아일보	1	16	17
		조선일보	1	3	4
		중앙일보	1	6	7
		한겨레	0	7	7
	전	체	3	32	35
5	신문	동아일보	0	8	8
		조선일보	1	0	1
		중앙일보	0	2	2
		한겨레	1	1	2
	전	체	2	11	13
6	신문	동아일보		7	7
		조선일보		1	1
	전	체		8	8
7	신문	동아일보		2	2
	전	체		2	2
8	신문	동아일보		3	3
	전	체		3	3
9	신문	동아일보		1	1
		조선일보		1	1
	전	체		2	2

신문 글의 구성과 단락 전개에 관한 연구

단락의 연결성 위배 개수			글 종류		전체
			사설	칼럼	
10	신문	동아일보		1	1
	전	체		1	1
11	신문	동아일보		1	1
	전	체		1	1

부록3 • 신문·글 종류별 단락의 강조성 위배 개수 교차표

단락의 강조성 위배 개수			글 종류		전체
			사설	칼럼	
0	신문	동아일보	38	76	114
		조선일보	43	107	150
		중앙일보	26	65	91
		한겨레	73	73	146
	전	체	180	321	501
1	신문	동아일보	52	87	139
		조선일보	60	109	169
		중앙일보	65	105	170
		한겨레	63	79	142
	전	체	240	380	620
2	신문	동아일보	41	76	117
		조선일보	36	63	99
		중앙일보	46	71	117
		한겨레	17	60	77
	전	체	140	270	410
3	신문	동아일보	12	34	46
		조선일보	8	25	33
		중앙일보	9	33	42
		한겨레	2	16	18
	전	체	31	108	139

단락의 강조성 위배 개수			글 종류		전체
			사설	칼럼	
4	신문	동아일보	0	12	12
		조선일보	4	7	11
		중앙일보	5	11	16
		한겨레	0	6	6
	전	체	9	36	45
5	신문	동아일보		13	13
		조선일보		7	7
		중앙일보		4	4
		한겨레		1	1
	전	체		25	25
6	신문	동아일보	0	6	6
		조선일보	1	2	3
		중앙일보	0	3	3
		한겨레	0	1	1
	전	체	1	12	13
7	신문	동아일보		3	3
		조선일보		1	1
	전	체		4	4
8	신문	동아일보		4	4
	전	체		4	4
9	신문	동아일보		2	2
		조선일보		1	1
	전	체		3	3
11	신문	동아일보		1	1
	전	체		1	1

신문 글의 구성과 단락 전개에 관한 연구

무괄식 단락 개수			글 종류		전체
			사설	칼럼	
0	신문	동아일보	121	256	377
		조선일보	123	252	375
		중앙일보	139	261	400
		한겨레	151	204	355
	전 체		534	973	1507
1	신문	동아일보	20	36	56
		조선일보	22	51	73
		중앙일보	12	25	37
		한겨레	3	20	23
	전 체		57	132	189
2	신문	동아일보	2	10	12
		조선일보	7	9	16
		중앙일보	0	4	4
		한겨레	1	9	10
	전 체		10	32	42
3	신문	동아일보		7	7
		조선일보		3	3
		중앙일보		1	1
		한겨레		2	2
	전 체			13	13
4	신문	동아일보		3	3
		조선일보		3	3
		중앙일보		1	1
	전 체			7	7
5	신문	동아일보		1	1
		조선일보		3	3
	전 체			4	4
6	신문	조선일보		1	1
	전 체			1	1
10	신문	동아일보		1	1
		조선일보		1	1
	전 체			2	2

한 문장 단락 개수			글 종류		전체
			사설	칼럼	
0	신문	동아일보	128	195	323
		조선일보	131	273	404
		중앙일보	139	228	367
		한겨레	152	205	357
	전 체		550	901	1451
1	신문	동아일보	14	45	59
		조선일보	16	31	47
		중앙일보	9	47	56
		한겨레	3	22	25
	전 체		42	145	187
2	신문	동아일보	1	19	20
		조선일보	5	8	13
		중앙일보	2	14	16
		한겨레	0	5	5
	전 체		8	46	54
3	신문	동아일보	0	14	14
		조선일보	0	6	6
		중앙일보	1	1	2
		한겨레	0	1	1
	전 체		1	22	23
4	신문	동아일보		11	11
		조선일보		1	1
		중앙일보		1	1
		한겨레		2	2
	전 체			15	15
5	신문	동아일보		8	8
		조선일보		1	1
		중앙일보		1	1
	전 체			10	10
6	신문	조선일보		8	8
	전 체			8	8

신문 글의 구성과 단락 전개에 관한 연구

한 문장 단락 개수			글 종류		전체
			사설	칼럼	
7	신문	동아일보		1	1
		조선일보		5	5
	전	체		6	6
8	신문	동아일보		5	5
		조선일보		1	1
	전	체		6	6
9	신문	조선일보		1	1
	전	체		1	1
10	신문	동아일보		1	1
		조선일보		1	1
	전	체		2	2
11	신문	조선일보		1	1
	전	체		1	1
20	신문	조선일보		1	1
	전	체		1	1

부록6 • 신문·글 종류별 여러 단락을 합해야 정상 단락이 되는 경우의 개수 교차표

여러 단락을 합해야 정상 단락이 되는 경우의 개수			글 종류		전체
			사설	칼럼	
0	신문	동아일보	128	153	281
		조선일보	125	214	339
		중앙일보	137	204	341
		한겨레	142	179	321
	전	체	532	750	1282
1	신문	동아일보	13	67	80
		조선일보	22	67	89
		중앙일보	11	64	75
		한겨레	13	41	54
	전	체	59	239	298

여러 단락을 합해야 정상 단락이 되는 경우의 개수			글 종류		전체
			사설	칼럼	
2	신문	동아일보	2	48	50
		조선일보	4	33	37
		중앙일보	2	14	16
		한겨레	0	13	13
	전	체	8	108	116
3	신문	동아일보	0	20	20
		조선일보	1	5	6
		중앙일보	1	6	7
		한겨레	0	1	1
	전	체	2	32	34
4	신문	동아일보		18	18
		조선일보		3	3
		중앙일보		4	4
	전	체		25	25
5	신문	동아일보		5	5
		한겨레		1	1
	전	체		6	6
6	신문	동아일보		1	1
		한겨레		1	1
	전	체		2	2
7	신문	동아일보		1	1
	전	체		1	1
9	신문	동아일보		1	1
	전	체		1	1

신문 글의 구성과 단락 전개에 관한 연구

부록7 • 신문·글 종류별 여러 단락으로 나누어야 정상 단락이 되는 경우의 개수 교차표

여러 단락으로 나누어야 정상 단락이 되는 경우의 개수			글 종류		전체
			사설	칼럼	
0	신문	동아일보	133	278	411
		조선일보	137	250	387
		중앙일보	129	221	350
		한겨레	125	187	312
	전체		524	936	1460
1	신문	동아일보	10	31	41
		조선일보	15	62	77
		중앙일보	19	60	79
		한겨레	27	39	66
	전체		71	192	263
2	신문	동아일보	0	3	3
		조선일보	0	9	9
		중앙일보	3	10	13
		한겨레	3	10	13
	전체		6	32	38
3	신문	조선일보		1	1
		중앙일보		1	1
	전체			2	2
5	신문	동아일보		1	1
	전체			1	1

단락의 통일성·강조성·연결성 원칙을 위배한 단락의 개수의 합			글 종류		전체
			사설	칼럼	
0	신문	동아일보	21	30	51
		조선일보	21	41	62
		중앙일보	13	24	37
		한겨레	29	23	52
	전 체		84	118	202
1	신문	동아일보	32	33	65
		조선일보	36	67	103
		중앙일보	29	30	59
		한겨레	46	37	83
	전 체		143	167	310
2	신문	동아일보	32	45	77
		조선일보	32	60	92
		중앙일보	29	40	69
		한겨레	38	33	71
	전 체		131	178	309
3	신문	동아일보	26	59	85
		조선일보	22	51	73
		중앙일보	28	44	72
		한겨레	26	44	70
	전 체		102	198	300
4	신문	동아일보	14	29	43
		조선일보	18	26	44
		중앙일보	22	45	67
		한겨레	7	24	31
	전 체		61	124	185

신문 글의 구성과 단락 전개에 관한 연구

단락의 통일성·강조성·연결성 원칙을 위배한 단락의 개수의 합			글 종류		전체
			사설	칼럼	
5	신문	동아일보	4	20	24
		조선일보	13	28	41
		중앙일보	14	28	42
		한겨레	4	15	19
	전 체		35	91	126
6	신문	동아일보	10	21	31
		조선일보	4	14	18
		중앙일보	8	25	33
		한겨레	1	27	28
	전 체		23	87	110
7	신문	동아일보	2	13	15
		조선일보	1	9	10
		중앙일보	3	33	36
		한겨레	3	10	13
	전 체		9	65	74
8	신문	동아일보	1	8	9
		조선일보	2	8	10
		중앙일보	3	9	12
		한겨레	0	8	8
	전 체		6	33	39
9	신문	동아일보	1	11	12
		조선일보	2	7	9
		중앙일보	0	4	4
		한겨레	0	3	3
	전 체		3	25	28
10	신문	동아일보	0	5	5
		조선일보	0	5	5
		중앙일보	2	4	6
		한겨레	0	5	5
	전 체		2	19	21

단락의 통일성·강조성·연결성 원칙을 위배한 단락의 개수의 합			글 종류		전체
			사설	칼럼	
11	신문	동아일보		7	7
		조선일보		2	2
		중앙일보		5	5
		한겨레		3	3
	전	체		17	17
12	신문	동아일보	0	3	3
		한겨레	1	2	3
	전	체	1	5	6
13	신문	동아일보		5	5
		조선일보		1	1
		중앙일보		1	1
	전	체		7	7
14	신문	동아일보	0	5	5
		조선일보	1	0	1
		한겨레	0	2	2
	전	체	1	7	8
15	신문	동아일보		3	3
	전	체		3	3
16	신문	동아일보		4	4
		조선일보		1	1
	전	체		5	5
17	신문	동아일보		2	2
		조선일보		1	1
	전	체		3	3
18	신문	동아일보		3	3
	전	체		3	3
19	신문	동아일보		1	1
	전	체		1	1
20	신문	동아일보		1	1
	전	체		1	1

단락의 통일성·강조성·연결성 원칙을 위배한 단락의 개수의 합			글 종류		전체
			사설	칼럼	
21	신문	동아일보		1	1
	전	체		1	1
22	신문	동아일보		1	1
	전	체		1	1
24	신문	동아일보		1	1
	전	체		1	1
27	신문	동아일보		2	2
		조선일보		1	1
	전	체		3	3
33	신문	동아일보		1	1
	전	체		1	1

부록9 • 신문·필자의 종류별 단락의 통일성 위배 개수 교차표

단락의 통일성 위배 개수			글 종류							전체
			논설 위원급	데스크 급	평기자	교수 교사	문인	외국인	기타	
0	신문	동아일보	121	14	8	25	0	4	6	178
		조선일보	123	27	4	23	1	2	23	203
		중앙일보	86	15	3	13	0	5	8	130
		한겨레	100	7	2	20	1	3	18	151
	전	체	430	63	17	81	2	14	55	662
1	신문	동아일보	84	16	7	21	1	4	11	144
		조선일보	74	22	3	16	4	2	31	152
		중앙일보	93	26	3	20	1	4	20	167
		한겨레	64	11	5	33	3	1	26	143
	전	체	315	75	18	90	9	11	88	606

단락의 통일성 위배 개수			글 종류							전체
			논설 위원급	데스크 급	평기자	교수 교사	문인	외국인	기타	
2	신문	동아일보	27	13	7	11	1	2	3	64
		조선일보	38	13	1	8	2	5	14	81
		중앙일보	43	15	3	19	0	3	17	100
		한겨레	18	10	2	18	2	1	9	60
	전	체	126	51	13	56	5	11	43	305
3	신문	동아일보	9	7	5	5	0	1	4	31
		조선일보	5	4	1	5	1	2	4	22
		중앙일보	14	4	0	8	0	3	6	35
		한겨레	2	0	2	9	2	3	7	25
	전	체	30	15	8	27	3	9	21	113
4	신문	동아일보	3	5	5	2		1	1	17
		조선일보	2	2	0	3		0	3	10
		중앙일보	4	3	0	1		1	0	9
		한겨레	1	0	0	2		0	5	8
	전	체	10	10	5	8		2	9	44
5	신문	동아일보	0	1	5	0		1	0	7
		조선일보	1	0	0	0		0	1	2
		중앙일보	1	0	0	0		0	0	1
		한겨레	0	0	0	2		1	1	4
	전	체	2	1	5	2		2	2	14
6	신문	동아일보	0	2	3	1		1		7
		조선일보	1	1	0	1		0		3
		중앙일보	0	1	0	0		0		1
	전	체	1	4	3	2		1		11
7	신문	동아일보		2						2
	전	체		2						2
8	신문	동아일보		3	1					4
	전	체		3	1					4
9	신문	조선일보					1			1
	전	체					1			1
10	신문	동아일보		1					1	2
	전	체		1					1	2
11	신문	동아일보		1						1
	전	체		1						1

단락의 연결성 위배 개수			논설 위원급	데스크급	평기자	교수 교사	문인	외국인	기타	전체
0	신문	동아일보	123	15	7	18	0	3	6	172
		조선일보	142	30	5	32	3	5	37	254
		중앙일보	104	12	6	19	0	7	12	160
		한겨레	95	9	2	28	0	3	20	157
	전	체	464	66	20	97	3	18	75	743
1	신문	동아일보	86	17	8	24	0	1	10	146
		조선일보	68	22	2	10	3	3	22	130
		중앙일보	93	30	3	16	0	4	18	164
		한겨레	68	11	5	28	4	2	19	137
	전	체	315	80	18	78	7	10	69	577
2	신문	동아일보	23	13	6	14	1	3	5	65
		조선일보	27	10	1	9	2	3	11	63
		중앙일보	32	14	0	18	1	4	13	82
		한겨레	22	6	2	16	4	2	11	63
	전	체	104	43	9	57	8	12	40	273
3	신문	동아일보	8	7	6	6	1	3	3	34
		조선일보	4	4	1	4	0	0	6	19
		중앙일보	9	5	0	8	0	0	6	28
		한겨레	0	2	1	9	0	2	11	25
	전	체	21	18	8	27	1	5	26	106
4	신문	동아일보	4	3	6	2		2	0	17
		조선일보	1	2	0	1		0	0	4
		중앙일보	3	3	0	0		1	0	7
		한겨레	0	0	1	2		0	4	7
	전	체	8	8	7	5		3	4	35
5	신문	동아일보	0	1	4	1		1	1	8
		조선일보	1	0	0	0		0	0	1
		중앙일보	0	0	0	0		0	2	2
		한겨레	0	0	0	1		0	1	2
	전	체	1	1	4	2		1	4	13
6	신문	동아일보		3	3			1		7
		조선일보		1	0			0		1
	전	체		4	3			1		8

단락의 연결성 위배 개수		글 종류							전체
		논설 위원급	데스크 급	평기자	교수 교사	문인	외국인	기타	
7	신문 동아일보		2						2
	전 체		2						2
8	신문 동아일보		2	1					3
	전 체		2	1					3
9	신문 동아일보					0		1	1
	조선일보					1		0	1
	전 체					1		1	2
10	신문 동아일보		1						1
	전 체		1						1
11	신문 동아일보		1						1
	전 체		1						1

부록11 • 신문·필자의 종류별 단락의 강조성 위배 개수 교차표

단락의 강조성 위배 개수		글 종류							전체
		논설 위원급	데스크 급	평기자	교수 교사	문인	외국인	기타	
0	신문 동아일보	72	12	5	16	0	1	8	114
	조선일보	86	20	1	13	2	4	24	150
	중앙일보	52	15	5	10	0	2	7	91
	한겨레	85	11	5	26	1	4	14	146
	전 체	295	58	16	65	3	11	53	501
1	신문 동아일보	79	20	8	21	0	3	8	139
	조선일보	90	28	3	18	1	1	28	169
	중앙일보	93	24	3	20	0	6	24	170
	한겨레	76	10	1	28	4	2	21	142
	전 체	338	82	15	87	5	12	81	620
2	신문 동아일보	67	12	10	19	1	2	6	117
	조선일보	48	10	3	14	3	5	16	99
	중앙일보	70	11	1	19	1	5	10	117
	한겨레	22	6	4	21	3	1	20	77
	전 체	207	39	18	73	8	13	52	410

단락의 강조성 위배 개수			글 종류							전체
			논설위원급	데스크급	평기자	교수교사	문인	외국인	기타	
3	신문	동아일보	20	7	10	5	1	3	0	46
		조선일보	11	6	1	7	0	1	7	33
		중앙일보	16	11	0	8	0	1	6	42
		한겨레	2	1	0	7	0	0	8	18
	전 체		49	25	11	27	1	5	21	139
4	신문	동아일보	2	3	2	3		1	1	12
		조선일보	4	4	1	2		0	0	11
		중앙일보	8	2	0	1		1	4	16
		한겨레	0	0	0	1		2	3	6
	전 체		14	9	3	7		4	8	45
5	신문	동아일보	3	4	2	1	0	1	2	13
		조선일보	3	1	0	1	1	0	1	7
		중앙일보	1	0	0	2	0	1	0	4
		한겨레	0	0	1	0	0	0	0	1
	전 체		7	5	3	4	1	2	3	25
6	신문	동아일보	0	3	3	0	0			6
		조선일보	2	0	0	0	1			3
		중앙일보	1	1	0	1	0			3
		한겨레	0	0	0	1	0			1
	전 체		3	4	3	2	1			13
7	신문	동아일보		1	1	0		1		3
		조선일보		0	0	1		0		1
	전 체			1	1	1		1		4
8	신문	동아일보		2					1	1	4
	전 체			2					1	1	4
9	신문	동아일보	1					0	1	2
		조선일보	0					1	0	1
	전 체		1					1	1	3
11	신문	동아일보		1						1
	전 체			1						1

무괄식 단락 개수			글 종류							전체
			논설위원급	데스크급	평기자	교수교사	문인	외국인	기타	
0	신문	동아일보	208	54	32	53	2	10	18	377
		조선일보	199	44	8	49	4	9	62	375
		중앙일보	220	57	6	56	1	15	45	400
		한겨레	176	23	9	77	8	6	56	355
	전　　　체		803	178	55	235	15	40	181	1507
1	신문	동아일보	32	3	6	7	0	2	6	56
		조선일보	35	15	1	6	4	2	10	73
		중앙일보	18	7	2	5	0	0	5	37
		한겨레	6	2	1	6	0	1	7	23
	전　　　체		91	27	10	24	4	5	28	189
2	신문	동아일보	3	3	1	3		1	1	12
		조선일보	7	5	0	1		0	3	16
		중앙일보	2	0	1	0		1	0	4
		한겨레	2	2	1	1		1	3	10
	전　　　체		14	10	3	5		3	7	42
3	신문	동아일보	1	4		1		1	0	7
		조선일보	1	1		0		0	1	3
		중앙일보	1	0		0		0	0	1
		한겨레	0	1		0		1	0	2
	전　　　체		3	6		1		2	1	13
4	신문	동아일보	0	0	1	1			1	3
		조선일보	2	1	0	0			0	3
		중앙일보	0	0	0	0			1	1
	전　　　체		2	1	1	1			2	7
5	신문	동아일보		0	1		0			1
		조선일보		2	0		1			3
	전　　　체			2	1		1			4
6	신문	동아일보		1						1
	전　　　체			1						1

신문 글의 구성과 단락 전개에 관한 연구

무괄식 단락 개수			글 종류							전체
			논설 위원급	데스크 급	평기자	교수 교사	문인	외국인	기타	
10	신문	동아일보	1	0						1
		조선일보	0	1						1
	전 체		1	1						2

부록13 ● 신문·필자의 종류별 한 문장 단락 개수 교차표

한 문장 단락 개수			글 종류							전체
			논설 위원급	데스크 급	평기자	교수 교사	문인	외국인	기타	
0	신문	동아일보	220	24	6	49	1	8	15	323
		조선일보	220	46	6	49	6	10	67	404
		중앙일보	222	43	8	47	0	12	35	367
		한겨레	181	24	9	73	7	8	55	357
	전 체		843	137	29	218	14	38	172	1451
1	신문	동아일보	21	11	9	11	1	0	6	59
		조선일보	18	14	2	6	2	0	5	47
		중앙일보	12	16	1	11	1	3	12	56
		한겨레	4	2	0	8	1	1	9	25
	전 체		55	43	12	36	5	4	32	187
2	신문	동아일보	3	8	3	3		1	2	20
		조선일보	6	4	0	1		1	1	13
		중앙일보	6	4	0	3		0	3	16
		한겨레	0	1	2	1		0	1	5
	전 체		15	17	5	8		2	7	54
3	신문	동아일보	0	4	4	1		3	2	14
		조선일보	0	3	0	0		0	3	6
		중앙일보	1	0	0	0		0	1	2
		한겨레	0	0	0	0		0	1	1
	전 체		1	7	4	1		3	7	23

한 문장 단락 개수		글 종류							전체
		논설위원급	데스크급	평가자	교수교사	문인	외국인	기타	
4	신문 동아일보		1	8	1		1		11
	조선일보		0	1	0		0		1
	중앙일보		1	0	0		0		1
	한겨레		0	0	2		0		2
	전 체		2	9	3		1		15
5	신문 동아일보		6	2			0		8
	조선일보		1	0			0		1
	중앙일보		0	0			1		1
	전 체		7	2			1		10
6	신문 동아일보		3	4			1		8
	전 체		3	4			1		8
7	신문 동아일보		3	2					5
	한겨레		1	0					1
	전 체		4	2					6
8	신문 동아일보		2	3					5
	조선일보		1	0					1
	전 체		3	3					6
9	신문 동아일보							1	1
	전 체							1	1
10	신문 동아일보		1			0			1
	조선일보		0			1			1
	전 체		1			1			2
11	신문 동아일보		1						1
	전 체		1						1
20	신문 동아일보		1						1
	전 체		1						1

 • 신문·필자의 종류별 여러 단락을 합해야 정상 단락이 되는 경우의 개수 교차표

여러 단락을 합해야 정상 단락이 되는 경우의 개수			글 종류							전체
			논설위원급	데스크급	평기자	교수교사	문인	외국인	기타	
0	신문	동아일보	208	17	6	38	1	1	10	281
		조선일보	198	23	3	43	7	7	58	339
		중앙일보	207	35	6	46	1	10	36	341
		한겨레	167	19	7	68	6	4	50	321
	전　　체		780	94	22	195	15	22	154	1282
1	신문	동아일보	28	11	10	19	1	3	8	80
		조선일보	39	24	4	9	0	4	9	89
		중앙일보	28	15	2	13	0	3	14	75
		한겨레	18	7	2	12	1	3	11	54
	전　　체		113	57	18	53	2	13	42	298
2	신문	동아일보	8	13	13	6	0	4	6	50
		조선일보	6	16	1	4	2	0	8	37
		중앙일보	4	7	0	2	0	2	1	16
		한겨레	0	2	1	4	1	2	3	13
	전　　체		18	38	15	16	3	8	18	116
3	신문	동아일보	0	9	6	2		3	0	20
		조선일보	1	4	0	0		0	1	6
		중앙일보	1	5	1	0		0	0	7
		한겨레	0	0	0	0		0	1	1
	전　　체		2	18	7	2		3	2	34
4	신문	동아일보	0	10	5			2	1	18
		조선일보	0	2	1			0	0	3
		중앙일보	1	2	0			1	0	4
	전　　체		1	14	6			3	1	25
5	신문	동아일보		3	1				1	5
		한겨레		0	0				1	1
	전　　체			3	1				2	6
6	신문	동아일보		1	0					1
		한겨레		0	1					1
	전　　체			1	1					2
7	신문	동아일보						1		1
	전　　체							1		1
9	신문	동아일보	1							1
	전　　체		1							1

여러 단락으로 나누어야 정상 단락이 되는 경우의 개수			글 종류							전체
			논설 위원급	데스크 급	평기자	교수 교사	문인	외국인	기타	
0	신문	동아일보	212	61	40	58	2	14	24	411
		조선일보	211	59	8	40	6	8	55	387
		중앙일보	195	52	8	44	1	14	36	350
		한겨레	154	21	8	66	6	6	51	312
	전 체		772	193	64	208	15	42	166	1460
1	신문	동아일보	29	3	0	7	0	0	2	41
		조선일보	31	9	1	13	2	3	18	77
		중앙일보	41	10	1	13	0	2	12	79
		한겨레	26	6	3	16	1	2	12	66
	전 체		127	28	5	49	3	7	44	263
2	신문	동아일보	3	0		0	0	0	0	3
		조선일보	2	1		2	1	0	3	9
		중앙일보	5	2		3	0	0	3	13
		한겨레	5	1		2	1	1	3	13
	전 체		15	4		7	2	1	9	38
3	신문	조선일보				1				1
		중앙일보				1				1
	전 체					2				2
5	신문	동아일보		1						1
	전 체			1						1

신문 글의 구성과 단락 전개에 관한 연구

통일성·강조성· 연결성의 원칙을 위배한 단락의 개수 합			글 종류							전체
			논설 위원급	데스크 급	평가자	교수 교사	문인	외국인	기타	
0	신문	동아일보	33	7	2	6	0	0	3	51
		조선일보	40	7	1	5	1	1	7	62
		중앙일보	23	2	2	6	0	2	2	37
		한겨레	34	2	1	9	0	2	4	52
	전 체		130	18	6	26	1	5	16	202
1	신문	동아일보	47	5	2	5	0	2	4	65
		조선일보	55	18	2	14	1	0	13	103
		중앙일보	43	5	2	3	0	2	4	59
		한겨레	55	5	1	11	0	0	11	83
	전 체		200	33	7	33	1	4	32	310
2	신문	동아일보	48	5	7	15		1	1	77
		조선일보	53	10	1	9		3	16	92
		중앙일보	43	12	2	7		0	5	69
		한겨레	38	6	4	12		1	10	71
	전 체		182	33	14	43		5	32	309
3	신문	동아일보	56	9	2	13	0	1	4	85
		조선일보	36	11	2	4	2	1	17	73
		중앙일보	38	11	2	9	0	2	10	72
		한겨레	37	5	0	13	4	2	9	70
	전 체		167	36	6	39	6	6	40	300
4	신문	동아일보	25	6	1	5		1	5	43
		조선일보	24	4	0	8		1	7	44
		중앙일보	35	8	0	10		3	11	67
		한겨레	9	3	1	11		1	6	31
	전 체		93	21	2	34		6	29	185

통일성·강조성·연결성의 원칙을 위배한 단락의 개수 합			글 종류							전체
			논설위원급	데스크급	평기자	교수교사	문인	외국인	기타	
5	신문	동아일보	8	6	2	6	0	1	1	24
		조선일보	17	7	1	8	1	3	4	41
		중앙일보	23	8	1	4	1	2	3	42
		한겨레	5	2	0	4	1	0	7	19
	전 체		53	23	4	22	3	6	15	126
6	신문	동아일보	14	4	4	4	1	1	3	31
		조선일보	9	2	1	0	0	1	5	18
		중앙일보	14	5	0	10	0	2	2	33
		한겨레	4	4	2	12	3	0	3	28
	전 체		41	15	7	26	4	4	13	110
7	신문	동아일보	4	3	2	3	1	1	1	15
		조선일보	3	3	0	1	2	1	0	10
		중앙일보	11	8	0	5	0	2	10	36
		한겨레	3	1	0	4	0	0	5	13
	전 체		21	15	2	13	3	4	16	74
8	신문	동아일보	2	0	2	3		1	1	9
		조선일보	4	1	0	2		0	3	10
		중앙일보	5	3	0	2		0	2	12
		한겨레	0	0	1	5		1	1	8
	전 체		11	4	3	12		2	7	39
9	신문	동아일보	3	3	3	2		1	0	12
		조선일보	2	3	0	1		0	3	9
		중앙일보	1	1	0	2		0	0	4
		한겨레	0	0	0	1		0	2	3
	전 체		6	7	3	6		1	5	28
10	신문	동아일보	2	2	0	1	0	0	0	5
		조선일보	0	1	1	2	1	0	0	5
		중앙일보	3	0	0	2	0	0	1	6
		한겨레	0	0	0	0	0	1	4	5
	전 체		5	3	1	5	1	1	5	21

통일성·강조성·연결성의 원칙을 위배한 단락의 개수 합			글 종류						전체
			논설위원급	데스크급	평기자	교수교사	문인	외국인	기타	
11	신문	동아일보	1	1	3	1		1	0	7
		조선일보	0	0	0	1		0	1	2
		중앙일보	1	1	0	1		1	1	5
		한겨레	0	0	0	0		1	2	3
	전	체	2	2	3	3		3	4	17
12	신문	동아일보			2				1	3
		한겨레			1				2	3
	전	체			3				3	6
13	신문	동아일보	0	1	3				1	5
		조선일보	0	1	0				0	1
		중앙일보	1	0	0				0	1
	전	체	1	2	3				1	7
14	신문	동아일보	0	3		1		1		5
		조선일보	1	0		0		0		1
		한겨레	0	0		2		0		2
	전	체	1	3		3		1		8
15	신문	동아일보		2	1					3
	전	체		2	1					3
16	신문	동아일보		1	3					4
		조선일보		1	0					1
	전	체		2	3					5
17	신문	동아일보	1	1		0				2
		조선일보	0	0		1				1
	전	체	1	1		1				3
18	신문	동아일보		2	1					3
	전	체		2	1					3
18	신문	동아일보						1		1
	전	체						1		1
19	신문	동아일보								
	전	체								

통일성·강조성· 연결성의 원칙을 위배한 단락의 개수 합		글 종류							전체
		논설 위원급	데스크 급	평기자	교수 교사	문인	외국인	기타	
20	신문 동아일보						1		1
	전 체						1		1
21	신문 동아일보		1						1
	전 체		1						1
22	신문 동아일보			1					1
	전 체			1					1
24	신문 동아일보		1						1
	전 체		1						1
27	신문 동아일보		1			0		1	2
	조선일보		0			1		0	1
	전 체		1			1		1	3
33	신문 동아일보		1						1
	전 체		1						1

부록17 • 신문·사설칼럼의 주제별 단락의 통일성 위배 개수 교차표

단락의 통일성 위배 개수		사설칼럼의 주제											전체
		정치	외교	경제	사회	교육	환경	복지	국제	문화	과학	인물	
0	신문 동아일보	36	27	25	48	10	3	1	11	12	2	3	178
	조선일보	47	30	30	32	20	4	1	11	22	2	4	203
	중앙일보	27	19	20	24	12	0	2	13	9	2	2	130
	한겨레	23	13	22	42	10	6	7	15	9	1	3	151
	전 체	133	89	97	146	52	13	11	50	52	7	12	662
1	신문 동아일보	34	19	26	21	6	1	2	14	14	5	2	144
	조선일보	37	18	21	20	16	1	4	10	24	0	1	152
	중앙일보	32	19	18	33	17	1	5	12	24	4	2	167
	한겨레	17	14	21	42	9	6	6	7	11	4	6	143
	전 체	120	70	86	116	48	9	17	43	73	13	11	606

신문 글의 구성과 단락 전개에 관한 연구

<table>
<tr><th colspan="2" rowspan="2">단락의 통일성
위배 개수</th><th colspan="11">사설칼럼의 주제</th><th rowspan="2">전체</th></tr>
<tr><th>정치</th><th>외교</th><th>경제</th><th>사회</th><th>교육</th><th>환경</th><th>복지</th><th>국제</th><th>문화</th><th>과학</th><th>인물</th></tr>
<tr><td rowspan="5">2</td><td>신문 동아일보</td><td>13</td><td>6</td><td>8</td><td>17</td><td>0</td><td>1</td><td>3</td><td>3</td><td>10</td><td>2</td><td>1</td><td>64</td></tr>
<tr><td>조선일보</td><td>22</td><td>11</td><td>11</td><td>13</td><td>4</td><td>2</td><td>0</td><td>4</td><td>12</td><td>1</td><td>1</td><td>81</td></tr>
<tr><td>중앙일보</td><td>19</td><td>10</td><td>15</td><td>19</td><td>8</td><td>3</td><td>5</td><td>11</td><td>4</td><td>5</td><td>1</td><td>100</td></tr>
<tr><td>한겨레</td><td>6</td><td>4</td><td>9</td><td>21</td><td>1</td><td>2</td><td>1</td><td>6</td><td>1</td><td>3</td><td>6</td><td>60</td></tr>
<tr><td>전 체</td><td>60</td><td>31</td><td>43</td><td>70</td><td>13</td><td>8</td><td>9</td><td>24</td><td>27</td><td>11</td><td>9</td><td>305</td></tr>
<tr><td rowspan="5">3</td><td>신문 동아일보</td><td>2</td><td>5</td><td>4</td><td>9</td><td>1</td><td>1</td><td>0</td><td>2</td><td>6</td><td>1</td><td>0</td><td>31</td></tr>
<tr><td>조선일보</td><td>5</td><td>2</td><td>4</td><td>4</td><td>2</td><td>0</td><td>0</td><td>2</td><td>2</td><td>0</td><td>1</td><td>22</td></tr>
<tr><td>중앙일보</td><td>4</td><td>4</td><td>3</td><td>7</td><td>3</td><td>2</td><td>1</td><td>3</td><td>4</td><td>2</td><td>2</td><td>35</td></tr>
<tr><td>한겨레</td><td>1</td><td>1</td><td>5</td><td>7</td><td>3</td><td>1</td><td>0</td><td>4</td><td>2</td><td>0</td><td>1</td><td>25</td></tr>
<tr><td>전 체</td><td>12</td><td>12</td><td>16</td><td>27</td><td>9</td><td>4</td><td>1</td><td>11</td><td>14</td><td>3</td><td>4</td><td>113</td></tr>
<tr><td rowspan="5">4</td><td>신문 동아일보</td><td>1</td><td>3</td><td>2</td><td>1</td><td>1</td><td>0</td><td>0</td><td>4</td><td>5</td><td></td><td></td><td>17</td></tr>
<tr><td>조선일보</td><td>3</td><td>2</td><td>1</td><td>2</td><td>0</td><td>0</td><td>1</td><td>1</td><td>0</td><td></td><td></td><td>10</td></tr>
<tr><td>중앙일보</td><td>3</td><td>1</td><td>1</td><td>2</td><td>1</td><td>0</td><td>0</td><td>0</td><td>1</td><td></td><td></td><td>9</td></tr>
<tr><td>한겨레</td><td>0</td><td>4</td><td>1</td><td>1</td><td>0</td><td>1</td><td>0</td><td>0</td><td>1</td><td></td><td></td><td>8</td></tr>
<tr><td>전 체</td><td>7</td><td>10</td><td>5</td><td>6</td><td>2</td><td>1</td><td>1</td><td>5</td><td>7</td><td></td><td></td><td>44</td></tr>
<tr><td rowspan="5">5</td><td>신문 동아일보</td><td>1</td><td>2</td><td>1</td><td>0</td><td></td><td></td><td></td><td>1</td><td>2</td><td></td><td></td><td>7</td></tr>
<tr><td>조선일보</td><td>1</td><td>1</td><td>0</td><td>0</td><td></td><td></td><td></td><td>0</td><td>0</td><td></td><td></td><td>2</td></tr>
<tr><td>중앙일보</td><td>1</td><td>0</td><td>0</td><td>0</td><td></td><td></td><td></td><td>0</td><td>0</td><td></td><td></td><td>1</td></tr>
<tr><td>한겨레</td><td>1</td><td>0</td><td>0</td><td>2</td><td></td><td></td><td></td><td>1</td><td>0</td><td></td><td></td><td>4</td></tr>
<tr><td>전 체</td><td>4</td><td>3</td><td>1</td><td>2</td><td></td><td></td><td></td><td>2</td><td>2</td><td></td><td></td><td>14</td></tr>
<tr><td rowspan="4">6</td><td>신문 동아일보</td><td>0</td><td>3</td><td>1</td><td>1</td><td></td><td>1</td><td></td><td>1</td><td></td><td></td><td></td><td>7</td></tr>
<tr><td>조선일보</td><td>1</td><td>0</td><td>1</td><td>1</td><td></td><td>0</td><td></td><td>0</td><td></td><td></td><td></td><td>3</td></tr>
<tr><td>중앙일보</td><td>0</td><td>0</td><td>0</td><td>1</td><td></td><td>0</td><td></td><td>0</td><td></td><td></td><td></td><td>1</td></tr>
<tr><td>전 체</td><td>1</td><td>3</td><td>2</td><td>3</td><td></td><td>1</td><td></td><td>1</td><td></td><td></td><td></td><td>11</td></tr>
<tr><td rowspan="2">7</td><td>신문 동아일보</td><td></td><td></td><td></td><td></td><td>1</td><td></td><td></td><td>1</td><td></td><td></td><td></td><td>2</td></tr>
<tr><td>전 체</td><td></td><td></td><td></td><td></td><td>1</td><td></td><td></td><td>1</td><td></td><td></td><td></td><td>2</td></tr>
<tr><td rowspan="2">8</td><td>신문 동아일보</td><td>1</td><td></td><td></td><td>1</td><td>1</td><td></td><td></td><td>1</td><td></td><td></td><td></td><td>4</td></tr>
<tr><td>전 체</td><td>1</td><td></td><td></td><td>1</td><td>1</td><td></td><td></td><td>1</td><td></td><td></td><td></td><td>4</td></tr>
<tr><td rowspan="2">9</td><td>신문 조선일보</td><td></td><td></td><td></td><td></td><td></td><td>1</td><td></td><td></td><td></td><td></td><td></td><td>1</td></tr>
<tr><td>전 체</td><td></td><td></td><td></td><td></td><td></td><td>1</td><td></td><td></td><td></td><td></td><td></td><td>1</td></tr>
</table>

단락의 통일성 위배 개수		사설칼럼의 주제											전체
		정치	외교	경제	사회	교육	환경	복지	국제	문화	과학	인물	
10	신문 동아일보		1	1									2
	전　　　체		1	1									2
11	신문 동아일보				1								1
	전　　　체				1								1

부록18 • 신문·사설칼럼의 주제별 단락의 연결성 위배 개수 교차표

단락의 연결성 위배 개수		사설칼럼의 주제											전체
		정치	외교	경제	사회	교육	환경	복지	국제	문화	과학	인물	
0	신문 동아일보	32	29	22	44	11	1	0	12	14	4	3	172
	조선일보	58	35	38	38	20	4	3	16	33	3	6	254
	중앙일보	33	21	18	36	15	1	2	16	15	2	1	160
	한겨레	23	16	19	47	9	6	7	15	8	3	4	157
	전　　　체	146	101	97	165	55	12	12	59	70	12	14	743
1	신문 동아일보	35	19	28	31	3	2	3	8	14	1	2	146
	조선일보	37	14	18	20	17	2	0	7	15	0	0	130
	중앙일보	32	20	26	28	13	0	6	14	19	4	2	164
	한겨레	21	13	21	37	8	5	5	11	7	3	6	137
	전　　　체	125	66	93	116	41	9	14	40	55	8	10	577
2	신문 동아일보	13	5	12	11	2	3	3	5	7	3	1	65
	조선일보	11	11	7	12	4	1	2	4	10	0	1	63
	중앙일보	17	8	9	14	11	3	4	8	5	2	1	82
	한겨레	3	4	13	19	5	2	2	3	7	1	4	63
	전　　　체	44	28	41	56	22	9	11	20	29	6	7	273
3	신문 동아일보	3	5	2	7	1	0	0	6	8	2	0	34
	조선일보	5	4	4	2	0	0	1	1	2	0	0	19
	중앙일보	4	3	2	8	0	2	1	0	1	4	3	28
	한겨레	1	1	4	9	1	2	0	4	1	1	1	25
	전　　　체	13	13	12	26	2	4	2	11	12	7	4	106

신문 글의 구성과 단락 전개에 관한 연구

단락의 연결성 위배 개수		사설칼럼의 주제											전체
		정치	외교	경제	사회	교육	환경	복지	국제	문화	과학	인물	
4	신문 동아일보	2	3	1	3	1	0		3	4		0	17
	조선일보	3	0	0	0	1	0		0	0		0	4
	중앙일보	0	1	1	0	2	0		1	2		0	7
	한겨레	0	2	1	1	0	1		0	1		1	7
	전 체	5	6	3	4	4	1		4	7		1	35
5	신문 동아일보	2	2	1	0				2	1	0		8
	조선일보	1	0	0	0				0	0	0		1
	중앙일보	0	0	1	0				0	0	1		2
	한겨레	0	0	0	2				0	0	0		2
	전 체	3	2	2	2				2	1	1		13
6	신문 동아일보		2	1	1	1	1			1			7
	조선일보		0	1	0	0	0			0			1
	전 체		2	2	1	1	1			1			8
7	신문 동아일보				1				1				2
	전 체				1				1				2
8	신문 동아일보	1				1			1				3
	전 체	1				1			1				3
9	신문 동아일보			1			0						1
	조선일보			0			1						1
	전 체			1			1						2
10	신문 동아일보		1										1
	전 체		1										1
11	신문 동아일보				1								1
	전 체				1								1

부 록

부록19 ● 신문·사설칼럼의 주제별 단락의 강조성 위배 개수 교차표

단락의 강조성 위배 개수			정치	외교	경제	사회	교육	환경	복지	국제	문화	과학	인물	전체
								사설칼럼의 주제						
0	신문	동아일보	21	13	16	26	6	2	1	8	16	2	3	114
		조선일보	25	15	18	25	16	6	2	10	28	2	3	150
		중앙일보	21	11	9	15	8	2	1	6	12	4	2	91
		한겨레	19	7	24	38	4	8	6	18	12	4	6	146
	전 체		86	46	67	104	34	18	10	42	68	12	14	501
1	신문	동아일보	28	18	28	27	5	3	2	8	15	3	2	139
		조선일보	39	24	24	25	18	1	2	11	21	0	4	169
		중앙일보	26	23	23	34	11	2	4	17	21	5	4	170
		한겨레	20	17	23	41	14	4	2	7	7	2	5	142
	전 체		113	82	98	127	48	10	10	43	64	10	15	620
2	신문	동아일보	21	20	15	32	5	0	3	11	6	4	0	117
		조선일보	31	14	19	16	5	0	2	3	9	0	0	99
		중앙일보	23	15	12	25	17	1	6	9	7	2	0	117
		한겨레	7	9	7	31	2	2	5	5	3	2	4	77
	전 체		82	58	53	104	29	3	16	28	25	8	4	410
3	신문	동아일보	10	8	4	9	2	1	0	3	7	1	1	46
		조선일보	9	8	3	4	2	0	0	4	2	1	0	33
		중앙일보	8	3	11	7	4	1	1	5	1	1	0	42
		한겨레	2	3	3	4	2	0	1	1	2	0	0	18
	전 체		29	22	21	24	10	2	2	13	12	3	1	139
4	신문	동아일보	2	2	2	0	1	1		2	2	0	0	12
		조선일보	5	1	4	0	1	0		0	0	0	0	11
		중앙일보	6	1	1	3	1	0		1	1	1	1	16
		한겨레	0	0	0	1	1	2		2	0	0	0	6
	전 체		13	4	7	4	4	3		5	3	1	1	45
5	신문	동아일보	4	2	1	1			0	3	2		0	13
		조선일보	5	1	0	1			0	0	0		0	7
		중앙일보	1	0	0	1			1	1	0		0	4
		한겨레	0	0	0	0			0	0	0		1	1
	전 체		10	3	1	3			1	4	2		1	25

신문 글의 구성과 단락 전개에 관한 연구

단락의 강조성 위배 개수		사설칼럼의 주제											전체
		정치	외교	경제	사회	교육	환경	복지	국제	문화	과학	인물	
6	신문 동아일보	2	1	0	1				2				6
	조선일보	1	1	0	1				0				3
	중앙일보	1	0	1	1				0				3
	한겨레	0	0	1	0				0				1
	전　　체	4	2	2	3				2				13
7	신문 동아일보	0	1	1	1								3
	조선일보	1	0	0	0								1
	전　　체	1	1	1	1								4
8	신문 동아일보			1	1	1			1				4
	전　　체			1	1	1			1				4
9	신문 동아일보		1					0			1		2
	조선일보		0					1			0		1
	전　　체		1					1			1		3
11	신문 동아일보				1								1
	전　　체				1								1

부록20 ● 신문·사설칼럼의 주제별 무괄식 단락 개수 교차표

무괄식 단락 개수		사설칼럼의 주제											전체
		정치	외교	경제	사회	교육	환경	복지	국제	문화	과학	인물	
0	신문 동아일보	71	55	58	88	15	6	5	29	37	9	4	377
	조선일보	89	52	56	51	37	5	4	21	51	3	6	375
	중앙일보	76	50	51	79	35	6	12	37	36	13	5	400
	한겨레	46	34	55	105	20	14	14	28	20	6	13	355
	전　　체	282	191	220	323	107	31	35	115	144	31	28	1507
1	신문 동아일보	14	7	6	8	3	1	1	6	8	1	1	56
	조선일보	22	8	9	11	5	3	2	6	7	0	0	73
	중앙일보	9	3	5	6	6	0	1	1	5	0	1	37
	한겨레	0	2	2	6	3	1	0	3	3	2	1	23
	전　　체	45	20	22	31	17	5	4	16	23	3	3	189

무괄식 단락 개수			사설칼럼의 주제											전체
			정치	외교	경제	사회	교육	환경	복지	국제	문화	과학	인물	
2	신문	동아일보	2	3	0	1	1	0		2	3		0	12
		조선일보	3	3	2	7	0	0		0	1		0	16
		중앙일보	0	0	1	1	0	0		1	1		0	4
		한겨레	1	0	1	4	0	1		1	1		1	10
	전 체		6	6	4	13	1	1		4	6		1	42
3	신문	동아일보	1		2	1				1	1		1	7
		조선일보	0		0	1				0	1		1	3
		중앙일보	1		0	0				0	0		0	1
		한겨레	0		0	0				1	0		1	2
	전 체		2		2	2				2	2		3	13
4	신문	동아일보	0	1	2								0	3
		조선일보	1	1	1								0	3
		중앙일보	0	0	0								1	1
	전 체		1	2	3								1	7
5	신문	동아일보	0			1								1
		조선일보	1			2								3
	전 체		1			3								4
6	신문	조선일보								1				1
	전 체									1				1
10	신문	동아일보	0				1							1
		한겨레	1				0							1
	전 체		1				1							2

한 문장 단락 개수			사설칼럼의 주제											전체
			정치	외교	경제	사회	교육	환경	복지	국제	문화	과학	인물	
0	신문	동아일보	66	48	53	77	17	5	4	18	22	8	5	323
		조선일보	96	54	55	63	37	7	5	21	56	3	7	404
		중앙일보	75	47	48	67	36	3	7	32	35	13	4	367
		한겨레	45	34	52	109	21	13	14	29	23	6	11	357
	전	체	282	183	208	316	111	28	30	100	136	30	27	1451
1	신문	동아일보	13	9	8	13	0	0	0	6	9	1	0	59
		조선일보	14	7	8	5	4	0	1	5	3	0	0	47
		중앙일보	8	5	9	12	3	3	3	4	7	0	2	56
		한겨레	2	1	4	4	2	3	0	4	1	2	2	25
	전	체	37	22	29	34	9	6	4	19	20	3	4	187
2	신문	동아일보	4	1	2	2	0	1	1	2	7		0	20
		조선일보	5	2	1	3	1	0	0	1	0		0	13
		중앙일보	3	1	0	4	2	0	3	2	0		1	16
		한겨레	1	0	0	1	0	0	0	0	0		3	5
	전	체	13	4	3	10	3	1	4	5	7		4	54
3	신문	동아일보	2	1	1	1				5	3	1		14
		조선일보	0	1	2	1				1	1	0		6
		중앙일보	0	0	0	2				0	0	0		2
		한겨레	0	0	1	0				0	0	0		1
	전	체	2	2	4	4				6	4	1		23
4	신문	동아일보	1	3	0	0			1	1	4		1	11
		조선일보	0	0	1	0			0	0	0		0	1
		중앙일보	0	0	0	1			0	0	0		0	1
		한겨레	0	0	1	1			0	0	0		0	2
	전	체	1	3	2	2			1	1	4		1	15
5	신문	동아일보	0	1		2	1			2	2			8
		조선일보	1	0		0	0			0	0			1
		중앙일보	0	0		0	0			1	0			1
	전	체	1	1		2	1			3	2			10

한 문장 단락 개수		정치	외교	경제	사회	교육	환경	복지	국제	문화	과학	인물	전체
6	신문 동아일보	1	2			1	1		1	2			8
	전 체	1	2			1	1		1	2			8
7	신문 동아일보		0	1	2	1			1				5
	한겨레		1	0	0	0			0				1
	전 체		1	1	2	1			1				6
8	신문 동아일보	1		2	1				1				5
	조선일보	0		1	0				0				1
	전 체	1		3	1				1				6
9	신문 동아일보			1									1
	전 체			1									1
10	신문 동아일보		1				0						1
	조선일보		0				1						1
	전 체		1				1						2
11	신문 동아일보								1				1
	전 체								1				1
20	신문 동아일보				1								1
	전 체				1								1

부록22 • 신문·사설칼럼의 주제별 여러 단락을 합해야 정상 단락이 되는 경우의 개수 교차표

여러 단락을 합해야 정상 단락이 되는 경우의 개수		정치	외교	경제	사회	교육	환경	복지	국제	문화	과학	인물	전체
0	신문 동아일보	62	36	44	80	14	4	4	10	16	7	4	281
	조선일보	77	44	46	52	36	6	6	19	45	2	6	339
	중앙일보	66	45	46	62	35	5	5	31	33	10	3	341
	한겨레	40	29	46	100	21	13	12	24	19	7	10	321
	전 체	245	154	182	294	106	28	27	84	113	26	23	1282

신문 글의 구성과 단락 전개에 관한 연구

여러 단락을 합해야 정상 단락이 되는 경우의 개수		사설칼럼의 주제											전체
		정치	외교	경제	사회	교육	환경	복지	국제	문화	과학	인물	
1	신문 동아일보	14	18	14	9	3	0	0	7	13	2	0	80
	조선일보	26	18	10	12	4	0	0	6	11	1	1	89
	중앙일보	14	4	8	19	5	1	7	5	6	3	3	75
	한겨레	7	6	8	12	2	3	2	7	4	1	2	54
	전 체	61	46	40	52	14	4	9	25	34	7	6	298
2	신문 동아일보	7	7	4	3	1	2	1	11	13	1	0	50
	조선일보	11	1	10	6	2	2	0	1	4	0	0	37
	중앙일보	5	3	2	2	1	0	1	1	0	0	1	16
	한겨레	1	1	3	3	0	0	0	2	0	0	3	13
	전 체	24	12	19	14	4	4	2	15	17	1	4	116
3	신문 동아일보	2	2	3	1	1	1	1	4	4		1	20
	조선일보	1	1	0	2	0	0	0	2	0		0	6
	중앙일보	0	0	1	3	0	0	0	1	2		0	7
	한겨레	0	0	0	0	0	0	0	0	1		0	1
	전 체	3	3	4	6	1	1	1	7	7		1	34
4	신문 동아일보	1	2	2	3	1			6	2		1	18
	조선일보	1	0	2	0	0			0	0		0	3
	중앙일보	1	1	0	0	0			1	1		0	4
	전 체	3	3	4	3	1			7	3		1	25
5	신문 동아일보	2	1	1						1			5
	한겨레	0	0	1						0			1
	전 체	2	1	2						1			6
6	신문 동아일보				1							0	1
	한겨레				0							1	1
	전 체				1							1	2
7	신문 동아일보				1								1
	전 체				1								1
9	신문 동아일보				1								1
	전 체				1								1

부록23 ● 신문·사설칼럼의 주제별 여러 단락으로 나누어야 정상 단락이 되는 경우의 개수 교차표

여러 단락으로 나누어야 정상 단락이 되는 경우의 개수			사설칼럼의 주제											전체
			정치	외교	경제	사회	교육	환경	복지	국제	문화	과학	인물	
0	신문	동아일보	81	56	63	88	17	7	5	37	43	8	6	411
		조선일보	102	54	58	62	33	4	6	21	39	2	6	387
		중앙일보	70	37	46	69	30	4	11	31	35	11	6	350
		한겨레	39	27	46	90	18	16	10	24	22	7	13	312
	전	체	292	174	213	309	98	31	32	113	139	28	31	1460
1	신문	동아일보	6	8	5	11	3	0	1	1	4	2	0	41
		조선일보	13	8	10	10	8	3	0	6	17	1	1	77
		중앙일보	14	14	10	13	10	0	2	7	7	1	1	79
		한겨레	9	7	10	21	4	0	3	7	2	1	2	66
	전	체	42	37	35	55	25	3	6	21	30	5	4	263
2	신문	동아일보	1	1	0	0	0	0	0	0	1	0	0	3
		조선일보	0	2	0	0	1	1	0	1	4	0	0	9
		중앙일보	2	2	1	3	1	2	0	1	0	1	0	13
		한겨레	0	2	2	4	1	0	1	2	0	0	1	13
	전	체	3	7	3	7	3	3	1	4	5	1	1	38
3	신문	조선일보	1			0								1
		중앙일보	0			1								1
	전	체	1			1								2
5	신문	동아일보									1			1
	전	체									1			1

신문 글의 구성과 단락 전개에 관한 연구

부록24 • 글 종류·필자의 종류별 단락의 통일성 위배 개수 교차표

단락의 통일성 위배 개수			글 종류							전체
			논설 위원급	데스크 급	평기자	교수 교사	문인	외국인	기타	
0	글 종류	사설	303	2	0	1	0	0	1	307
		칼럼	127	61	17	80	2	14	54	355
	전　　　체		430	63	17	81	2	14	55	662
1	글 종류	사설	200	1	1	0	0	0	0	202
		칼럼	115	74	17	90	9	11	88	404
	전　　　체		315	75	18	90	9	11	88	606
2	글 종류	사설	73	0	0	1	0	0	0	74
		칼럼	53	51	13	55	5	11	43	231
	전　　　체		126	51	13	56	5	11	43	305
3	글 종류	사설	13	0	0	0	0	0	0	13
		칼럼	17	15	8	27	3	9	21	100
	전　　　체		30	15	8	27	3	9	21	113
4	글 종류	사설	3	0	0	0		0	0	3
		칼럼	7	10	5	8		2	9	41
	전　　　체		10	10	5	8		2	9	44
5	글 종류	사설	1	0	0	0		0	1	2
		칼럼	1	1	5	2		2	1	12
	전　　　체		2	1	5	2		2	2	14
6	글 종류	칼럼	1	4	3	2		1		11
	전　　　체		1	4	3	2		1		11
7	글 종류	칼럼		2						2
	전　　　체			2						2
8	글 종류	칼럼		3	1					4
	전　　　체			3	1					4
9	글 종류	칼럼					1			1
	전　　　체						1			1
10	글 종류	칼럼		1					1	2
	전　　　체			1					1	2
11	글 종류	칼럼		1						1
	전　　　체			1						1

단락의 연결성 위배 개수			글 종류							전체
			논설위원급	데스크급	평기자	교수교사	문인	외국인	기타	
0	글 종류	사설	308	1	0	1	0	0	1	311
		칼럼	156	65	20	96	3	18	74	432
	전	체	464	66	20	97	3	18	75	743
1	글 종류	사설	209	2	1	0	0	0	0	212
		칼럼	106	78	17	78	7	10	69	365
	전	체	315	80	18	78	7	10	69	577
2	글 종류	사설	63	0	0	1	0	0	0	64
		칼럼	41	43	9	56	8	12	40	209
	전	체	104	43	9	57	8	12	40	273
3	글 종류	사설	8	0	0	0	0	0	0	8
		칼럼	13	18	8	27	1	5	26	98
	전	체	21	18	8	27	1	5	26	106
4	글 종류	사설	3	0	0	0		0	0	3
		칼럼	5	8	7	5		3	4	32
	전	체	8	8	7	5		3	4	35
5	글 종류	사설	1	0	0	0		0	1	2
		칼럼	0	1	4	2		1	3	11
	전	체	1	1	4	2		1	4	13
6	글 종류	칼럼		4	3			1		8
	전	체		4	3			1		8
7	글 종류	칼럼		2						2
	전	체		2						2
8	글 종류	칼럼		2	1					3
	전	체		2	1					3
9	글 종류	칼럼					1		1	2
	전	체					1		1	2
10	글 종류	칼럼		1						1
	전	체		1						1
11	글 종류	칼럼		1						1
	전	체		1						1

단락의 강조성 위배 개수			글 종류							전체
			논설위원급	데스크급	평기자	교수교사	문인	외국인	기타	
0	글 종류	사설	174	2	1	2	0	0	1	180
		칼럼	121	56	15	63	3	11	52	321
	전 체		295	58	16	65	3	11	53	501
1	글 종류	사설	240	0	0	0	0	0	0	240
		칼럼	98	82	15	87	5	12	81	380
	전 체		338	82	15	87	5	12	81	620
2	글 종류	사설	139	0	0	0	0	0	1	140
		칼럼	68	39	18	73	8	13	51	270
	전 체		207	39	18	73	8	13	52	410
3	글 종류	사설	30	1	0	0	0	0	0	31
		칼럼	19	24	11	27	1	5	8	108
	전 체		49	25	11	27	1	5	8	139
4	글 종류	사설	9	0	0	0		0	3	9
		칼럼	5	9	3	7		4	3	36
	전 체		14	9	3	7		4		45
5	글 종류	칼럼	7	5	3	4	1	2		25
	전 체		7	5	3	4	1	2		25
6	글 종류	사설	1	0	0	0	0			1
		칼럼	2	4	3	2	1			12
	전 체		3	4	3	2	1			13
7	글 종류	칼럼		1	1	1		1	1	4
	전 체			1	1	1		1	1	4
8	글 종류	칼럼		2				1		4
	전 체			2				1		4
9	글 종류	칼럼	1				1	1		3
	전 체		1				1	1		3
11	글 종류	칼럼		1						1
	전 체			1						1

무괄식 단락 개수			글 종류							전체
			논설위원급	데스크급	평가자	교수교사	문인	외국인	기타	
0	글 종류	사설	527	2	1	2	0	0	2	534
		칼럼	276	176	54	233	15	40	179	973
	전	체	803	178	55	235	15	40	181	1507
1	글 종류	사설	56	1	0	0	0	0	0	57
		칼럼	35	26	10	24	4	5	28	132
	전	체	91	27	10	24	4	5	28	189
2	글 종류	사설	10	0	0	0		0	0	10
		칼럼	4	10	3	5		3	7	32
	전	체	14	10	3	5		3	7	42
3	글 종류	칼럼	3	6		1		2	1	13
	전	체	3	6		1		2	1	13
4	글 종류	칼럼	2	1	1	1			2	7
	전	체	2	1	1	1			2	7
5	글 종류	칼럼		2	1		1			4
	전	체		2	1		1			4
6	글 종류	칼럼		1						1
	전	체		1						1
10	글 종류	칼럼	1	1						2
	전	체	1	1						2

한 문장 단락 개수			글 종류							전체
			논설위원급	데스크급	평기자	교수교사	문인	외국인	기타	
0	글 종류	사설	542	3	1	2	0	0	2	550
		칼럼	301	134	28	216	14	38	170	901
	전 체		843	137	29	218	14	38	172	1451
1	글 종류	사설	42	0	0	0	0	0	0	42
		칼럼	13	43	12	36	5	4	32	145
	전 체		55	43	12	36	5	4	32	187
2	글 종류	사설	8	0	0	0		0	0	8
		칼럼	7	17	5	8		2	7	46
	전 체		15	17	5	8		2	7	54
3	글 종류	사설	1	0	0	0		0	0	1
		칼럼	0	7	4	1		3	7	22
	전 체		1	7	4	1		3	7	23
4	글 종류	칼럼		2	9	3		1		15
	전 체			2	9	3		1		15
5	글 종류	칼럼		7	2			1		10
	전 체			7	2			1		10
7	글 종류	칼럼		3	4			1		8
	전 체			3	4			1		8
8	글 종류	칼럼		4	2					6
	전 체			4	2					6
9	글 종류	칼럼		3	3					6
	전 체			3	3					6
10	글 종류	칼럼							1	1
	전 체								1	1
10	글 종류	칼럼		1			1			2
	전 체			1			1			2
11	글 종류	칼럼		1						1
	전 체			1						1
20	글 종류	칼럼		1						1
	전 체			1						1

여러 단락을 합해야 정상 단락이 되는 경우의 개수			글 종류							전체
			논설위원급	데스크급	평기자	교수교사	문인	외국인	기타	
0	글 종류	사설	525	2	1	2	0	0	2	532
		칼럼	255	92	21	193	15	22	152	750
	전 체		780	94	22	195	15	22	154	1282
1	글 종류	사설	58	1	0	0	0	0	0	59
		칼럼	55	56	18	53	2	13	42	239
	전 체		113	57	18	53	2	13	42	298
2	글 종류	사설	8	0	0	0	0	0	0	8
		칼럼	10	38	15	16	3	8	18	108
	전 체		18	38	15	16	3	8	18	116
3	글 종류	사설	2	0	0	0		0	0	2
		칼럼	0	18	7	2		3	2	32
	전 체		2	18	7	2		3	2	34
4	글 종류	칼럼	1	14	6			3	1	25
	전 체		1	14	6			3	1	25
5	글 종류	칼럼		3	1				2	6
	전 체			3	1				2	6
6	글 종류	칼럼		1	1					2
	전 체			1	1					2
7	글 종류	칼럼						1		1
	전 체							1		1
9	글 종류	칼럼		1						1
	전 체			1						1

부록30 ● 글 종류·필자의 종류별 여러 단락으로 나누어야 정상 단락이 되는 경우의 개수 교차표

여러 단락으로 나누어야 정상 단락이 되는 경우의 개수			글 종류							전체
			논설위원급	데스크급	평기자	교수교사	문인	외국인	기타	
0	글 종류	사설	519	3	0	1	0	0	1	524
		칼럼	253	190	64	207	15	42	165	936
	전	체	772	193	64	208	15	42	166	1460
1	글 종류	사설	68	0	1	1	0	0	1	71
		칼럼	59	28	4	48	3	7	43	192
	전	체	127	28	5	49	3	7	44	263
2	글 종류	사설	6	0		0	0	0	0	6
		칼럼	9	4		7	2	1	9	32
	전	체	15	4		7	2	1	9	38
3	글 종류	칼럼				2				2
	전	체				2				2
5	글 종류	칼럼		1						1
	전	체		1						1

부록31 ● 글 종류·필자의 종류별 단락의 통일성·강조성·연결성의 원칙을 위배한 단락 개수 교차표

통일성·강조성·연결성 원칙을 위배한 단락 개수			글 종류							전체
			논설위원급	데스크급	평기자	교수교사	문인	외국인	기타	
0	글 종류	사설	81	1	0	1	0	0	1	84
		칼럼	49	17	6	25	1	5	15	118
	전	체	130	18	6	26	1	5	16	202
1	글 종류	사설	143	0	0	0	0	0	0	143
		칼럼	57	33	7	33	1	4	32	167
	전	체	200	33	7	33	1	4	32	310

통일성·강조성·연결성 원칙을 위배한 단락 개수			글 종류							전체
			논설위원급	데스크급	평기자	교수교사	문인	외국인	기타	
2	글 종류	사설	129	1	1	0		0	0	131
		칼럼	53	32	13	43		5	32	178
	전	체	182	33	14	43		5	32	309
3	글 종류	사설	102	0	0	0	0	0	0	102
		칼럼	65	36	6	39	6	6	40	198
	전	체	167	36	6	39	6	6	40	300
4	글 종류	사설	59	1	0	1		0	0	61
		칼럼	34	20	2	33		6	29	124
	전	체	93	21	2	34		6	29	185
5	글 종류	사설	35	0	0	0	0	0	0	35
		칼럼	18	23	4	22	3	6	15	91
	전	체	53	23	4	22	3	6	15	126
6	글 종류	사설	23	0	0	0	0	0	0	23
		칼럼	18	15	7	26	4	4	13	87
	전	체	41	15	7	26	4	4	13	110
7	글 종류	사설	9	0	0	0	0	0	0	9
		칼럼	12	15	2	13	3	4	16	65
	전	체	21	15	2	13	3	4	16	74
8	글 종류	사설	6	0	0	0		0	0	6
		칼럼	5	4	3	12		2	7	33
	전	체	11	4	3	12		2	7	39
9	글 종류	사설	3	0	0	0		0	0	3
		칼럼	3	7	3	6		1	5	25
	전	체	6	7	3	6		1	5	28
10	글 종류	사설	2	0	0	0	0	0	0	2
		칼럼	3	3	1	5	1	1	5	19
	전	체	5	3	1	5	1	1	5	21
11	글 종류	칼럼	2	2	3	3		3	4	17
	전	체	2	2	3	3		3	4	17

신문 글의 구성과 단락 전개에 관한 연구

통일성·강조성·연결성 원칙을 위배한 단락 개수			글 종류							전체
			논설 위원급	데스크 급	평기자	교수 교사	문인	외국인	기타	
12	글 종류	사설			0				1	1
		칼럼			3				2	5
	전	체			3				3	6
13	글 종류	칼럼	1	2	3				1	7
	전	체	1	2	3				1	7
14	글 종류	사설	1	0		0		0		1
		칼럼	0	3		3		1		7
	전	체	1	3		3		1		8
15	글 종류	칼럼		2	1					3
	전	체		2	1					3
16	글 종류	칼럼		2	3					5
	전	체		2	3					5
17	글 종류	칼럼	1	1		1				3
	전	체	1	1		1				3
18	글 종류	칼럼		2	1					3
	전	체		2	1					3
19	글 종류	칼럼						1		1
	전	체						1		1
20	글 종류	칼럼						1		1
	전	체						1		1
21	글 종류	칼럼		1						1
	전	체		1						1
22	글 종류	칼럼			1					1
	전	체			1					1
24	글 종류	칼럼		1						1
	전	체		1						1
27	글 종류	칼럼		1			1		1	3
	전	체		1			1		1	3
33	글 종류	칼럼		1						1
	전	체		1						1

단락의 통일성 위배 개수			사설칼럼의 주제											전체
			정치	외교	경제	사회	교육	환경	복지	국제	문화	과학	인물	
0	글 종류	사설	76	51	54	70	24	3	9	12	3	1	4	307
		칼럼	57	38	43	76	28	10	2	38	49	6	8	355
	전	체	133	89	97	146	52	13	11	50	52	7	12	662
1	글 종류	사설	53	34	35	37	21	2	7	6	4	3	0	202
		칼럼	67	36	51	79	27	7	10	37	69	10	11	404
	전	체	120	70	86	116	48	9	17	43	73	13	11	606
2	글 종류	사설	19	6	15	20	1	3	3	5	2	0	0	74
		칼럼	41	25	28	50	12	5	6	19	25	11	9	231
	전	체	60	31	43	70	13	8	9	24	27	11	9	305
3	글 종류	사설	2	2	0	6	2	1	0	0	0	0	0	13
		칼럼	10	10	16	21	7	3	1	11	14	3	4	100
	전	체	12	12	16	27	9	4	1	11	14	3	4	113
4	글 종류	사설	1	1	0	1	0	0	0	0	0			3
		칼럼	6	9	5	5	2	1	1	5	7			41
	전	체	7	10	5	6	2	1	1	5	7			44
5	글 종류	사설	1	0	0	1				0	0			2
		칼럼	3	3	1	1				2	2			12
	전	체	4	3	1	2				2	2			14
6	글 종류	칼럼	1	3	2	3		1		1				11
	전	체	1	3	2	3		1		1				11
7	글 종류	칼럼				1				1				2
	전	체				1				1				2
8	글 종류	칼럼	1			1	1			1				4
	전	체	1			1	1			1				4
9	글 종류	칼럼						1						1
	전	체						1						1
10	글 종류	칼럼		1	1									2
	전	체		1	1									2
11	글 종류	칼럼				1								1
	전	체				1								1

단락의 연결성 위배 개수			정치	외교	경제	사회	교육	환경	복지	국제	문화	과학	인물	전체
0	글 종류	사설	81	52	46	74	19	4	10	13	5	4	3	311
		칼럼	65	49	51	91	36	8	2	46	65	8	11	432
	전체		146	101	97	165	55	12	12	59	70	12	14	743
1	글 종류	사설	57	31	42	42	20	2	5	8	4	0	1	212
		칼럼	68	35	51	74	21	7	9	32	51	8	9	365
	전체		125	66	93	116	41	9	14	40	55	8	10	577
2	글 종류	사설	7	9	13	17	9	3	4	2	0	0	0	64
		칼럼	37	19	28	39	13	6	7	18	29	6	7	209
	전체		44	28	41	56	22	9	11	20	29	6	7	273
3	글 종류	사설	3	1	3	1	0	0	0	0	0	0	0	8
		칼럼	10	12	9	25	2	4	2	11	12	7	4	98
	전체		13	13	12	26	2	4	2	11	12	7	4	106
4	글 종류	사설	2	1	0	0	0	0		0	0		0	3
		칼럼	3	5	3	4	4	1		4	7		1	32
	전체		5	6	3	4	4	1		4	7		1	35
5	글 종류	사설	1	0	0	1				0	0	0		2
		칼럼	2	2	2	1				2	1	1		11
	전체		3	2	2	2				2	1	1		13
6	글 종류	칼럼		2	2	1	1	1			1			8
	전체			2	2	1	1	1			1			8
7	글 종류	칼럼				1				1				2
	전체					1				1				2
8	글 종류	칼럼	1				1			1				3
	전체		1				1			1				3
9	글 종류	칼럼			1					1				2
	전체				1					1				2
10	글 종류	칼럼		1										1
	전체			1										1
11	글 종류	칼럼				1								1
	전체					1								1

부록34 • 글 종류·사설칼럼의 주제별 단락의 강조성 위배 개수 교차표

단락의 강조성 위배 개수			정치	외교	경제	사회	교육	환경	복지	국제	문화	과학	인물	전체
0	글 종류	사설	40	23	34	42	9	4	8	10	6	3	1	180
		칼럼	46	23	33	62	25	14	2	32	62	9	13	321
	전 체		86	46	67	104	34	18	10	42	68	12	14	501
1	글 종류	사설	60	43	41	51	22	4	4	10	2	0	3	240
		칼럼	53	39	57	76	26	6	6	33	62	10	12	380
	전 체		113	82	98	127	48	10	10	43	64	10	15	620
2	글 종류	사설	39	20	22	33	15	0	7	2	1	1	0	140
		칼럼	43	38	31	71	14	3	9	26	24	7	4	270
	전 체		82	58	53	104	29	3	16	28	25	8	4	410
3	글 종류	사설	8	6	5	8	2	1	0	1	0	0	0	31
		칼럼	21	16	16	16	8	1	2	12	12	3	1	108
	전 체		29	22	21	24	10	2	2	13	12	3	1	139
4	글 종류	사설	4	2	2	1	0	0		0	0	0	0	9
		칼럼	9	2	5	3	4	3		5	3	1	1	36
	전 체		13	4	7	4	4	3		5	3	1	1	45
5	글 종류	칼럼	10	3	1	3			1	4	2		1	25
	전 체		10	3	1	3			1	4	2		1	25
6	글 종류	사설	1	0	0	0				0				1
		칼럼	3	2	2	3				2				12
	전 체		4	2	2	3				2				13
7	글 종류	칼럼	1	1	1	1								4
	전 체		1	1	1	1								4
8	글 종류	칼럼			1	1	1			1				4
	전 체				1	1	1			1				4
9	글 종류	칼럼		1				1			1			3
	전 체			1				1			1			3
11	글 종류	칼럼				1								1
	전 체					1								1

신문 글의 구성과 단락 전개에 관한 연구

부록36 • 글 종류·사설칼럼의 주제별 무괄식 단락 개수 교차표

무괄식 단락 개수			사설칼럼의 주제											전체
			정치	외교	경제	사회	교육	환경	복지	국제	문화	과학	인물	
0	글 종류	사설	126	82	99	121	44	9	17	21	8	4	3	534
		칼럼	156	109	121	202	63	22	18	94	136	27	25	973
	전	체	282	191	220	323	107	31	35	115	144	31	28	1507
1	글 종류	사설	23	10	5	9	4	0	2	2	1	0	1	57
		칼럼	22	10	17	22	13	5	2	14	22	3	2	132
	전	체	45	20	22	31	17	5	4	16	23	3	3	189
2	글 종류	사설	3	2	0	5	0	0		0	0		0	10
		칼럼	3	4	4	8	1	1		4	6		1	32
	전	체	6	6	4	13	1	1		4	6		1	42
3	글 종류	칼럼	2		2	2				2	2		3	13
	전	체	2		2	2				2	2		3	13
4	글 종류	칼럼	1	2	3								1	7
	전	체	1	2	3								1	7
5	글 종류	칼럼	1			3								4
	전	체	1			3								4
6	글 종류	칼럼								1				1
	전	체								1				1
10	글 종류	칼럼	1				1							2
	전	체	1				1							2

한 문장 단락 개수			사설칼럼의 주제											전체
			정치	외교	경제	사회	교육	환경	복지	국제	문화	과학	인물	
0	글 종류	사설	137	84	98	125	45	8	18	19	9	4	3	550
		칼럼	145	99	110	191	66	20	12	81	127	26	24	901
	전　　　체		282	183	208	316	111	28	30	100	136	30	27	1451
1	글 종류	사설	13	8	6	7	3	1	1	2	0	0	1	42
		칼럼	24	14	23	27	6	5	3	17	20	3	3	145
	전　　　체		37	22	29	34	9	6	4	19	20	3	4	187
2	글 종류	사설	2	2	0	2	0	0	0	2	0		0	8
		칼럼	11	2	3	8	3	1	4	3	7		4	46
	전　　　체		13	4	3	10	3	1	4	5	7		4	54
3	글 종류	사설	0	0	0	1				0	0	0		1
		칼럼	2	2	4	3				6	4	1		22
	전　　　체		2	2	4	4				6	4	1		23
4	글 종류	칼럼	1	3	2	2			1	1	4		1	15
	전　　　체		1	3	2	2			1	1	4		1	15
5	글 종류	칼럼	1	1		2	1			3	2			10
	전　　　체		1	1		2	1			3	2			10
6	글 종류	칼럼	1	2			1	1		1	2			8
	전　　　체		1	2			1	1		1	2			8
7	글 종류	칼럼		1	1	2	1			1				6
	전　　　체			1	1	2	1			1				6
8	글 종류	칼럼	1		3	1				1				6
	전　　　체		1		3	1				1				6
9	글 종류	칼럼			1									1
	전　　　체				1									1
10	글 종류	칼럼			1			1						2
	전　　　체				1			1						2
11	글 종류	칼럼									1			1
	전　　　체										1			1
20	글 종류	칼럼				1								1
	전　　　체					1								1

신문 글의 구성과 단락 전개에 관한 연구

부록38 • 글 종류·사설칼럼의 주제별 여러 단락을 한 단락으로 합해야 정상 단락이 되는 단락의 개수 교차표

합한 정상 단락 개수			사설칼럼의 주제											전체
			정치	외교	경제	사회	교육	환경	복지	국제	문화	과학	인물	
0	글 종류	사설	130	78	97	122	45	8	16	21	8	4	3	532
		칼럼	115	76	85	172	61	20	11	63	105	22	20	750
	전	체	245	154	182	294	106	28	27	84	113	26	23	1282
1	글 종류	사설	16	15	7	12	3	1	2	2	1	0	0	59
		칼럼	45	31	33	40	11	3	7	23	33	7	6	239
	전	체	61	46	40	52	14	4	9	25	34	7	6	298
2	글 종류	사설	5	1	0	0	0	0	1	0	0	0	1	8
		칼럼	19	11	19	14	4	4	1	15	17	1	3	108
	전	체	24	12	19	14	4	4	2	15	17	1	4	116
3	글 종류	사설	1	0	0	1	0	0	0	0	0		0	2
		칼럼	2	3	4	5	1	1	1	7	7		1	32
	전	체	3	3	4	6	1	1	1	7	7		1	34
4	글 종류	칼럼	3	3	4	3	1			7	3		1	25
	전	체	3	3	4	3	1			7	3		1	25
5	글 종류	칼럼	2	1	2						1			6
	전	체	2	1	2						1			6
6	글 종류	칼럼				1							1	2
	전	체				1							1	2
7	글 종류	칼럼				1								1
	전	체				1								1
9	글 종류	칼럼				1								1
	전	체				1								1

여러 단락으로 나누어야 정상 단락이 되는 경우의 개수			사설칼럼의 주제											전체
			정치	외교	경제	사회	교육	환경	복지	국제	문화	과학	인물	
0	글 종류	사설	138	85	90	115	41	8	16	18	6	3	4	524
		칼럼	154	89	123	194	57	23	16	95	133	25	27	936
	전	체	292	174	213	309	98	31	32	113	139	28	31	1460
1	글 종류	사설	14	8	14	17	7	0	3	4	3	1	0	71
		칼럼	28	29	21	38	18	3	3	17	27	4	4	192
	전	체	42	37	35	55	25	3	6	21	30	5	4	263
2	글 종류	사설	0	1	0	3	0	1	0	1	0	0	0	6
		칼럼	3	6	3	4	3	2	1	3	5	1	1	32
	전	체	3	7	3	7	3	3	1	4	5	1	1	38
3	글 종류	칼럼	1			1								2
	전	체	1			1								2
5	글 종류	칼럼									1			1
	전	체									1			1

신문 글의 구성과 단락 전개에 관한 연구

부록40 • 주제별 단락의 종류·개수와 차이

	변수명	사례수	한 편당 평균	표준편차	F-통계량	유의도
전체 단락 개수	정치	338	6.44	2.370		
	외교·안보	219	6.26	2.260		
	경제	251	6.54	2.767		
	사회	372	6.26	2.418		
	교육	126	5.94	2.199		
	환경	37	6.46	2.329	4.873	.000
	보건·복지	39	6.00	2.152		
	국제	138	7.73	3.029		
	문화	175	6.66	2.697		
	의학·과학	34	6.68	1.996		
	인물	36	6.89	2.785		
	합계	1765	6.48	2.531		
도입 단락 개수	정치	338	1.36	.754		
	외교·안보	219	1.34	.707		
	경제	251	1.38	.778		
	사회	372	1.42	.879		
	교육	126	1.16	.557		
	환경	37	1.14	.419	2.330	.010
	보건·복지	39	1.31	.614		
	국제	138	1.52	1.034		
	문화	175	1.48	.863		
	의학·과학	34	1.26	.511		
	인물	36	1.44	1.027		
	합계	1765	1.38	.802		

변수명		사례수	한 편당 평균	표준편차	F-통계량	유의도
일반 단락 개수	정치	338	4.01	1.955		
	외교·안보	219	3.82	1.875		
	경제	251	4.07	2.311		
	사회	372	3.80	1.893		
	교육	126	3.75	1.959		
	환경	37	4.32	2.199	4.492	.000
	보건·복지	39	3.69	1.764		
	국제	138	5.01	2.539		
	문화	175	4.03	2.122		
	의학·과학	34	4.53	1.926		
	인물	36	4.33	2.255		
	합계	1765	4.03	2.082		
전환 단락 개수	정치	338	.04	.257		
	외교·안보	219	.03	.212		
	경제	251	.02	.140		
	사회	372	.02	.126		
	교육	126	.02	.199		
	환경	37	.00	.000	.664	.759
	보건·복지	39	.03	.160		
	국제	138	.04	.188		
	문화	175	.03	.167		
	의학·과학	34	.03	.171		
	인물	36	.00	.000		
	합계	1765	.03	.184		

신문 글의 구성과 단락 전개에 관한 연구

302

변수명		사례수	한 편당 평균	표준편차	F-통계량	유의도
종결 단락 개수	정치	338	1.07	.441	1.984	.031
	외교·안보	219	1.05	.314		
	경제	251	1.08	.479		
	사회	372	1.05	.559		
	교육	126	1.02	.322		
	환경	37	1.05	.329		
	보건·복지	39	1.00	.324		
	국제	138	1.19	.520		
	문화	175	1.12	.560		
	의학·과학	34	.88	.478		
	인물	36	1.11	.523		
	합계	1765	1.07	.473		

주) ***: $p < 0.01$, **: $p < 0.05$, *: $p < 0.10$

부록41 • 주제별 '통일성 위배 개수' 사후검정

칼럼 사설의 주제	사례수	유의수준 = .05에 대한 부집단	
		1	2
교육	126	.98	
정치	338	1.00	
경제	251	1.06	1.06
보건·복지	39	1.08	1.08
사회	372	1.10	1.10
인물	36	1.14	1.14
외교·안보	219	1.15	1.15
문화	175	1.18	1.18
국제	138	1.27	1.27
의학·과학	34	1.29	1.29
환경	37		1.51
유의 확률		.222	.068

칼럼 사설의 주제	사례수	유의수준 = .05에 대한 부집단		
		1	2	3
정치	337	.88		
사회	372	.96	.96	
교육	126	.96	.96	
외교·안보	219	.99	.99	
경제	251	1.01	1.01	
문화	175	1.07	1.07	
보건·복지	39	1.08	1.08	
인물	36	1.11	1.11	
국제	138	1.12	1.12	
의학·과학	34		1.35	1.35
환경	37			1.57
유의 확률		.324	.097	.284

부록43 • 주제별 '강조성 위배 개수' 사후검정

칼럼 사설의 주제	사례수	유의수준 = .05에 대한 부집단	
		1	2
인물	36	.97	
문화	175	1.03	1.03
의학·과학	34	1.15	1.15
환경	37	1.16	1.16
교육	126	1.27	1.27
사회	372	1.30	1.30
경제	251	1.30	1.30
보건·복지	39	1.36	1.36
국제	138	1.43	1.43
정치	338		1.47
외교·안보	219		1.47
유의 확률		.066	.084

부록44 • 주제별 '무괄식 단락 개수' 사후검정

칼럼 사설의 주제	사례수	유의수준 = .05에 대한 부집단	
		1	2
의학·과학	34	.09	
보건·복지	39	.10	
외교·안보	219	.18	
환경	37	.19	
경제	251	.19	
사회	372	.21	
교육	126	.23	
문화	175	.23	
정치	338	.24	
국제	138	.26	
인물	36		.50
유의 확률		.206	1.000

부록45 • 주제별 '한 문장 단락 개수' 사후검정

칼럼 사설의 주제	사례수	유의수준 = .05에 대한 부집단	
		1	2
의학·과학	34	.18	
교육	126	.26	.26
정치	338	.27	.27
사회	372	.34	.34
외교·안보	219	.37	.37
경제	251	.38	.38
보건·복지	39	.41	.41
인물	36	.44	.44
문화	175	.48	.48
환경	37		.65
국제	138		.71
유의 확률		.203	.056

부록46 • 주제별 '여러 단락 합해야 정상 단락이 되는 경우의 개수' 사후검증

칼럼 사설의 주제	사례수	유의수준 = .05에 대한 부집단		
		1	2	3
교육	126	.23		
의학·과학	34	.26		
사회	372	.35	.35	
환경	37	.41	.41	
보건·복지	39	.41	.41	
정치	338	.41	.41	
외교·안보	219	.44	.44	.44
경제	251	.46	.46	.46
문화	175		.61	.61
인물	36			.75
국제	138			.75
유의 확률		.186	.145	.054

부록47 • 주제별 '여러 단락으로 나눠야 정상 단락이 되는 경우의 개수' 사후검증

칼럼 사설의 주제	사례수	유의수준 = .05에 대한 부집단
		1
정치	338	.15
경제	251	.16
인물	36	.17
사회	372	.19
보건·복지	39	.21
의학·과학	34	.21
국제	138	.21
외교·안보	218	.23
환경	37	.24
교육	126	.25
문화	175	.26
유의 확률		.259

부록48 ● 주제별 '통일성 또는 연결성 또는 강조성을 위배한 단락 무괄식 단락 또는 한 문장 단락 또는 여러 단락 합해야 하는 경우 또는 여러 단락으로 나눠야 하는 경우'의 사후검증

칼럼 사설의 주제	사례수	유의수준 = .05에 대한 부집단
		1
교육	126	4.18
정치	338	4.42
사회	372	4.45
의학·과학	34	4.53
경제	251	4.57
보건·복지	39	4.64
외교·안보	219	4.84
문화	175	4.87
인물	36	5.08
환경	37	5.73
국제	138	5.75
유의 확률		.110

부록49 ● 주제별 '통일성 또는 연결성 또는 강조성을 위배한 단락'의 사후검증

칼럼 사설의 주제	사례수	유의수준 = .05에 대한 부집단
		1
교육	126	3.21
인물	36	3.22
문화	175	3.29
정치	338	3.34
사회	372	3.35
경제	251	3.38
보건·복지	39	3.51
외교·안보	219	3.61
의학·과학	34	3.79
국제	138	3.82
환경	37	4.24
유의 확률		.113

부록50 ● 주제별 '무괄식 단락 또는 한 문장 단락' 사후검증

칼럼 사설의 주제	사례수	유의수준 = .05에 대한 부집단	
		1	2
의학·과학	34	.26	
교육	126	.49	.49
보건·복지	39	.51	.51
정치	338	.51	.51
사회	372	.55	.55
외교·안보	219	.56	.56
경제	251	.57	.57
문화	175	.71	.71
환경	37		.84
인물	36		.94
국제	138		.97
유의 확률		.116	.100

부록51 ● 주제별 '여러 단락을 합해야 하는 경우 또는 여러 단락으로 나눠야 하는 경우'의 사후검증

칼럼 사설의 주제	사례수	유의수준 = .05에 대한 부집단			
		1	2	3	4
의학·과학	34	.47			
교육	126	.48			
사회	372	.55	.55		
정치	338	.57	.57	.57	
보건·복지	39	.62	.62	.62	.62
경제	251	.63	.63	.63	.63
환경	37	.65	.65	.65	.65
외교·안보	219	.67	.67	.67	.67
문화	175		.86	.86	.86
인물	36			.92	.92
국제	138				.96
유의 확률		.295	.090	.056	.059

신문 글의 구성과 단락 전개에 관한 연구

칼럼 사설의 주제	사례수	유의수준 = .05에 대한 부집단			
		1	2	3	4
의학·과학	34	.74			
교육	126	.97	.97		
정치	338	1.08	1.08	1.08	
사회	372	1.10	1.10	1.10	
보건·복지	39	1.13	1.13	1.13	
경제	251	1.20	1.20	1.20	1.20
외교·안보	219	1.23	1.23	1.23	1.23
환경	37	1.49	1.49	1.49	1.49
문화	175		1.58	1.58	1.58
인물	36			1.86	1.86
국제	138				1.93
유의 확률		.073	.151	.061	.069

부록53 • 주제별 '통일성 또는 연결성 위배한 단락'의 사후검증

칼럼 사설의 주제	사례수	유의수준 = .05에 대한 부집단	
		1	2
정치	338	1.87	
교육	126	1.94	
사회	372	2.05	
경제	251	2.08	
외교·안보	219	2.14	
보건·복지	39	2.15	
인물	36	2.25	
문화	175	2.26	
국제	138	2.38	2.38
의학·과학	34	2.65	2.65
환경	37		3.08
유의 확률		.089	.082

부록54 • 주제별 '연결성 또는 강조성 위배한 단락'의 사후검증

칼럼 사설의 주제	사례수	유의수준 = .05에 대한 부집단
		1
인물	36	2.08
문화	175	2.11
교육	126	2.23
사회	372	2.25
경제	251	2.31
정치	338	2.34
보건·복지	39	2.44
외교·안보	219	2.47
의학·과학	34	2.50
국제	138	2.55
환경	37	2.73
유의 확률		.148

부록55 • 주제별 '통일성 또는 강조성 위배한 단락의 개수' 사후검증

칼럼 사설의 주제	사례수	유의수준 = .05에 대한 부집단
		1
인물	36	2.11
문화	175	2.22
교육	126	2.25
경제	251	2.37
사회	372	2.39
보건·복지	39	2.44
의학·과학	34	2.44
정치	338	2.47
외교·안보	219	2.62
환경	37	2.68
국제	138	2.70
유의 확률		.191

부록56 ● 주제별 '무괄식 단락 또는 한 문장 단락 또는 여러 단락 합해야 하는 경우'의 사후검증

칼럼 사설의 주제	사례수	유의수준 = .05에 대한 부집단		
		1	2	3
의학·과학	34	.53		
교육	126	.72		
사회	372	.90	.90	
보건·복지	39	.92	.92	.92
정치	338	.93	.93	.93
외교·안보	219	1.00	1.00	1.00
경제	251	1.03	1.03	1.03
환경	37	1.24	1.24	1.24
문화	175	1.32	1.32	1.32
인물	36		1.69	1.69
국제	138			1.72
유의 확률		.060	.057	.053

부록57 ● 주제별 '한 문장 단락 또는 여러 단락 합해야 하는 경우 또는 여러 단락으로 나눠야 하는 경우'의 사후검증

칼럼 사설의 주제	사례수	유의수준 = .05에 대한 부집단	
		1	2
의학·과학	34	.65	
교육	126	.74	
정치	338	.84	
사회	372	.89	
경제	251	1.00	1.00
보건·복지	39	1.03	1.03
외교·안보	219	1.05	1.05
환경	37	1.30	1.30
문화	175	1.34	1.34
인물	36	1.36	1.36
국제	138		1.67
유의 확률		.061	.070

사설·칼럼평가, 조선·한겨레 〉중앙 〉동아 순
−신향식 전 스포츠조선 기자, 우수논문상 받은 연세대 석사논문서 주장

국내 신문의 사설과 칼럼을 수사학의 3대 원리인 통일성·연결성·강조성을 기준으로 분석한 결과, 글쓰기의 기본원칙조차 지키지 않는 경우가 부지기수인 것으로 나타났다.

스포츠조선 기자 출신인 신향식(43) 씨는 연세대 언론홍보대학원 석사논문으로 제출해 '우수 논문상'을 받은 「신문 글의 구성과 단락 전개에 관한 연구 / 4대 일간지 사설·칼럼의 단락 구성 분석」에서 "국내 신문의 사설과 칼럼의 절반 이상은 단락 이론에 맞게 단락을 처리하지 않는 것으로 분석됐다"며 "신문 글의 필자들은 모두 글을 잘 쓰고, 신문 글 역시 모범적인 글이라는 일반 통념과 배치되는 연구 분석 결과"라고 밝혔다.

신 씨는 이 논문의 연구 결과, 일부 사설과 칼럼의 경우 소주제문과 뒷받침 문장들로 한 단락을 이루어야 한다는 단락 구성의 원리를 지키지 않았고, 단락 전개의 원리를 무시하고 임의로 단락을 나눠 산만한 글이 되었다고 주장했다. 또 단락 내에 뚜렷한 주제가 없어 무슨 말을 전하려는 것인지 파악하기가 어려웠다고 덧붙였다.

신문 글의 구성과 단락 전개에 관한 연구

신 씨는 2006년 1~12월까지 1년 동안 동아일보, 조선일보, 중앙일보, 한겨레 등 4개 신문에 실린 사설과 칼럼 중 체계적 무작위 표집방법으로 1,765편을 뽑아 분석한 결과 이 같은 결론을 얻었다.

단락 전개 원리에 어긋난 사설·칼럼 '수두룩' 연세대 언론홍보대학원 저널리즘 석사 논문인 '신문 글의 구성과 단락 전개에 관한 연구'(연구자 : 신향식)에 따르면 단락 전개 원리에 어긋난 사설과 칼럼이 의외로 많은 것으로 나타났다.

이 논문에 따르면, 수사학 3대 원리를 그나마 적게 위배한 신문사는 조선일보와 한겨레인 것으로 조사됐다. 그 다음은 중앙일보였으며, 비교신문 중 가장 낮은 점수를 받은 것은 동아일보였다. 신 씨는 다른 신문들도 마찬가지지만, 특히 동아일보 일부 외부 필자의 칼럼의 경우에는 글의 짜임새가 엉성하고 주제 전달력도 부족한 것으로 나왔다고 평가했다.

세부적으로, 통일성 부문에서는 조선일보와 한겨레가 높은 점수를 받았고, 연결성 부문에서는 조선일보가 단락 전개 원리를 가장 잘 지킨 것으로 나타났다. 강조성 부문에서는 한겨레가 다른 신문보다 우수했다.

동아일보는 단락을 나누는 방식에서도 4개 신문 중 상대적으로 낮은 점수를 받았다. 신 씨는 "동아일보가 '한 문장 단락'을 가장 많이 사용하는 것으로 조사됐는데, 이는 글 전체의 짜임새를 산만하게 하고, 독자들이 글의 주제를 이해하기도 어렵게 한다는 단점이 있다"고 지적했다.

신 씨는 '신문사들에게 전하는 제언'에서 "신문 글을 검토한 결과 아예 문장의 기본 소양조차 없는 필자가 쓴 것으로 보이는 칼럼도 부지기수"라며 "스트레이트 기사가 아닌 해설기사와 사설·칼럼 등을 쓸 때에 어떤 구성 방법을 활용하는 게 효과적인지 고민할 필요가 있다"고 밝혔다.

논문을 쓴 신 씨는 스포츠조선과 굿데이에서 기자생활을 했으며, 2003년 논술학원 강사로 뛰어들어 현재 강남 대치동에 자신의 필명을 딴 '신우성기자국어논술학원'을 운영하고 있다.

2007년 10월 17일 김상만 기자

신문 글의 구성과 단락 전개에 관한 연구

"〈조선〉은 매끄러운 문장 〈한겨레〉는 논거가 훌륭"

−신향식 전 스포츠조선 기자, 연세대 석사논문 '신문 글…'서 분석

글을 쓰는 목적은 자기 생각과 주장과 정보를 남에게 효과적으로 전달하는 데 있다. 따라서 글 전체의 주제가 선명하게 드러나도록 글을 써야 좋은 글로 평가받을 수 있다. 제아무리 좋은 내용이라고 해도 글쓴이 생각을 제대로 드러내지 못해, 독자가 이해하기 어렵다면 그 글은 아무런 소용이 없기 때문이다.

주제가 선명한 글을 쓰려면 단락 전개 원리를 잘 지킬 필요가 있다. 완성한 글 한 편은 '단락'이라는 작은 단위 글이 모여서 구성된다. 단락은 '글의 주제 중 일부 하위 개념을 집중적으로 펼치는 일련의 문장들로 엮은 조직체'로서, 그 형식이 명확히 구획된 글 속의 글이라 할 수 있다. 따라서 신문 사설과 칼럼을 쓸 때도 단락 전개 3대 원리에 따라 단락을 처리하면 주제를 효과적으로 전달할 수 있다.

단락 전개 원리는 ▲한 단락에서 소주제와 뒷받침 서술이 하나의 내용으로 일관성을 유지해야 하는 통일성 원리 ▲뒷받침 문장들을 매끄럽게 순리적으로 배열해야 하는 연결성 원리 ▲단락의 소주제를 뒷받침할 수 있는 설득력 있는 논거들을 알맞게 제시해야 하는 강조성 원리를 말한다.

　필자는 이와 같은 문제의식을 품고 2006년 1년 동안 〈동아일보〉, 〈조선일보〉, 〈중앙일보〉, 〈한겨레〉에 실린 사설과 칼럼을 체계적 무작위 표집방법으로 1,765편을 뽑아 분석했다. 이 연구는 연세대학교 언론홍보대학원 석사논문으로, 2007학년도 2학기 우수논문에 선정되기도 했다.

　위 신문의 사설과 칼럼을 분석한 결과, 일부에서 다음과 같은 문제점이 발견되었다. ▲소주제문과 뒷받침 문장들로 한 단락을 구성한다는 단락 구성 원리를 지키지 않았다. ▲단락 전개 원리를 무시하고 임의로 단락을 나누는 바람에 산만한 글이 되었다. ▲단락에 뚜렷한 주제(중심생각)가 없어 무슨 말을 전하려는 것인지 알 수가 없다. ▲글 전체의 주제도 선명하게 드러나지 않아, 필자 생각이 제대로 전달되지 않았다. ▲논리적인 근거도 제시하지 않고, 일방적으로 주장만 나열하여 설득력 없는 글이 되었다. ▲한 문장을 한 단락으로 처리하는 바람에 구성이 산만한 글이 되었다.

　통일성·연결성·강조성 원리를 묶어서 분석해 보면, 한 편의 사설·칼럼에서 평균 절반가량의 단락이 단락 전개 3대 원리를 지키지 않은 것으로 분석됐다. 사설·칼럼 한 편의 전체 단락은 한 편당 평균 6.48개이고, 본론 단락은 한 편당 평균 4.03개다. 그런데 사설·칼럼 한 편당 평균 3.43개 단락이 단락 이론에 어긋난 것으로 나타났다. 이는 전체 단락의 평균인 6.48개 단락 중 53%에 해당한다.

　신문사 별로 살펴보면 〈조선일보〉와 〈한겨레〉가 단락 전개 원리를 상대적으로 가장 적게 위반한 제1 집단으로 나타났으며, 〈중앙일보〉가 그 다음으로 제2 집단에 속했다. 〈동아일보〉는 단락 이론을 가장

신문 글의 구성과 단락 전개에 관한 연구

많이 위배하여 제3 집단에 포함됐으며, 한 문장을 한 단락으로 처리한 '한 문장 단락'을 너무 자주 사용하는 게 문제점으로 드러났다. 동아일보는 내부 필자 글보다도 외부 필자 글 중 상당수가 단락 전개 원리에 맞지 않아 평균 점수가 최하위를 기록했다.

글 종류별로 보면, 사설이 칼럼보다는 단락 원리를 잘 지킨 것으로 나타났다. 필자별로는 언론인이 비언론인보다 이 원리를 좀 더 반영해 글을 썼다.

"신문 글에도 문제 많다" 2006년 〈동아일보〉, 〈조선일보〉, 〈중앙일보〉, 〈한겨레〉의 사설과 칼럼 1,765편을 체계적 무작위 표집방법으로 뽑아 분석한 결과, 단락 전개 원리에 맞지 않는 글이 절반 이상인 것으로 나타났다.

"사설과 칼럼의 일반 단락들의 뒷받침 문장들은 소주제와 내용적으로 일치하고 연관하는 것으로만 선택했는가?" (통일성 원리)

〈조선일보〉와 〈한겨레〉는 통일성 원리를 가장 잘 지킨 제1 집단에 속했다. 〈중앙일보〉와 〈동아일보〉는 동시에 제2 집단에 포함됐다. 곧 한 단락에 한 가지 중심내용을 담은 뒤 단락을 펼쳐야 글의 내용을 일목요연하게 독해할 수 있고 글 전체의 주제도 전달하기가 수월한데 〈조선일보〉와 〈한겨레〉가 〈중앙일보〉와 〈동아일보〉에 비해 이 원리를 잘 지키는 편이다. 위 신문들의 일부 글은 한 단락에 여러 가지 내용을 뒤섞어 담는 바람에 도대체 무엇을 독자에게 전하려는 것인지 파악하기가 어려웠다.

"사설과 칼럼의 일반 단락들은 뒷받침 문장들을 순리적으로, 조리 있게 연결하여 소주제를 효과적으로 드러냈는가?" (연결성 원리)

〈조선일보〉가 유일하게 단락의 연결성 원리를 잘 지킨 제1 집단에 속했다. 그 다음 〈중앙일보〉와 〈한겨레〉가 제2 집단에 포함됐고, 〈동아일보〉는 맨 마지막 집단에 속해 연결성 원리를 가장 지키지 않는 것으로 분석됐다. 〈조선일보〉는 내부 필진뿐만 아니라 외부 필진 글도 문장과 문장을 매끄럽게 연결한 편으로 파악됐다.

"사설과 칼럼의 일반 단락들은 독자들이 납득할 수 있도록 설명, 논증 또는 구체적 예시 등을 통하여 소주제를 충분히 뒷받침하여 강조하고 있는가?" (강조성 원리)

〈한겨레〉, 〈조선일보〉, 〈중앙일보〉, 〈동아일보〉 순으로 강조성 원리를 잘 지켰다. 〈조선일보〉는 통일성 원리와 연결성 원리에서 다른 신문들에 비해 가장 우수한 결과가 나왔으나 강조성 원리에서 유일하게 〈한겨레〉에 뒤졌다. 〈조선일보〉는 독자가 납득할 수 있도록 설명, 논증 또는 구체적 예시 등을 통하여 주장을 충분히 강조할 수 있도록 노력하면 더 좋은 평가를 받을 수 있을 것이다. 주장을 뒷받침하는 설득력 있는 논거를 제시하지 못하면 아무리 문장들이 매끄러워도 독자들의 공감을 얻기가 어렵기 때문이다.

레토릭 원리는 인류가 능률적으로 의사소통을 하려고 노력하는 과정에서 나온 이론이다. 단락 이론은 학문적으로도 정립되어 수많은 학술논문과 단행본으로 소개되었고 초·중·고 교과서에도 실려 있다. 때문에 자기주장을 선명하게 전달하는 데 도움이 된다면 사설과 칼럼의 필자들이 굳이 단락 전개 원리를 활용하지 않을 이유가 없다. 모름지기 글을 쓰는 목적은 글쓴이 생각과 주장과 정보를 전달하는 데 있기 때문에 중심생각, 곧 주제가 선명하게 드러나도록 도와주는 단락 이론을 활용하는 게 좋다.

오마이뉴스 2007년 11월 2일 신향식 기자

덧붙이는 글| 이 기사는 연세대 대학원 원보에도 실렸습니다. 오마이뉴스는 직접 작성한 글에 한해 중복 게재를 허용하고 있습니다.

부 록

신향식 전 기자 논문, 서울대 국어교재에 실려

– 서울대 1학년 필수과목 『대학국어』에 11쪽 분량으로 요약해 모범예문으로 실려

신향식 전 스포츠조선 기자가 신문에 실린 사설과 칼럼을 분석한 연구 논문이 최근 발간된 서울대 국어교재인 『대학국어』에 실렸다.

신 전 기자는 지난 2007년 연세대 석사학위 논문으로 제출한 '신문 글의 구성과 단락 전개에 관한 연구'에서 "국내 신문의 사설과 칼럼을 수사학의 3대 원리인 통일성, 연결성, 강조성을 기준으로 분석한 결과 글쓰기의 기본 원칙조차 지켜지지 않는 경우가 부지기수"라며 신문 기사의 올바른 작성을 촉구했었다.

서울대는 이 논문을 올해부터 앞으로 5년 동안 서울대 신입생들이 배우는 국어교재에 11쪽 분량으로 요약해 '모범적인 연구 보고서 예문'으로 실었다. 서울대 쪽은 저자에게 '논리적 글쓰기를 하는 사람들(기자와 논설위원)에게 좋은 지침이 되기 때문에 선택했다'고 선정이유를 밝힌 것으로 전해졌다. 미디어오늘 2009년 3월 18일 김상만 기자

신문 글의 구성과 단락 전개에 관한 연구

"주장을 뒷받침하는 논리적 근거가 타당한지 따져보라"

– 신문 사설·칼럼 활용하여 효과적으로 논술(글쓰기) 공부하는 비결

"사설·칼럼도 잘못 읽으면 오히려 독!" 신문 사설과 칼럼을 읽을 때에는 무작정 글쓴이의 생각을 무비판적으로 수용하지 말고, 그의 주장과 논리적인 근거가 타당한지 따져보아야 한다.

신문 사설·칼럼을 모두 잘 쓴 글로 보는 사람이 많다. 글 솜씨가 있다는 언론인이나 작가, 교수들이 이런 글을 쓰기 때문에 일반인 글보다 훨씬 더 좋다고 여기는 것이다. 그런데 그 생각이 부분적으로 맞다고 하더라도 사설·칼럼이 논술문의 모범 글이라고 할 수는 없다. 사설·칼럼 대부분은 논술시험에서 요구하는 글 형식과 거리가 먼데다 문장론에서 볼 때 엉망인 글도 많기 때문이다. 그런데도 일부에서는 사설·칼럼을 베껴 쓰면서까지 논술 공부를 한다고 하니 안타까운 일이다. 사설·칼럼은 그 자체가 논술 공부에 좋은 게 아니라 그것을 제대로 활용해야만 효과적이다. 그렇다면 사설·칼럼을 어떤 방식으로 읽어야 할까?

첫째, 논술에 도움 되는 내용을 담은 사설·칼럼인지 확인하는 게 좋다. 일부는 특정 정치세력에게 욕설 수준의 비난을 퍼붓는 내용 위주로 담겨있다. 신문사마다 어느 정도 정치 색깔을 드러낼 수는 있지만 험담으로 일관한 사설·칼럼은 논술 수험생에게 도움이 되지 않는다. 자칫 실제 논술시험에서도 감정적이고 극단적인 억지논리를 펼치면 낭패를 볼 수 있다. 이런 사설·칼럼들은 논술 시험에서 출제하는 주제와 거리가 먼데다 학생들에게 특정 시각을 무비판적으로 수용하게 할 염려가 있다. 따라서 정파 이해관계가 담겨 있는 글인지 아니면 정치 권력을 건설적으로 비판한 글인지 구분하는 눈이 필요하다. 정치·경제·사회·문화·역사·정보화·과학기술 등 여러 방면의 현안을 논의한 사설·칼럼은 눈여겨보는 게 마땅하다.

둘째, 사설·칼럼의 주제가 선명하게 드러나는지 점검하면서 읽는다. 글쓴이가 글에서 독자에게 나타내고자 하는 으뜸생각이 무엇인지 확인할 필요가 있다는 말이다. 그것을 파악하지 않는다면 글을 읽는 의미가 없다. 우리가 글을 쓰는 목적은 글쓴이 생각과 주장과 정보를 독자에게 전달하는 데 있다. 따라서 글쓴이의 근본 의도가 무엇인지 파악하면서 읽는 것은 글 읽기의 기본이다. 이런 방식으로 사설·칼럼을 읽으면 수능 언어의 비문학 독해 실력을 쌓는 데에도 도움이 된다. 일부 사설·칼럼은 신경을 곤두세우고 읽어야 글쓴이가 전하려는 바를 겨우 파악할 수 있을 정도로 엉망이다. 이런 글을 찾아내면서 글을 읽어야 생산적이다.

셋째, 글쓴이 주장을 뒷받침하는 논리적인 근거가 무엇인지 파악하면서 읽어야 한다. 곧 단락 전개의 강조성 원리를 지켰는지 점검할 필요가 있다. 이 원리는 단락마다 소주제가 설득력이 있도록 충분히 뒷받침하는 것을 말한다. 사설과 칼럼을 읽을 때에 글쓴이가 주장을 뒷받침하기 위해 제시한 논거가 납득할만한지 비판적으로 살펴보면 된다. "왜?"라는 질문에 답하지 못하는, 설득력 없는 글이 아닌지 점검하라는 말이다. 일부 사설·칼럼을 보면 글쓴이 주장을 일방적으로 전달할 뿐 그것이 왜 타당한지를 뒷받침하는 논거가 부족하다. 이런 글은 독자들의 공감을 받기가 어렵다.

넷째, 논리적인 근거를 제시한 방법을 살펴보는 것도 의미 있다. 논거에는 크게 사실논거와 소견논거, 선험논거가 있다. 사실논거는 자신의 직접적인 경험이나, 통계 수치나 실험결과와 같은 객관적으로 검증할 수 있는 구체적인 사실, 역사적인 자료 등을 말한다. 소견논거는 전문가나 권위 있는 사람의 의견, 증언, 그리고 여론을 말한다. 선험논거는 실험이나 조사를 하여 증명하지 않더라도 일반적으로 인정하는 이론이나, 윤리, 상식 등에 기초하여 '참'으로 받아들일 수 있는 사실을 말한다. 사설과 칼럼을 읽을 때에 글쓴이가 어떤 방식으로 논

거를 제시했는지를 파악하고, 그 논거가 타당한지 여부를 평가하면
된다. 글쓴이의 논거에 끊임없이 문제 제기를 하면서 글을 읽어야 한
다는 점을 기억해야 한다.

　다섯째, 문장과 문장, 단락과 단락을 매끄럽게 연결했는지 파악하
면서 읽어야 한다. 문장들을 물 흐르듯 매끄럽게 연결해야 글쓴이 생
각을 능률적으로 전달할 수 있다. 모름지기 우리가 글을 쓰는 목적은
그 무언가를 전달하는 데 있기 때문에 독자들이 이해하기 쉽게 글을
써야 한다. 문장과 문장은 논리적으로, 시간적으로, 공간적으로 합당
하게 연결해야 하는데 이것을 단락 전개 3대 원리 중 연결성 원리라
고 한다. 이것은 한 단락에서 소주제를 선명하게 드러내도록 하기 위
해 선택한 자료를 효과적으로 배치하는 원리를 말한다. 아무리 훌륭
한 재료라도 제자리에 쓰이지 않으면 소기의 목적을 달성할 수 없다.
단락 구성에 있어서도 각 문장이 제멋대로 놓여서는 소주제를 선명하
게 부각시키지 못한다.

　여섯째, 단락 전개의 통일성 원리를 지켰는지 파악한다. 곧 한 단락
에 한 가지 중심생각을 담아 단락의 소주제와 그것을 떠받들어 서술
하는 모든 재료가 내용적으로 일치하는지 살펴보라는 말이다. 가령,
단락의 소주제(화제)가 "청소년 문제 해결방안"이라고 한다면 그 단
락에 쓰이는 모든 재료는 그것과 관련한 것이어야 한다. 그 주제와 무
관하거나 거슬리는 내용을 담아서는 안 된다. 그런데 사설·칼럼에는
서로 이질적인 내용들이 한 단락 안에 담겨 있는 바람에 소주제가 선
명하게 전달되지 않는 경우가 많다. 사설·칼럼을 읽을 때 이런 점을
하나하나 분석하면서 읽는 게 좋다.

　여기서 셋째와 다섯째, 여섯째 항목은 단락을 전개하는 3대 원리

신문 글의 구성과 단락 전개에 관한 연구

324

로, 전통적으로 수사학의 3대 원리라고 지칭한다. 글을 전개하는 것은 사실상 각 단락을 펼치는 것이기 때문에 이 원리는 모든 글을 쓰는 데 일반적으로 적용된다. 이것을 제대로 갖추지 않은 글은 그 기본 기틀을 갖추지 않은 글이다. 이런 점에서 수사학의 3대 원리는 모든 글을 평가할 때 적용되는 근본 기준이 되기도 한다.

일곱째, 서두를 어떤 방식으로 시작했는지 점검하는 것도 좋다. 학생들이 논술문을 쓸 때 시작 부분을 어떻게 할지 고민하다 시간을 낭비하곤 한다. 따라서 글을 시작하는 다양한 방식을 익혀두면 요긴하게 활용할 수가 있다. 서론에서는 본론에서 논의할 내용으로 독자를 안내하고, 논점을 제시하면서 문제 제기를 하면 된다. 흔히 서론을 쓰는 방법에는 ▲사건 제시 ▲주제 제시 ▲문제 제기 ▲용어(개념) 설명 ▲일화·격언·속담 제시 등이 있다. 이 중 어디에 해당하는 방식으로 서론을 썼는지 분석하라는 말이다.

물론 일부 글은 서두를 생략하고 곧장 본론으로 들어가는 경우도 있다. 요즘 논술시험에는 300자, 400자, 500자, 600자, 700자 정도로 답안을 짧게 쓰라는 문제가 자주 등장한다. 이런 경우에는 상투적인 서론을 쓸 필요가 없이 곧장 논점으로 들어가면 된다. 서론 없이 본론으로 시작한 사설·칼럼도 있으니 꼼꼼하게 살펴보고 그 방식을 참고하라.

여덟째, 결론을 처리한 방식도 눈여겨보는 게 낫다. 결론 단락에는 ▲본론의 전체 내용을 요약하기 ▲중심 주장을 재강조하기 ▲주장대로 실천할 것을 촉구(결의)하기 ▲주장대로 실천할 때의 전망 제시하기 등을 싣는다. 사설·칼럼의 마무리가 어떻게 되었는지 점검하면 글쓰기에 응용할 수가 있다. 물론 결론을 생략한 채 본론 마지막 단락

에 결론 기능을 곁들인 경우도 있다.

아홉째, 글 구성을 파악하라. 곧 도입 단락(서론)부터 일반 단락(본론), 종결 단락(결론)을 어떤 식으로 유기적으로 연결했는지 살펴보면 된다. 다양한 글 구성을 파악해 두면 학생들이 글을 쓸 때에 응용할 수가 있다. 사설·칼럼 구성이 부실하다고 판단하면 어떤 식으로 고치면 좋겠는지 개요를 짜 보는 것도 좋다.

신문 글이 무조건 모범 글이라는 생각을 하고 그 내용과 형식을 본받을 필요는 없다. 사설·칼럼을 읽을 때 점검해야 할 사항은 위에서 설명한 항목 외에도 무척 많다. 하지만 이 아홉 가지라도 신경을 써서 글을 읽으면 비문학 독해능력은 물론 작문 실력을 쌓는 데에도 도움이 된다. 글쓴이 주장과 논거가 합당한지, 글 구성이 효과적인지 조목조목 따져가면서 사설·칼럼을 읽어 보라. 여러분이 직접 글을 쓸 때

신문 글의 구성과 단락 전개에 관한 연구

에도 활용할 수 있을 것이다. 사설·칼럼은 그 자체가 효과적인 논술 교과서가 아니다. 제대로 활용할 때에만 논술 지침서가 될 수 있다.

오마이뉴스 2007년 11월 13일 신향식 기자

대학교 발간 일부 논술 자료집 '오류투성이'
–일부 대학 논술 자료집에 비문과 불필요한 중복표현 수두룩

우리나라 대학들이 시행하는 대입 논술시험은 시대 요구에 따라 도입한 제도다. 단순 암기 위주인 객관식 시험에만 익숙한 학생들이 자기 생각을 논리적이고 올바른 문장으로 나타내는 능력을 키우게 하려는 조치였다. 갈수록 복잡해지는 지식 정보화 시대에서는 사회 구성원들이 자기 생각을 짜임새 있게 정리해 글로 표현하는 능력이 필요하다. 각종 업무와 학문 활동을 포함한 사회생활 전반에서 글쓰기 실력은 이제 필요충분조건이 된 것이다.

이렇듯 논술 중요성이 높아지자 각 대학도 학생들과 학부모들에게 대입 논술 준비 방법과 출제 경향 등을 주제로 대규모 설명회와 특강을 열기 시작했다. 이 자리에서는 논술 출제와 채점을 맡은 교수들이 나와 강연하고 논술 대비 방법 등을 담은 지침서를 나눠주기도 한다. 지침서는 논술 문제를 내고 점수를 매기는 전문 교수들이 쓴 일종의 논술 학습 안내서다.

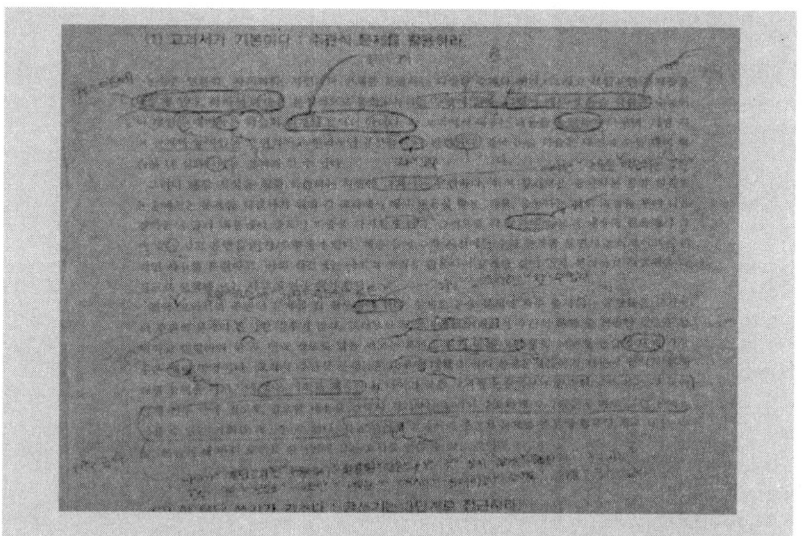

"교수님 글도 엉망이군요." 지난 5월 ○○대 논술설명회에서 배부한 논술 지침서엔 잘못 썼거나 어색한 문장이 너무 많다. 논술 담당 교수가 쓴 글이 이 정도밖에 안 되는가 보다. 사진은 기자가 첨삭한 논술 지침서.

  그런데 문제는 이 문건 중 일부가 오류투성이란 사실이다. 논술 학습법을 소개한 지침서 일부 문장들은 맞춤법이 틀리고, 필요 없는 중복 표현과 일본어, 영어식 어투가 넘쳐난다. 논술 출제와 채점을 맡은 교수들이 논술 길잡이를 위해 쓴 지침서야말로 글쓰기의 모범을 보여야 하지만 현실은 그렇지 않다.

  11월 13일에 2009학년도 수학능력시험이 있고, 곧이어 00대학교가 수시모집 2-2 논술고사를 치른다. 지난 5월 ○○대가 2009학년도 입학 설명회와 논술 특강에서 배포한 논술 지침서를 예로 삼아 앞서 제기한 문제점을 살펴본다. 이 문건 작성자는 ○○대 학부에 속한 모 교수로 우리나라에서 논술 교육 전문가로 손꼽히는 학자다. 이 기사는 특정 대학, 특정 교수를 겨냥한 기사가 아니라 순수한 문제 제기 차원에서 작성했다. 아울러 반론도 얼마든지 받아들일 용의가 있음을 밝혀 둔다.

피동형인 '~되다'와 사역형인 '~시키다' 남발

○○대 논술 특강 지침서의 '논술 학습 방법 (1) 교과서가 기본이다'에서 둘째 단락 둘째 문장 '~중요한 비중을 차지하게 된다'는 '~중요한 비중을 차지한다'로 고쳐야 옳다. 같은 항목 셋째 단락 둘째 문장 '~자주 출제되는 문항들은~'은 '~자주 출제하는 문항들은~'이 올바른 표현이다.

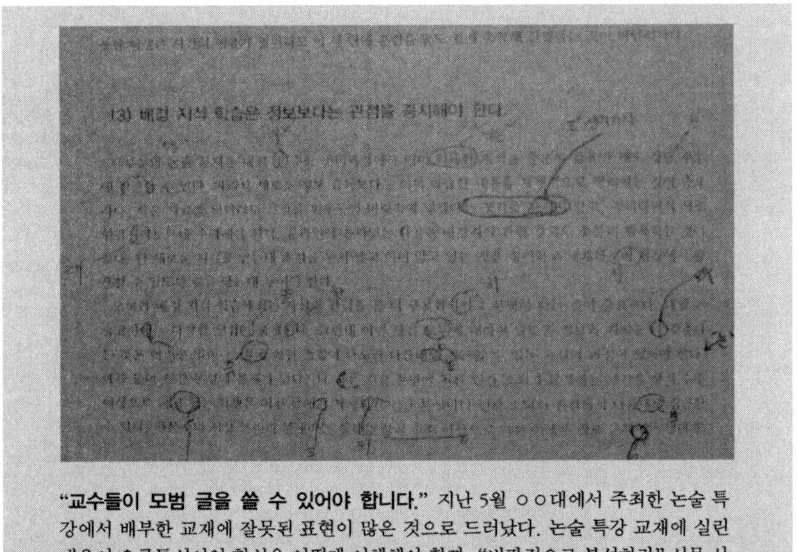

"교수들이 모범 글을 쓸 수 있어야 합니다." 지난 5월 ○○대에서 주최한 논술 특강에서 배부한 교재에 잘못된 표현이 많은 것으로 드러났다. 논술 특강 교재에 실린 내용이 오류투성이인 현실을 어떻게 이해해야 할까. "비판적으로 분석하라" 신문 사설과 칼럼을 비판적으로 분석해 가면서 읽어야 논술 공부에 도움을 받을 수 있다.

신문 글의 구성과 단락 전개에 관한 연구

‘(2) 한 문단 쓰기가 기초다 : 글쓰기는 3단계로 접근하라’ 항목의
둘째 단락 넷째 문장 ‘~논리적으로 잘 연결되어 있다 하더라도~’는
‘~논리적으로 잘 연결했다 하더라도~’로 쓰는 것이 훨씬 직접적이고
간결하다. 대상을 능동태로 충분히 표현할 수 있는데도 수동태를 사
용한 것은 바람직하지 않다.

역시 ‘논술의 학습 방법 (1) 교과서가 기본이다’에서 첫째 단락 마
지막 문장 ‘~더 심화시키는 것이라 할 수 있다’는 ‘~더 심화하는 것이
라 할 수 있다’로 써야 옳다. 마찬가지로 ‘(3) 배경 지식 학습은 정보
보다는 관점을 중시해야 한다’ 항목의 둘째 단락 첫째 문장에서 ‘~자
신의 관점을 좀 더 구체화시키고~’는 ‘자신의 관심을 좀 더 구체화하
고’로 고쳐야 한다. 스스로 하는 행동을 다른 이에게 맡긴다는 뜻의
사역형인 ‘시키다’로 쓰는 것은 옳지 않은 표현법이다.

‘~하고 있다’의 잘못된 사용

‘논술 학습 방법 (3) 배경 지식 학습은 정보보다는 관점을 중시해야
한다’ 항목 둘째 단락 다섯째 문장 ‘~상식 수준 이상으로 하고 있는~’
은 ‘~상식 수준 이상으로 하는~’으로 써야 한다. 우리말다운 논리에
서 ‘움직임’이나 ‘상태’는 그 자체로 지속이나 진행의 뜻을 품고 있으
므로 따로 ‘계속 진행함’을 뜻하는 말을 덧붙일 필요가 없다. 이는 일
본어 ‘~している : 시테 이루’나 영어 ‘be+ing’형을 흉내 낸 데서 비
롯한 오류이므로 자제하는 것이 좋다.

일본어, 한자식 표현의 잦은 사용

'(3) 배경 지식 학습은 정보보다는 관점을 중시해야 한다' 항목에서 마지막 단락 둘째와 셋째, 넷째 문장을 보면 일본식 한자인 '입장(立場 : たちば : 다치바)'이란 단어를 거듭 쓴다. 이 세 문장에서 '입장'이란 단어를 무려 다섯 차례나 반복한다. '입장' 대신에 '관점'이란 표현이 우리말에 더 어울릴 것이다. '실전 논술 대비 방법 (4) 무엇을 쓸 것인가'에서 마지막 문장 '~연습 문제로서도 최상의 역할을 할 수 있다'는 '연습 문제로 가장 좋다'로 고쳐야 한다. '역할(役割 : やくわり : 야쿠와리)'도 일본식 한자이기 때문에 사용을 피해야 하기 때문이다.

또 같은 항목 첫째 단락 첫째 문장에서 '~수능 준비 과정에서 이미 획득한~'은 '~수능 준비 과정에서 이미 얻은~'으로 고쳐 쓰는 게 좋다. 우리말 '얻다'를 놔두고 딱딱한 한자 표현 '획득하다'를 사용한 것은 바람직하지 않다. 마찬가지로 '논술 학습 방법 (1) 교과서가 기본이다' 마지막 단락 둘째 문장의 한자 표현 '흡사한'은 우리말 '비슷한'으로 바꾸는 게 낫다.

필요 없는 중복 표현

'논술의 학습방법 (1) 교과서가 기본이다'에서 둘째 단락 셋째 문장 '~각 교과에서 교과 내용을 활용해서~'는 그냥 '교과내용을 활용해서'로 간결하게 쓰면 된다. '교과'를 두 번이나 중복할 필요는 없다. 같은 항목 셋째 단락 넷째 문장 '~주관식 문제들은 내용상 대체로 심화 응용문제들이기 때문에~'에서 '내용상'은 빼도 좋은 군살이다.

맞춤법, 띄어쓰기 등 기초 어법 오류

‘논술 학습 방법 (3) 배경 지식 학습은 정보보다는 관점을 중시해야 한다’ 항목의 둘째 단락 마지막 문장에서 ‘만능 열쇄’는 ‘만능열쇠’로 바로 잡아야 한다. 같은 문장에서 ‘~어떤 문이든 열수 있는~’은 ‘~어떤 문이든 열 수 있는~’으로 띄어 써야 한다. 의존명사 ‘수’ 앞에 한 칸을 비우는 것은 상식인데 이것마저 틀리면 곤란하지 않겠는가. ‘(4) 무엇을 쓸 것인가’의 첫째 단락 둘째 문장 ‘~최근 3년간~’도 ‘~최근 3년간~’으로 붙여 써야 한다.

‘논술 학습 방법 (3) 배경 지식 학습은 정보보다는 관점을 중시해야 한다’에서 둘째 단락 여섯째 문장 ‘~정보 문제이든, 생태 문제이든 대중문화 문제이든~’은 ‘~정보 문제든 생태 문제든 대중문화 문제든~’으로 바로 잡아야 한다. 서술격 조사의 기본형은 ‘~이다’지만

2) 실전 논술 대비 방법

(1) 어떤 마음가짐을 가질 것인가? : ‘정공법만이 살길이다’

(2) 무엇을 학습할 것인가? : ‘읽기보다는 쓰기에 집중하라’

○○대 논술 설명회 자료집 일부

모음으로 끝난 체언에 붙여 쓸 때는 어간 '이'를 빼고 어미 '~다'만 써야 한다.

　앞에서 지적한 것들은 문제 일부분일 뿐이다. 논술시험 출제와 채점을 맡은 교수가 쓴 논술 대비 지침서조차 이렇게 틀린 곳이 많다는 사실을 어떻게 이해해야 할까. 논술 준비에 하루하루 피를 말리는 학생들과 학부모들이 대입 논술의 이런 현실을 알면 과연 어떤 표정을 지을까. 한편으로는 논술이란 게 흔히 말하는 전문가조차 쉽지 않은 상대라는 것을 증명하는 하나의 사례인 셈이다.

오마이뉴스 2008년 11월 11일 신향식 기자

덧붙이는 글| 누구나 글을 쓸 때 실수할 수 있습니다. 저도 시간에 쫓기면 틀린 문장을 쓸 때도 있습니다. 하지만 저는 작은 실수를 놓고 트집 잡으려는 게 아닙니다. 오류가 지나치게 많으면 곤란하다는 이야기입니다. 특히 대입 논술 수험생들에게 제공한 논술지침서에 실린 글이 엉망이라면 정말로 어처구니가 없는 일이 아닐까요? 제 기사를 보고 반론을 펴도 좋습니다. 제가 다시 반론 기사를 올리겠습니다.

신문 글의 구성과 단락 전개에 관한 연구

신문기자에서 대치동 스타강사로 깜짝 변신
─[미디어오늘 연재물 '삶의 재발견'] 신향식 전 스포츠조선 기자

"박스, 스트레이트, 칼럼 등 여러 형태의 글쓰기를 마감시간에 쫓기며, 선배에게 깨지면서 써본 사람들이 기자 아닙니까. 하지만 현역 논술 강사들 가운데 직업적으로 글쓰기를 해본 사람이 얼마나 됩니까? 논술을 가르치기에는 기자만한 이력이 없죠."

'기자 경력이 논술 강의를 하는 데 도움이 됐냐'는 질문에 신향식 전 스포츠조선 기자는 열변을 토한다. 지금은 마치 '논술학원을 하기 위해 기자생활을 했던 것이 아닐까'라는 생각이 들 정도로 기자에서 강사로 변신에 완벽히 성공한 그지만, 회사를 그만두고 나올 때는 막막함에 크게 방황했다고 한다.

신 전 기자는 지난 2000년 '히딩크 감독 한국축구대표팀 사령탑 영입 최종 확정' 기사로 사내 특종 1급 상을 받는 등 기자생활 13년 동안 여러 특종 상들을 휩쓸었다. 하지만 그는 스포츠신문들이 전성기를 구가하던 2002년 이직했던 굿데이에서 사표를 던졌다.

"기자들도 줄서기를 잘해야 한다는 것을 배웠고, 정몽준 회장의 축구정치학을 비판하는 칼럼이 전화 한 통화로 삭제되는 것도 경험했어

부 록

요. 이건 아니다 싶었죠."

기자 일에 환멸을 느낀 것일까? "절대 아니에요. 기자라는 직업은 지금도 꿈에 사무치도록 좋아하고 지금도 오마이뉴스 시민기자입니다. 아직 현직 기자예요. 하지만 스포츠 관련해서는 기사를 안 씁니다. 창피하잖아요. 어쨌든 기사 쓰려면 그 동네 기웃거려야 하는데 싫다고 나간 선배가 후배들 보기도 뭐하고……."

이후 논술 학원장까지 오게 된 사연을 묻자 그는 한숨부터 몰아쉰다. "강사로 첫 반을 맡았는데 중학교 1학년 학생 한 명만 놓고 강의했습니다. 학생 수가 적으니 학원에서도 가장 골방으로 배치 받았죠. 신문사 차장까지 한 내가 여기서 뭐하나 하는 생각에 눈물도 많이 났죠."

이런 서러움도 잠시, 그는 글쟁이로 익힌 솜씨로 사교육의 메카 강남구 대치동 한복판에서 이름을 알리기 시작해 결국 일에 뛰어든지 1년도 채 되지 않아 일대 학원 세 곳에 불려 다니는 스타강사로 자리를 잡았다. 2005년에는 자신의 필명을 딴 '신우성국어논술학원'을 열었다.

극성 부모들의 치맛바람으로 바람 잘 날 없다는 대치동에서 기자 출신까지 들어가 그 대열에 합세하느냐는 비난도 있었다. 하지만 정작 그는 아직 순수하고 열정적이었다. "이왕 학원을 할거면 학원들 중에 최고가 되고 싶었죠. 강남 메가스터디, 조동기 국어논술, 박학천 국어논술 등 유명 대형 논술 학원들이 즐비한 대치동에서 1등하면 최고가 되는 것 아닙니까."

그는 언론이 대치동 학원들을 취재하는 시각에 대해서도 한마디 던졌다. "취재방향을 미리 정하고 이 동네 학원업 종사자들을 마치 범죄자 취급하는 느낌이 들어요. 정작 언론이 취재해야 할 것은 불법 고

액과외 같은 것 아닙니까? 취재하기 어려운 것은 알지만 그렇다고 합
법적인 사업장에서 뭘 캐가려고 하는 것은 문제가 있죠.”

지금은 기자일 만큼이나 논술학원 운영에 만족감을 느낀다는 신 전
기자. 그래서 몸은 편해졌을까? “강의 기본 자료로 사용하기 위해 매
일 오전에는 각 신문·방송을 꼼꼼하게 체크하고, 오후부터 학생들이
오면 밤늦게까지 강의하죠. 일주일에 3일은 학원에서 밤을 지새워가
며 교재연구 첨삭도 해야 하고요. 만만치 않습니다.”

이미 스포츠 기자들 사이에서는 퇴사 뒤 성공적인 재기 신화로 유
명해진 그에게 요즘 최대 고민은 막무가내로 찾아오는 기자들을 돌려
보내는 일이라고 한다. “물론 전직 기자들이 학원에서 그나마 생산적
인 사교육인 논술을 가르치는 것은 떳떳한 일이라고 생각합니다. 하
지만 기자라고 해서 무작정 논술 학원을 차리는 것은 무모한 일이
죠.”

그는 “기자 출신은 지문독해력, 해박한 지식 등 강점을 두루 갖췄
지만 강의 전달력 등이 갖춰지지 않으면 한 번 수업을 듣고 여의치 않
으면 학원을 끊어버리는 냉정한 학부모들 앞에서 경쟁력을 잃게 된
다”고 조언했다.

인터뷰를 마치고 돌아가는데 신 전 기자가 외쳤다. “이거 한 줄만
더 넣어줘요. 전·현직 기자들 이쪽 일을 하려는 사람들은 언제든 상
담 환영한다고……. 산전수전 겪어서 해줄 말이 많아요.”

미디어오늘 2006년 3월 28일 윤정식 기자

부 록

"평생교육원 글쓰기센터 설립이 제 꿈입니다"
－신우성기자국어논술학원 신향식 원장 6평 강의실 1개로 출발…
3년 만에 월 매출 1억

전화위복轉禍爲福. '신우성기자국어논술학원' 신향식 원장(전 스포츠조선 기자)에게 어울림직한 단어다. 그는 2002년 굿데이신문에서 '정몽준 회장, 월드컵에 전념해야 한다'는 비판성 기자칼럼이 외압으로 삭제되고, 불합리한 신문사 운영이 계속 쌓이자, 회사를 과감히 정리했다.

그로부터 5년이 흐른 지금 신 원장은 스타강사를 넘어 '평생교육사업가'이자 '전문 프리랜서 기자'로, 또 한 번 변신을 꿈꾸고 있다. 그는 성인과 외국인을 대상으로 하는 '신우성글쓰기센터'를 서울 테헤란로 강남역 사거리에 평생교육원 형태로 설립할 계획이다. 신 원장은 이곳을 통해 그가 구상했던 '커뮤니케이션 교육'을 현실화할 예정이다. 빠르면 올 하반기에 사업 설명회를 열고 30억원 펀딩 작업에 들어간다.

하지만 그에게도 한때 시련의 시간이 뒤따랐다. 막상 회사를 나왔지만 세상은 결코 녹록치 않았다. 프리랜서 기자로 활동했지만 사실상 '반 백수'였다. 그래서 선택한 것이 논술강사다.

처음엔 대치동 논술학원을 여기저기 돌아다니면서 강의를 할 수 있게 해달라고 부탁하고 다녔지만 기회는 쉽게 찾아오지 않았다. 천신만고 끝에 기회가 왔지만 중학생 한 명이 유일한 수강생일 정도로 첫 데뷔는 실패작이었다.

그러던 중 신 원장은 2005년 5월 대출 등을 통해 마련한 2억 원을 종자돈으로 논술시장에 본격적으로 뛰어들었다. 6평짜리 강의실 한 개, 책상 9개, 복사기 한 대로 시작했던 학원 규모는 현재 8개의 강의실로 확대됐고, 이마저도 부족해 조만간 이사를 계획하고 있다. 월 매출도 1억 원을 돌파하기 시작했다. 현재 그는 입시학원 1번지인 대치동에서 '강남보습학원연합회 부회장 겸 대치1동 지역회장'을 맡고 있을 정도로 지역 내 입지를 구축했다.

신 원장은 이 같은 성공을 운으로 돌렸다. 그러나 그는 보이지 않는 곳에서 책과 신문 등과 씨름하면서 기자의 경험을 밑거름으로 교재를 만들어 강의를 준비해 왔다. 뿐만 아니라 현직 국어교사인 부인의 내조도 한 몫 했다. 그러면서 그에 대한 입소문이 빠르게 퍼지고 대치동 학원가의 텃세를 뛰어 넘었다.

"일단 원장의 논술 강의력과 논술 실력을 대치동에서 인정받은 뒤에 원장 이상으로 강의를 잘하는 기자 출신 강사들을 영입해 학원을 키웠습니다."

만 3년째 맞고 있는 학원은 어느 정도 안정화 단계에 들어섰다. 그도 차츰 강의의 비중을 줄이는 대신 프리랜서 기자 활동의 비중을 높일 예정이다.

"'문자를 활용한 커뮤니케이션 교육'을 확실하게 할 수 있는, 이를

테면 '독서논술 자립형 사립고'와 같은 학교를 설립하는 게 꿈입니다. 또한 외국인들에게 '한국어 고급작문'을 계획하고 있습니다. 물론 기자 출신들로 강사진을 꾸릴 예정입니다."

문자와 교육, 국어정책 등에 관심이 많은 그는 시간이 날 때마다 자비를 들여 미국과 일본 등 교육현장을 취재하면서 과거 못지않은 왕성한 취재활동을 하고 있다. "스스로 그만뒀지만 기자에 대한 미련이 있습니다. 지금도 프리랜서 기자의 신분으로 하버드대나 MIT 등을 취재하고 있습니다. 오히려 시간적·공간적 제약을 받지 않으면서 진정한 의미의 기자로 돌아선 기분입니다."

그는 특히 '할 일이 없으면 논술학원이나 운영해보자'식의 시각에 대한 충고도 잊지 않았다.

"기자들은 지문 독해력이 뛰어나고 해박한 지식도 갖추고 있는 등 장점도 많지만, 강의전달력은 별개의 문제입니다. 또한 도전도 좋지만 과거 기자생활만 생각하고 쉽게 좌절하지 말아야 합니다."

기자협회보 2008년 5월 1일 김창남 기자

신문 글의 구성과 단락 전개에 관한 연구

전직 신문기자들 강남학원가 논술강사 '인기'
−대치동 신우성기자논술학원 정확한 첨삭으로 호평

전직기자 출신들이 대치동 학원가로 몰리고 있다. 2007학년도 수시 1학기 논술고사를 앞두고 신문기자 출신 논술강사들의 인기가 치솟으면서 유명한 학원가인 대치동으로 이동한 것. 특히 신문시장 위기와 맞물려 '제2의 인생'을 준비하려는 기자들 가운데 상당수가 논술강사로 뛰어들면서 이 같은 현상(?)이 일어나고 있다.

이들은 무엇보다도 기자경력 등을 밑천으로 대치동 학원가에 도전장을 내민 뒤 학부모들 사이에서 '기자 논술이어야 실전에서 큰 도움을 받을 수 있다'는 입소문이 퍼지면서 주목받고 있다.

이 가운데 기자 논술의 대표격은 신우성기자논술학원. 이 학원에는 스포츠조선 출신의 신향식 원장을 비롯해 동아일보 출신의 문철, 한겨레 출신의 하성봉(전 북경특파원) 등 전직 기자 출신 5명이 포진하고 있다. 이들은 신문사 경력 10년 이상으로 기자생활을 하는 동안 매일 마감시간에 쫓기면서 취재한 내용이나 보도자료 등을 짧은 시간 내에 해석, 기사를 작성해야 하는 기자 업무 경험과 경력을 최대한 활용하고 있다.

　이런 경험은 특히 정해진 시간 내에 제시문이나 도표 등을 읽고 이를 바탕으로 답안을 써야 하는 논술 시험에 유용하기 때문에 학생을 가르치는 데에도 큰 도움이 되고 있다. 뿐만 아니라 기자 출신 논술강사들이 통합논술 추세에 맞춰 비판적인 사고력과 지문 독해력, 배경지식을 연계해 종합적으로 지도하면서 다른 일반 강사들과 차별화를 추구하고 있다.

　이 때문에 이직을 생각하는 현직 기자들 중 상당수가 학원을 직접 찾아와, 학원 개원을 비롯해 논술강사로의 진출 및 비전 등에 대한 조언을 구하기도 하고, 이 중 일부는 바로 강사로 발탁되는 경우도 있다.

　신향식 원장은 "논술은 '생산적 사교육'이기 때문에 기자들에게 의미 있는 일"이라면서 "그러나 논술강의는 글쓰기 능력 이외에도 강의 전달력, 신세대가 함께 호흡할 수 있는 마인드가 필요하기 때문에 이직 전에 이런 요소를 고려해야 한다"고 조언했다.

기자협회보 2006년 7월 5일 김창남 기자

신문 글의 구성과 단락 전개에 관한 연구

"단락 잘 나누면 매력있는 논술문 된다"

'문장론 대가' 서정수 한양대 명예교수…단락 중요성 강조

"바쁜 현대 사회에서 중요한 건 간결하고 명확한 의미 전달입니다. 그러기 위해서는 글을 잘 조직해야 하는데 그 기본은 단락입니다. 대입 논술문을 쓸 때에도 단락 처리를 잘하면 채점 교수의 호감을 살 수 있습니다."

우리나라 문장론의 대가로 꼽히는 故 서정수 한양대 국어국문학과 명예교수(2007년 별세)

우리나라 '문장론의 대가'로 평가받는 서정수 한양대 명예교수(국어국문학)는 논리적인 글쓰기에 있어 단락의 중요성을 강조했다.

서 교수는 "그동안 우리나라의 글은 형식에 있어 모호한 점이 많았다"며 "좀 더 명확하게 뜻을 전달하려면 형식과 내용이 일치해야 하는데 그 중심이 단락"이라고 말했다.

서 교수는 또 "서울대 입시의 '논술 반영 확대'로 논술의 중요성이 다시 한 번 대두되었는데, 단락을 잘 나누면 훨씬 더 논리 정연한 글을 쓸 수 있다"고 지적했다.

서 교수가 강조하는 단락은 쉽게 말해 '줄을 바꾸는 단위'다. 곧 하나의 주제로 글을 쓰다 다른 주제로 넘어갈 때 줄을 바꾸는데, 그 구분을 하는 것이 바로 '단락'이다. 이 단락은 의미의 명확한 전달을 위해 매우 중요한 단위다. 당연히 명확한 주장이 생명인 논술에서도 단락에 대한 이해와 훈련이 꼭 필요하다.

서울대 물리학과, 연세대 대학원 국어국문학과 박사 출신인 서정수 교수는 한글에 이런 개념을 정립하지 않았던 1970년대부터 연구를 시작, 현재 이 부분에서는 독보적인 업적을 쌓았다. 그전에는 문장의 기교에만 신경을 썼던 국어 연구에서, 형식과 내용의 일치라는 새로운 틀을 만들어 놓은 것이다. 90년대 중반 대학 입시에 논술고사를 처음 도입할 당시에도 논술 문제의 틀을 만드는 데 많은 이바지를 했다.

서 교수는 그동안 『작문의 이론과 방법 : 단락과 논술법을 중심으로』(1985), 『글쓰기의 기본 이론과 서사문/기술문 쓰기』(1998), 『논리적인 글쓰기 : 설명문과 논설문』(1998), 『정보화 시대의 책과 논문쓰기 길잡이』(1998), 『생각하는 힘을 기르는 문장력 향상의 길잡이』(1999) 등을 펴내어 과학적이고 조직적인 국어 문장력 향상에 이바지

논리적 글쓰기에 대해 다룬 문장 이론서적들과 작문 교과서들

해 왔다.

서 교수의 문장 이론은 초, 중, 고교 교과서와 각종 문장론서에서 수도 없이 많이 소개해 왔다.

서 교수는『국어문법의 연구 1, 2』(1990)로 대한민국 학술원상을 받았으며, 최근에는『새천년 한국언어문화사전』(2003),『한국문화 백과사전』(2004),『21세기 한영대사전』(2005)을 편집, 간행하는 활발한 저술 활동으로 우리 언어의 세계화에 힘쓰고 있다.

지난 12일 서정수 교수를 만나 '논리적 글쓰기'와 '만점 대입 논술'을 위한 조언을 들어보았다.

"단락은 내용과 형식의 일치라는 측면에서 중요하다."

단락이란 무엇인가.

"관련 있는 문장들을 한 데 이어 놓음으로써 주제의 일부를 펼친 내용적 단위체다. 쉽게 말해, 전체 주제를 떠받치는 소주제문이라고 보면 된다. 그 형식적 경계는 들여쓰기, 즉 줄 바꿈이다. 이 단락이 합쳐져 문단이 되고, 그 문단이 합쳐져 전체적인 글이 되는 것이다."

단락이 왜 중요한가.

"내용과 형식의 일치라는 측면에서 중요하다. 단락을 제대로 구분하지 않은 문장은 읽다 보면 이런 이야기를 하는지, 저런 이야기를 하는지 구분이 잘되지 않는다. 이럴 때 한 내용을 한 단락에만 담고, 다른 내용은 줄을 바꿔 또 다른 단락에서 표현을 해 주면 의미전달이 명확해진다.

예를 들어보자. 신우성이란 학생에 대한 글을 쓸 때는 그의 아버지의 속성을 여러 가지로 나눠서 설명을 해야 할 것이다. '신우성 군의 아버지는 자상하다, 유능하다, 열심히 일하신다' 등으로 속성을 설정했다고 하자. 이때 먼저 그의 아버지는 '자상하다'로 한 단락을 만든다. '신우성 군의 아버지는 자상하다. 내가 아프면 밤잠을 설치시면서 간호를 해 주신다⋯⋯'는 식으로 '자상하다'는 면과 관련 있는 설명만으로 한 단락을 묶는다. 그리고 단락을 바꿔 이번에는 '유능하다'

와 관련된 내용으로 채운다. 이렇듯 한 단락에는 한 주제만 다루는데 그렇게 하면 의미의 혼동 없이 정확하게 전달할 수 있다.”

단락의 구성은 어떻게 하는 게 좋은지.

“큰 주제 밑에 그것을 떠받치는 작은 주제가 단락이라고 했다. 앞에서 말한 대로 먼저 한 단락은 한 주제만을 다뤄야 한다. 그리고 두괄식의 문장을 쓰는 게 좋다. 즉 소주제가 되는 문장을 맨 앞에 쓰고 그와 관련 있는 부연 설명을 뒤에 하는 게 명확한 의미전달을 하는 데 도움이 된다. 논술시험에 있어 특히 신경 써야 할 부분이다.”

두괄식, 중괄식, 미괄식 등 글에는 여러 종류의 형식이 있다. 그중 두괄식을 강조하는 이유는.

“계속 하는 말이지만 정확한 의미 전달을 위해서다. 모든 글 중에서 제 의사를 가장 간결하고 힘 있게 전달하는 형식은 두괄식이다. 앞에서 예를 들었던 아버지에 관한 글을 쓸 때처럼 ‘신우성 군의 아버지는 자상하다’라고 먼저 쓴 뒤 왜 자상한지를 설명해 줘야 글의 요지를 명쾌하게 드러낼 수 있다.”

“논술은 주장, 논리 전달하는 것…간결한 문장 쓰는 게 좋다”

좋은 단락을 만들기 위해 또 필요한 점이 있다면.

"좀 더 설득력 있는 글을 쓰려면 내용을 채워줘야 한다. 이 부분은 학생들이 평소 충분한 독서로 해결해야 한다. 어떤 글을 쓰는 데 많은 지식이 있을수록 글의 깊이가 생기고 독자들을 설득할 수 있다. 이와 함께 글은 스치고 넘어가는 것이 아니라 구체적으로 써야 한다. 뭔가 화두를 던졌으면 왜 그런지 구체적으로 예시를 들어가면서 써야 설득력이 생긴다.

대입에서 논술의 비중이 커지면서 대치동 논술 학원가는 물론 전국에 논리적 글쓰기 바람이 부는 것으로 안다. 단락을 중심으로 한 논리적 글쓰기공부와 독서를 통한 배경 지식 쌓기를 병행해야 한다. 그래야 좀 더 알찬 글을 쓸 수 있지 않겠는가."

이번에는 문장의 기술에 대해 한마디 해 달라.

"최근 문장을 보면 문장 요소를 빼먹는 불완전한 문장들이 많다. 주어가 빠진다든지 목적어가 빠진다든지, 아니면 주어와 술어가 일치하지 않는다. 이것은 글을 쓰는 데는 장면이 주어지지 않는다는 점을 간과해서 생기는 현상이다. 곧 둘이 대화를 할 때는 같은 상황이기 때문에 구태여 주어와 목적어를 넣지 않더라도 뜻이 통한다.

하지만 글은 그렇지 않다. 그렇기 때문에 의도하는 바가 명확하게 주어나 목적어 등을 빼먹지 않는 게 좋다. 또 논술은 주장이나 논리를 전달하는 것이기 때문에 간결한 문장을 쓰는 게 좋다. 미사여구를 잘못 쓰다가는 오히려 뜻이 모호해질 수가 있다."

신문 글의 구성과 단락 전개에 관한 연구

마지막으로 논리적 글쓰기를 공부하고 싶은 일반인이나 논술시험을 준비하는 학생들에게 부탁하고 싶은 점은.

"먼저 단락 개념을 확실히 알고 많은 훈련을 해야 한다. 단락을 확실히 구분 짓고 글을 썼을 때 채점자는 글을 쉽게 이해할 수 있다. 단락의 원리를 이해하고 있으면서도 실제로 글을 쓸 때에는 이 원칙을 지키지 않는 경우가 많아 안타깝다. 그리고 미사여구나 꾸미는 말을 되도록 자제하라.

논술은 논리적인 글이다. 문학적인 느낌을 개입하면 의사전달이 확실하게 되지 않는다. 말할 때와 글 쓸 때는 다르다는 점을 명심하고 주술 관계를 확실하게 이어주면서 의미전달에 지장을 주는 문장 성분을 함부로 빼지 마라. 또 잘못된 인용은 피하고 무엇보다 두괄식으로 문장을 써야 한다."

오마이뉴스 2006년 9월 13일 신향식 기자

부 록

ABSTRACT

A Study on Newspaper Sentence Construction and Paragraph Composition

—Focusing on Paragraph Construction of Columns and Editorials
of 4 Major Daily Newspapers—

Shin, Hyangsik

Journalism

The Graduate School on Mass Communication

Yonsei University

Columns and editorials in a newspaper need to be composed more regularly in accordance with the "Principles of Syntax" than any other type of writing. The pages on which columns and editorials appear must not contain any unnecessary punctuations and must not use ungrammatical sentences. This is because columns and editorials are the foundation that animates the communication medium with confidence and authority. In

신문 글의 구성과 단락 전개에 관한 연구

350

particular, in order to guide opinions toward a desirable direction, one's composition should be cogent by presenting his/her claims logically. In addition, moving toward the-digital Internet information-age, columns and editorials are compelled to be exemplary examples of logical writing as on-line writing become increasingly active. Also, the importance of debating through writing is ever so increasing due to the compulsory nature of essay writing examination for college entrance.

This study proposes that columns and editorials observe the "Three Principles of Paragraph Composition" as requirements for exemplary writing. "The Principle of Integrity" which claim that the sub-topic sentence and its supporting statements should keep consistent with single content, "The Principle of Connectedness" which claims that the supporting sentences should be arranged in a natural order, and "The Principle of Emphasis" which claims that one should present the persuasive bases of an argument, which can support the sub-subject of the paragraph are also applied to the paragraph composition even the present days as the three traditional principles of stylistics. Given that to compose a discourse is to compose small sub-texts called 'paragraphs' one by one. One can write a discourse that can clearly deliver the subject if he/she observes the "Three Principles of Paragraph Composition." If the discourse's sub-constituent conclusions are not clear then it can't deliver the correct meaning, through which,

A B S T R A C T

the columns and editorials can be evaluated as good writings only if they are composed by using the theory of paragraph so that the reader can understand what the writer is trying to deliver. However, the studies analyzing texts in newspapers so far only have had interest in sentences, but not so much in paragraphs.

With these problems in mind, this study has analyzed the contents of 1,765 columns and editorials appearing in The Dong-A Ilbo, The Chosun Ilbo, The Joong-Ang Ilbo, and The Han-kyo-reh, and then put them in a statistical format. As for the statistic processing, I have carried out with SPSS 12.0 program (the one-way variate analysis) and t-test (the two-way variate analysis), and the cross analysis. The main contents of the analyses are: 1) the presence and absence of observation of the principles of unity, coherence, and emphasis in paragraph composition, 2) the analysis of the number of sentential paragraphs, 3) the analysis of the different types of paragraphs, 4) the analysis of the number of the paragraphs in a discourse, and 5) the analysis of the methods for processing paragraphs by types, writers, and subjects. Furthermore, based on the results of the analyses, I have inter-viewed the department heads and vice-heads, the editorialists, and common reporters from the four major newspaper com-panies.

Research Issue 1: Where the national newspapers' conscientious to the "Three Reasons for Rhetorical Editorials and Columns" when writing?: The Principle of Unity, The Principle of Coherence, The Principle of Emphasis.

Research Issue 2: What type and method of conclusions do the writers of editorials and columns adhere to?

Research Issue 3: What differences are there between the conclusion of editorials and columns within national newspapers according to type, writer, and topic?

As a result, I have found several points to be improved upon on the side of the method to process paragraphs in the columns and editorials in domestic newspapers. Some of the columns and editorials ① did not abide by "The Principle of Paragraph Composition" which claims that a paragraph should consist of a sub-topic sentence and its supporting sentences, ② were desultory in that they divided paragraphs disregarding "The Principles of Paragraph Composition," ③ had no clear topic, which made the reader not able to understand what the writer implied, ④ were not able to discern the topic of the entire text, ⑤ didn't have persuasiveness by listing general arguments without presenting them on any logical basis. ⑥ didn't connect

353

paragraphs naturally as well as sentences, and ⑦ were difficult for the reader to read at a glance because they composed a paragraph with only one sentence.

Further, research has stated that on average, most surmised conclusions aren't conscientious of the "Three Reasons for Rhetorical Editorials and Columns." Editorial and column, in totality has 6.48 conclusions on average, issue or topic conclusions on average are about 4.03 conclusion. However, this research result state that editorial and column on average, 3.43 conclusion violate conclusion development fundamentals. Further, 53% of 6.48 conclusions on average, namely 3.42 conclusions violate the principle fundamentals of syntax construction. These facts only emphasize that a newspapers editorial's and column's conclusion contain errors in execution and shows the necessity for development.

Looking at the columns and editorials separately by companies, The Chosun Ilbo and The Han-kyo-reh appeared to violate "The Principles of Paragraph Composition" least frequently, and The Joong-Ang Ilbo next least frequently. The Dong-A Ilbo, in the group violating most frequently the principles, especially used more one-sentence paragraphs than any other newspaper. Of the two types of discourse, the columns appeared to observe "The Principles of Paragraph Composition" more than the editorials. In the case of the types of writers, the analyses have revealed that journalists observed the principles better than non-journalists. On the other hand, current journalists claimed with one voice that such errors with respect to paragraph composition had originated from lack of re-education after company entrance and from the problems with the system of newspaper production.

Thus, this study suggests that we set up principles of paragraph processing appropriate to newspaper columns and editorials by measuring the readers' understanding along with other variables in accordance with methods of paragraph processing. Writers had better use "The Principles of Paragraph Composition," recognizing that they can communicate their claims and information more effectively only if they write discourses drawing on the principles. Furthermore, it seems necessary that current reporters and editorialists, as well as junior reporters, learn "The Laws of Writing Columns and Editorials" with emphasis on paragraph composition. Department heads would rather proofread reporters' articles in accordance with "The Principles of Paragraph Composition" after correctly comprehending the principles. While it is also important to promote newspaper companies, send special correspondences, and carry out various types of training, it is more urgent to conduct research and invest so that writers can compose higher quality columns and editorials.

This study is difficult to regard as being 100% objective because

ABSTRACT

it uses only the four daily newspapers as its subjects, evaluates texts only in terms of paragraph composition regardless of their contents, and has some possibilities to be interfered by the analyst's subjective view in text analysis. Further, due to the possible subjective bias of the proofer or analyst and the result never being able to reach 100% objectivity, has its limitations. Nevertheless, this study has some significance in that it could trigger subsequent work on paragraph composition as the first attempt to statistically analyze paragraph compositions of texts in newspapers. I believe that this study's raising issue could contribute to the promotion of the level of Korean newspapers' columns and editorials before long.

Keywords : Newspapers, rhetoric, paragraphs, essay writing examina-
tion, reporters, journalists, unity, coherence, emphasis,
sentences, columns, editorials

참고문헌

강광칠. 1988. 서독언론계의 기자연수제도에 관한 연구. 신문과 방송, 205: 66-76.

강병길. 2005. 신문 텍스트의 구조 및 표현특징 분석과 교육적 적용에 대한 연구. 석사학위논문. 한양대학교 교육대학원.

김봉군. 2005. 문장기술론 . 서울 : 삼영사.

김세중. 2003. 신문 문장 분석 : 사설.

김영삼. 2002. 신문 보도 언어의 문제점과 개선방안에 관한 연구 : 일간지 기사의 문장과 어휘를 중심으로. 동국대학교 언론정보대학원.

김지연. 2006. 신문에서의 띄어쓰기 실태 분석 고찰. 충남대학교 교육대학원.

김지혁. 2005. 국내 언론인 재교육 연구 : 재교육 강좌 주제 분석을 중심으로. 석사 학위논문. 서강대 언론대학원.

남재일. 2006. 언론인 인력 수급과 교육 수요. 한국언론재단. 서울: 한국언론재단

류영남. 1998. 문장 오류 연구 : 신문 문장을 중심으로. 우리말 연구, 8 : 235-291.

박성희. 2001. 신문시장 변화에 따른 기자 충원 및 교육 방식에 관한 연구. 연세대학교 언론홍보대학원.

서 혁. 1991. 단락, 문장의 중요성 파악과 단락의 주제문 작성능력이 요약에 미치는 효과. 석사학위논문. 서울대학교 대학원.

서정수 외. 2005. 글쓰기의 기본이론과 과학기술문 작성법. 서울 : 한세본.

서정수, 심광숙, 임유종. 1998. 정보화 시대의 책과 논문 쓰기 길잡이. 서울 : 동광출판사.

서정수. 1991. 생각하는 힘을 기르는 문장력 향상의 길잡이. 서울 : 한강문화사.

______. 1994. 단락형성의 원리와 방법. 서울 : 정음문화사.

______. 1995. 논리적인 글쓰기 설명문과 논술문. 서울 : 정음문화사.

송무아. 2005. 논술 텍스트의 구조분석 및 단락 형성 방안 연구. 석사학위논문, 연세대학교 대학원.

송정민. 1985, 신문 기사 문장의 속성에 관한 고찰 : 4개 전국지 기사 문장의 문제점을 중심으로. 언론문화연구 3('85.2) : 96-131.

신향식. 2007. 논리적 글쓰기 창의적 글쓰기. 서울 : 신우성기자국어논술학원.

연합통신, 편. 1991. 기자 핸드북. 서울 : 연합통신.

오수정. 1999. 신방과 전공해서 유리한 것도 없더라 : 언론학과 실습교육 실태와 개선 방향. 신문과 방송, 341('99.5) : 20-25.

윤화중. 1980. 돼지의 신세. 서울 : 뿌리깊은 나무, 8.

이상우, 류창하. 1992. 현대신문 제작론. 서울 : 나남.

이상철. 2000. 아리스토텔레스 레토릭(rhetoric)과 커뮤니케이션학. 한국 커뮤니케이션학. (2000.12): 164-184.

이상태. 1978. 국어교육의 기본 개념. 서울 : 한신문화사.

이석주. 1990. 개화기 국어 문장 연구 : 당시 국어 교과서와 신문 문장을 중심으로. 한성대학교 논문집. 14('90.12) : 107-121.

이성영. 1990. 읽기 기능의 개념 정립을 위한 시론. 석사학위논문. 서울대학교 대학원.

이원달. 1984. 記者의 再敎育과 海外硏修. 新聞硏究, 38('84.12) : 63-70.

이주행. 2005. 신문 문장의 문제점과 개선 방안. 말과 글, 제103호 : 17-23.

임선애, 여세주, 김일영. 2004. 글쓰기의 논리. 서울 : 다할.

정달영. 1992. 단락 논의와 관련한 개념의 정립 문제. 대진대학교

______. 1997. 국어 단락 이론과 작문교육. 서울 : 집문당.

전병용. 2002. 매스미디어와 언어. 서울 : 청동거울 .

조동호. 1987. 韓國 新聞記事스타일 硏究. 석사학위논문. 중앙대 신문방송 대학원.

조용철, 김진홍, 송정민. 2003. 취재보도론. 서울 : 법문사.

최진우. 1983. 한국 新聞文章의 變遷에 관한 硏究. 박사학위논문. 충남대학교 대학원.

캐슬린 E. 설리번. 2000. 작문, 문단쓰기로 익히기. 서울 : 삼영사.

토마스 코웰스키, 미샤 슈바르츠만. 2002. 단락 어떻게 읽고 쓸 것인가. 오연희 역. 서울 : 예림기획.

한미선. 1996. 한국 신문 문장에 관한 연구 : 동아와 한겨레 신문을 중심으로. 석사학위논문. 한양대학교 대학원.

Books & Warren. 1970. Modern Rhetoric. New York Harcourt : Brace & World.

Ghele, Quentin L/Duncan J.Rollo. 1977. The Writing process. New York : St.Martin's press.

Herbert Read. 1963. English prose Style. Boston : Beacon press.

Hogrefe, Pearl. 1963. The process of creative Writing. N.Y.Harper & Row.

Hulon Willis. 1969. Structure Style, and Usage. New York : Holt, Rinehart and Winston, Inc.

J.Ross. 1878. "The Corean Language" The China Review(Vol.6)

Kathleen E. Sullivan. 1980. paragraph practice 4th ed. New York : Macmillan publishing co Inc.

Nathaniel Hawthorne .1837. "Twice-Told Tales"

Oshima, A. & Hogue, A. 1991 Writing Academic English, AddisonWesley. New York Part

참 고 문 헌

신 향 식

저자는 글쓰기를 활용한 의사소통 교육을 연구하는 논리적 글쓰기 전문가다. 그는 「신문 글의 구성과 단락 전개에 관한 연구」란 논문으로 연세대학교에서 석사학위(저널리즘 전공)를 수여했다. 스포츠조선과 굿데이신문에서 10여 년간 신문기자로 뛰었고, 한국문장교육학회 회원으로도 활동했다. 현재는 국어·어문정책과 글쓰기·독서 교육에 관련하여 독립기자(프리랜서 기자)로 일하면서 학생들에게 '논리적 글쓰기(논술)'를 지도한다. 서울 강남구 대치동의 〈신우성기자국어논술학원〉 원장이자 〈신우성글쓰기본부〉 창립 준비위원장이다.

신향식은 현역 기자 시절 주로 체육부 기자로 활약했으며, '히딩크감독 한국 축구대표팀 사령탑 확정' 보도로 스포츠조선 특종 1급상을 받는 등 특종기자로 이름을 떨쳤다. '한글날 국경일 제정 필요성'도 집중 보도하여 '한글을 빛낸 큰 별상'(한글날 국경일 제정 범국민 추진위)을 받기도 했다.

신향식은 2007년 9~10월에 미국 하버드대학교와 MIT대학교, UMASS대학교의 〈Writing Center〉 등에서 미국의 글쓰기교육을 취재했다. 2008년 4월과 10월엔 일본 문부과학성과 도쿄 지역의 각급 학교, 이바라키 현의 독서마을 등에서 일본 독서교육과 '활자문화부흥운동'을 취재했다. 그 내용은 『미국처럼 쓰고, 일본처럼 읽어라』(어문학사)란 책으로 출간됐다. '핀란드 교육혁명 현장'이란 주제로 핀란드 취재도 준비 중이다.
(http://www.shinwoosung.com, success7777@empal.com)

신문 글의 구성과 단락 전개에 관한 연구
－4대 일간지 사설·칼럼 단락 구성 분석－

초판 1쇄 발행일 2009년 7월 10일

지은이 신향식
펴낸이 박영희
편집 이선희
표지 강지영
교정·교열 이은혜
책임편집 강지영
펴낸곳 도서출판 어문학사
132-891 서울특별시 도봉구 쌍문동 525-13
전화: 02-998-0094 / 팩스: 02-998-2268
홈페이지: www.amhbook.com
e-mail: am@amhbook.com
등록: 2004년 4월 6일 제7-276호

인 지 는
저 자 와 의
합 의 하 에
생 략 함

ISBN 978-89-6184-101-6 94070

정가 22,000원

※ 잘못 만들어진 책은 교환해 드립니다.